중국인은 어떻게 부富를 축적하는가

How do Chinese people become rich?

by So, jun-seop

Published by Hangilsa Published Co., Ltd., Korea, 2015

중국인은 어떻게 부富를 축적하는가

사마천 「화식열전」에서 샤오미 스마트폰까지

소준섭 지음

한길사

중국인은 어떻게 부^富를 축적하는가
사마천 「화식열전」에서 샤오미 스마트폰까지

지은이 소준섭
펴낸이 김언호

펴낸곳 (주)도서출판 한길사
등록 1976년 12월 24일 제74호
주소 10881 경기도 파주시 광인사길 37
홈페이지 www.hangilsa.co.kr
전자우편 hangilsa@hangilsa.co.kr
전화 031-955-2000~3 팩스 031-955-2005

부사장 박관순 총괄이사 김서영 관리이사 곽명호
영업이사 이경호 경영담당이사 김관영 기획위원 유재화
편집 김지연 백은숙 안민재 노유연 이지은 김광연 이주영
마케팅 윤민영 관리 이중환 문주상 이희문 김선희 원선아
디자인 창포 출력 및 인쇄 한영문화사 제본 한영제책사

제1판 제1쇄 2015년 11월 6일

값 18,000원
ISBN 978-89-356-6982-0 03320

• 잘못 만들어진 책은 구입하신 서점에서 바꿔드립니다.
• 이 도서의 국립중앙도서관 출판시도서목록(CIP)은 서지정보유통지원시스템 홈페이지(seoji.nl.go.kr)와
  국가자료공동목록시스템(www.nl.go.kr/kolisnet)에서 이용하실 수 있습니다.
  (CIP제어번호: CIP2015016532)

전한 시대 역사가 사마천은 『사기』 「화식열전」에서
52명의 '화식가'에 대해 말했다. 사마천은 공업과 상업 활동은
사회가 발전하는 데 필연적인 조건이라고 인식했으며,
상공업자의 이익 추구의 합리성과 합법성을 인정했다.

북송 시대 장택단이 그린 「청명상하도」의 일부.
북송의 수도 개봉의 번화한 모습이 자세히 그려져 있다.

청나라의 유일한 대외무역창구였던 광동십삼행을 통해
서양 상인들을 기반으로 커다란 부를 축적한 오병감.
그는 미국의 철도와 증권 교역에도 투자한 다국적 재벌이었다.

젊은 시절 청렴한 관리로 소문났던 화신은
건륭제의 사돈이 된 이후 최고의 권신이 되어
재산을 긁어모으는 데 혈안이 되었다.

삼류 고등학교를 졸업하고 명문 대학을 나오지도 못한
못생긴 마윈이지만 낙관적 인생관으로 어려움을 뚫고
끝내 알리바바를 세계적 기업으로 성장시켰다.

중국의 스티브 잡스로 불리는 레이쥔은
'헝거마케팅'이라는 새로운 전략으로 샤오미를 성공시켰다.
지금 세계인들은 샤오미의 놀라운 성과를 목도하고 있다.

중국인은
어떻게
부富를
축적하는가

오늘의 중국을 이해하기 위해

• 머리말

응유진유, 모든 것이 갖춰져 있다

중국에 '응유진유'應有盡有라는 말이 있다. "있어야 할 필요한 것은 모두 갖춰져 있다"는 말이다. 어디선가 들어본 듯한 말이다. 바로 청나라 건륭제 때 영국의 매카트니 경이 청나라 건륭제에게 무역을 제안했을 때 건륭제가 "우리에게 없는 물건은 없다"라고 한 대답이다. 그리고 '모두 갖춰져 있는' 이 물건들은 교역을 통해 다시 필요한 지역과 사람들에게 물 흐르듯 유통되었다. 중국의 상업과 시장은 고대로부터 현재에 이르기까지 언제나 이러한 모습이었다.

중국 저장 성에 이우義烏라는 도시가 있다. 인구 75만 명의 중소도시다. 그러나 지금 이 도시는 세계 최대의 소상품 집산지다. 도시의 모든 주민은 집집마다 한 가지 이상의 상품을 생산한다. 그리고 시장에는 자신의 조그만 판매대가 있다. 모두가 자영업자 사장이다. 필자가 보기에 모든 중국인은 부자가 되려는 염원과 열망을 품고 자신의 생업과 교역 활동 의지로 충만한 사람들이다.

이렇게 응유진유, 지대물박地大物博의 나라 중국에서 물 흐르듯 유통과정을 거쳐 상업 교역과 상품 교환이 이뤄져 왔다. 이러한 상품과 공급자들은 이제 모두 '알리바바'의 온라인 쇼핑시장에 참여하고 있다. 알리바바 온라인 쇼핑 사이트에는 700만 명에 이르는 판매자와 8억 종 이상의 제품이 등록되어 있다. 소비자로서는 자기가 필요한 어떠한 상품이든 알리바바의 온라인 쇼핑에서 구할 수 있다.

최근 중국 신문에서 "과거 10년간 전국적으로 축구장이 겨우 7,100개밖에 만들어지지 않았다"는 기사를 읽었다. 우선 우리와 규모부터 다르다. 우리나라보다 면적이 50배 정도 넓고, 인구도 최소한 25배 이상이다. 그러니 우리가 생각하는 범위와 규모를 넘어설 수밖에 없다. 2014년 인천아시안게임에서 우리가 들어본 적도 본 적도 없는 '361°'라는 중국 의류업체의 광고판이 온 경기장을 뒤덮고 선수들이 입은 운동복에도 '361°'라는 상표가 선명히 박힌 것에서도 우리 사고방식의 차원을 압도하고 뛰어넘는 '중국식의' 과감한 광고 전략을 여실히 살펴볼 수 있었다.

우리는 상업이란 말을 대부분 상품의 매매 또는 유통이라는 뜻으로만 사용하면서 상대적으로 경시하는 경향이 적지 않다. 그러나 상업이란 영리를 목적으로 하는 모든 사업을 총칭하는 용어이기도 하다.

종교로서의 역사

이러한 객관적 조건에서 중국은 역사상 20~30년만이라도 전쟁 없이 평온한 상태가 유지되면 반드시 성세를 이루었다. 그러나 중국의 춘추전국시대 이래 진나라와 한나라는 모두 중농억상 정책을 강력히 시행했다. 권력은 상업 활동을 왕권의 안정을 해치는 불안 요소로 간주했다. 특히 『사기』史記의 저자 사마천司馬遷이 살고 있던 한 무제 때 이 억상정책은 최고조에 이르렀다. 사마천은 그러한 극단적이고 인위적인 억제정책에 반대하고 '자연의 법칙'에 따라 '물 흐르는 듯한' 자발적 교역 활동을 지지하면서 경제 및 상업이 권력에서 해방되는 것을 적극적으로 역설했다. '보이지 않는 손'에 의한 자유 시장을 주창한 애덤 스미스보다 2천 년이나 앞선 혜안이었다.

덩샤오핑鄧小平은 한때 중국 사회를 궤멸시키다시피 했던 마오쩌둥毛澤東의 문화대혁명과 대약진운동大躍進運動 등 인위적 억제에서 벗어나야 함을 주창하고 실천했다. 바로 개혁개방改革開放이다. 중국의 유일한 종교는 바로 과거過去라는 말이 있다. 덩샤오핑이 중국 남부 도시 선전深圳이나 샤먼厦門 등지에 경제특구를 설치한 것은 청나라 시기 광동십삼행廣東十三行의 계승 발전이기도 했다.

한편 개혁개방 이후 적지 않은 중국의 기업은 역대 왕조에서 으레 그러했듯이 관官과의 결탁을 바탕으로 성장했다. 하지만 당연히 그 발전에는 한계가 있었다. 왜냐하면 거기에는 폭발적인 대중적 자발성이 결여되었기 때문이다.

그러나 알리바바와 샤오미에 이르러서야 비로소 관으로부터 그리고 결탁으로부터 해방이 분명히 이뤄졌고, 독립적으로 성장한 이들 중국의 창조적인 기업들은 중국 시장의 유리한 조건을 토대로 해 곧 세계적인 기업으로 발전했다. 이는 웅유진유, 지대물박의 중국이라는 조건에서 마치 전쟁처럼 예의『손자병법』과 삼십육계가 현란하게 구사되는 격렬한 시장 경쟁과 현실을 꿰뚫고 이뤄낸 중국 상업 전통의 계승 발전으로 평가될 수 있다.

내일을 향한 중국의 눈

내일을 향한 중국의 눈은 더 큰 곳 그리고 더 먼 곳을 바라보고 있다. 중국은 최근 '이다이이루'一帶一路의 슬로건을 내세우고 있다. 이른바 '신新실크로드'다. 중국과 중앙아시아를 잇는 육상 경제벨트이다이一帶와 동남아시아와 아프리카를 아우르는 해상 실크로드이루一路를 의미한다. 이는 그간 30년 동안 중국의 수출 주도형 성장을 이끌었던 동부의 연해지역에 뒤이은 또 다른 성장 거점의 탄생을 알리고 있다. 이로써 성장률 둔화로 출구가 마땅치 않은 중국 기업들에 새로운 일거리와 먹거리가 제공된다.

이와 동시에 '대중의 창업, 만인의 혁신'大衆創業, 萬衆創新이 제창되고 있다. 그리하여 알리바바의 마윈, 샤오미의 레이쥔 같은 창업과 창조를 북돋는 전국적인 창업 열기가 국가적으로 정책적으로 지원된다. 이를 뒷받침하는 '인터넷 플러스' 행동계획이라는 혁신 산업정책도 추진된다. 이 모두 중국인의 전통적인 상업정신과 방략方略이 현대적 방식으로 전변된 상업국가 중국의 상업전략이다. 적지 않은 전문가들이 2030년 이전에 중국의 GDP국내총생산가 미국과 유럽의 GDP 총합을 넘어설 것으로 예측한다.

이 책은 이렇듯 급속하게 증대되고 있는 중국의 부_富를 단순히 일시적 현상이 아니라 장구한 역사성을 지닌 주류적 흐름으로 파악했다. 즉 경제활동을 지향하는 인간의 속성을 정확히 통찰하고 그에 대한 인위적 억압에서 벗어날 것을 주창하고 실천한 사마천, 덩샤오핑과 접목되는 중국의 상업주의 전통의 맥락에서 해석하고자 한 것이다. 이와 함께 중국을 인식하는 키워드로서 유교를 비롯해 한자와 '중국인의 유일한 종교'인 역사그중에서도 특히 '기록'의 전통과 '왕조순환의 주기율' 그리고 상업이라는 요소에 주목했다.

알리바바와 샤오미의 급속한 부상 역시 결코 단독으로 발생한 사건이나 현상이 아니다. 이들 사건과 현상들은 종합적인 시각에 토대를 두고 다양한 시각의 복안_{複眼}으로 파악할 때 비로소 정확하게 인식될 수 있을 것이다. 그리고 이렇듯 다양하고도 역사적인 관점을 갖출 때 비로소 오늘의 중국인 및 중국 경제에 대한 인식과 아울러 내일에 대한 예측에 올바르게 접근할 수 있다고 확신한다.

2015년 11월
소준섭

현대 중국을 이끄는 경제 리더

알리바바와 샤오미

1

준비된 부, 예측된 힘

중국은 최근 200여 년을 제외하고는 줄곧 세계에서 가장 부유한 국가였다. 오늘 전 세계인이 지켜보고 있는 중국의 힘과 부는 결코 우연하게 이뤄진 것이 아니라 뿌리 깊은 역사적 배경과 기원이 존재한다.

그 역사적 배경 위에서 불굴의 상업정신, 역발상, 창의성이 촉발되어 알리바바와 샤오미가 꽃피워졌다. 그것은 준비된 부, 예측된 힘이었다.

1 알리바바와 샤오미의 성공 신화

그들은 과연 '짝퉁'인가

'짝퉁'의 놀라운 성공

2014년, 드디어 알리바바의 CEO 마윈馬雲이 중국 최고 갑부로 뛰어올랐다. 해마다 중국 부호의 랭킹을 발표하는 조사기관『후룬바이푸』胡潤百福의 발표에 따르면, 알리바바 주식의 8퍼센트를 가진 마윈 가족은 총 자산 207억 달러로 중국 최고의 부호로 자리매김했다. 이와 함께 중국의 저명한 IT 거두인 텅쉰騰訊 창립자인 마화텅馬化騰과 바이두百度 창립자 리엔훙李彦宏 그리고 샤오미小米 CEO인 레이쥔雷軍도 10위 안에 진입했다. 그 밖에도 중국의 유명한 음료기업인 와하하娃哈哈 그룹의 쭝칭허우宗慶后와 부동산기업 완다萬達 그룹 왕젠린王健林도 10위권에 포함되었다.

지금 세계인들이 중국 알리바바와 샤오미의 놀라운 성공을 목도하고 있다. 하지만 여전히 적지 않은 사람들은 '짝퉁'이니 하며 의심의 눈초리를 거두지 않고 있고 평가 절하하는 시각도 매우 많다. 그러나 샤오미의 경우, 단순히 '짝퉁'이 아니라 우선 품질이 우수했다. 뛰어난 소프트웨어 능력에 기반을 두고 있었기 때문에 보통 사람들의 선입견보다 품질이 '훨씬' 우수했던 것이다. 통신사를 통하지 않고 자사의 사이트를 통해 판매함으로써 기존 단말 유통비를 크게 절감할 수 있었다. 그리고 소량의 신제품을 출시해 소비자가 갖고 싶게끔 만드는 '헝거마케팅'hunger-marketing이라는 전략을 구사했다.

예를 들어, 샤오미는 2013년 7월 '홍미'紅米라는 스마트폰을 799위안약 15만 원에 출시해 자신들의 온라인 사이트로만 10만 대 한정판으로 판매했다. 그리고 90초 만에 매진되었다. 중국 상업의 역사에서 재신財神으로 추앙받는 백규白圭의 박리다매薄利多賣 방식을 계승발전한 것이다. 마지막으로 샤오미는 고객들의 불만이나 요구를 매주 금요일 업데이트해 일주일 내에 처리해주는 고객 중심의 영업을 시행했다. 샤오미의 이러한 부상은 가히 신화적이다. 중국 리커창 총리는 샤오미 CEO인 레이쥔을 만난 자리에서 "듣자하니 샤오미小米가 이미 다미大米로 변했다고 하더군요!"라고 인사를 건넸다.

중국의 이상적인 IT 환경

중국의 IT 기업 알리바바와 텅쉰 그리고 바이두는 15년 동안 급속하게 성장하여 이미 시장가치가 400조 위안에 이르는 기업이 되었다. 알리바바의 미국 뉴욕 증권시장 상장에 따라 구글을 비롯해 페이스북, 알리바바, 텅쉰텐센트, 아마존 그리고 바이두가 세계 6대

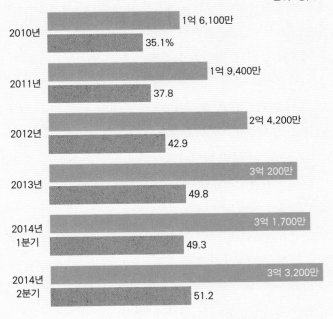

중국 온라인 쇼핑 이용인구 및 보급률

단위: 명, %

2010년 1억 6,100만 / 35.1%
2011년 1억 9,400만 / 37.8
2012년 2억 4,200만 / 42.9
2013년 3억 200만 / 49.8
2014년 1분기 3억 1,700만 / 49.3
2014년 2분기 3억 3,200만 / 51.2

자료: 중국 IT연구센터 CNT-리서치

2014 싱글데이 알리바바 그룹 기록

참여 국가 및 지역	217개
온라인 주문건수	2억 7,800만 건
모바일 결제규모	243억 위안(약 4조 3,436억 원)
점유율	42.6%(전년 대비 4.5배 증가)
온라인 총 매출액	571억 위안(약 10조 2,077억 원)

자료: 알리바바 그룹

인터넷 기업으로 자리 잡았다. 중국과 미국 IT 거두들 간의 경쟁은 막상막하다. 알리바바의 비즈니스 모델은 아마존이나 e-Bay와 유사하고, 바이두와 구글이 닮았으며 텅쉰과 페이스북이 비슷하다.

중국의 이상적인 IT 산업의 환경은 그들의 급속한 발전의 조건으로 작용했다. 중국 온라인 보급률은 최근 8년 사이에 10퍼센트에서 50퍼센트로 높아졌고, 인터넷 서비스시장은 연평균 50퍼센트 이상 성장하고 있다. 또한 2014년 중국의 온라인 쇼핑 사용자는 3억 6천만 명으로 55.7퍼센트의 보급률을 보이고 있으며, 이미 미국 네티즌의 두 배로 불어난 중국의 네티즌은 2015년에 8억 명에 이를 전망이다. 스마트폰의 급속한 증가 때문에 스마트폰 대수도 곧 5억 대에 이를 것으로 보인다.

알리바바 그룹은 2013년 중국 C2C 시장의 92퍼센트와 B2C 시장의 52퍼센트를 점유하고 있으며, 총 교역량은 2,480억 달러로서 아마존의 두 배, e-Bay의 세 배에 이른다. 바이두는 중국 인터넷 검색의 80퍼센트 이상을 점하며 2008년부터 2013년까지 무려 11배나 성장했다. 또 텅쉰은 중국 SNS 시장의 70퍼센트를 점유하고 있으며 6억 5천만 명의 유저를 보유하고 2008년부터 2013년까지 9배 성장했다.

현재 바이두는 인터넷 경쟁 우위를 기반으로 하는 스마트 생태계 시스템 구축에 힘을 쏟고 있고, 텅쉰은 자신의 지불 시스템 및 이동 SNS 플랫폼을 기반으로 하는 온라인 시스템 구축에 힘쓰고 있다.

응유진유, 없는 물건이 없다

알리바바의 기습공격 전략

알리바바 역시 뛰어난 상업 전략을 구사했다. 중국은 '세계의 공장'으로 불릴 정도로 제조업이 발달했다. 이러한 환경을 기반으로 중국 기업이 만든 수많은 상품을 구매할 수 있도록 한 알리바바의 사업모델은 큰 성공을 거두었다.

2014년 현재 알리바바를 통한 거래는 중국 GDP의 2퍼센트에 이르고, 중국 국내 온라인 거래의 80퍼센트가 알리바바 계열사들을 통해 이뤄진다. 또 중국 국내 소포의 70퍼센트가 알리바바 관련 회사들을 통해 거래된다.

본래 알리바바는 미국 증시에 상장하려고 할 때 나스닥에 상장하려고 계획했었다. 그러나 나스닥과 뉴욕 증권거래소가 서로 유치에 나서 경쟁 끝에 2014년 9월 21일 뉴욕 증권거래소에 상장되었고, 주당 공모가 68달러로 확정된 후 알리바바의 기업가치는 약 230조 원에 이르렀다. 해외상장을 통한 기업가치의 제고를 통해 알리바바는 블룸버그가 집계한 2014년 세계 10대 기업으로 일약 뛰어올랐다.

알리바바의 CEO인 마윈은 오픈마켓 타오바오_{淘寶} 닷컴_{Taobao.com}을 준비할 때 회사 내에서도 철저하게 비밀로 한 후 '깜짝' 온라인 서비스를 시작하는 '기습공격' 전략을 구사했다. 그리고 알리바바 B2B 서비스도 마찬가지였지만 타오바오의 B2C 서비스도 판매자들에게 수수료를 부과하지 않는 차별화 서비스로 승부를 띄웠다.

e-Bay와의 진검승부

알리바바는 지금의 위치에 오르기까지 미국의 전자상거래 거두인 e-Bay와 치열한 접전을 벌였다. 1999년 e-Bay는 1억 8천만 달러를 투자하면서 중국 시장에 진출해 시장점유율 90퍼센트를 차지했다. e-Bay는 12~15퍼센트에 해당하는 판매수수료를 받았는데, 이것이 그들의 이익의 원천이었다. 그러나 e-Bay는 사이트에 등록하려는 중국 고객들에게 영문 이름을 요구했다. 중국 고객들은 적지 않은 불편을 느꼈다. 중국에 대해 일종의 우월감을 표현했거나 최소한 고객 중심의 서비스 정신을 벗어난 것이었다. 물론 타오바오는 그렇지 않았다. 또 e-Bay는 상품을 등록하거나 매매할 때 유료였지만, 타오바오는 무료였다. 당연히 수많은 판매자와 소비자가 타오바오로 밀려들었다. e-Bay도 뒤늦게 무료로 전환했지만 이미 타오바오에 시장을 장악당한 뒤였다.

한편 e-Bay는 본래 고가품 위주였다. 그러나 타오바오는 저가품 위주였고, 적지 않은 중고 상품도 취급했다. 그러나 타오바오는 상품의 품질이나 서비스 등 모든 정보를 사실적으로 평가할 수 있는 아리왕왕阿里旺旺이라는 토론 공간을 제공하면서 상품에 대한 정보를 풍부하게 제공하게 되었다.

지불 방식에서도 e-Bay는 신용카드 방식만을 고집했지만, 타오바오는 '알리페이'즈푸바오支付寶라는 결제 시스템을 만들었다. 이 시스템은 아직 신용카드 결제가 발달하지 않은 중국에서 미리 카드에 예치한 돈으로 구매하는, 중국인에게는 매우 익숙한 방식을 개발해 오히려 온라인 결제 시스템을 세계에서 가장 빨리 발전시켰다. 이 모두 중국의 시장 현황과 중국인의 심리에 부합된 알리바바의 전략이었다.

2004년 2월 이래 타오바오는 매달 760퍼센트라는 경이적인 속도로 성장해 e-Bay에 이어 세계 2위에 올랐고, 설립 1주년인 2005년에 타오바오는 이미 세계 1위의 자리에 완벽하게 올라섰다. 결국 2006년 e-Bay는 중국 시장에서 철수할 수밖에 없었다.

2 중국 IT업계의 선두 주자

알리바바의 CEO 마윈과 낙관의 힘

중국 온라인 쇼핑을 책임지다

2013년 중국의 온라인 전자상거래 횟수는 세계 최고를 기록했다. 이미 중국의 온라인 소매거래 가치가 미국을 넘어서는 등 미국과 중국이 벌이는 전자상거래 시장에서의 G2 경쟁에서 중국은 장기적으로 미국을 제치고 최후의 승자가 될 것으로 예측된다. 중국 IT 기업의 혁신과 발전 속도는 놀랍다. 그들은 엄청난 규모와 시장 지배력, 막강한 자금력 등의 경제적 능력과 부단한 혁신을 통해 마침내 세계 시장을 지배하게 되었다.

이미 우리에게 잘 알려진 알리바바는 중국에서 열두 번째로 인기 있는 온라인 쇼핑몰인 타오바오닷컴을 포함해 인기가 많은 몇 개의 온라인 쇼핑몰을 운영한다. 중국에서 미국의 사이버 먼데이 같은 쇼핑철에는, 알리바바의 온라인 쇼핑몰은 1분 만에 1,600만 달러 이상의 매출을 기록하기도 했다. 2013년 알리바바에서 판매된 상품의 총 가치는 2,480억 달러로서 e-bay의 830억 달러와 아마존의 1,250억 달러를 합한 것보다 많았다.

알리바바 온라인 쇼핑 사이트에는 2014년 4월 말 현재 약 700만 명에 이르는 판매자가 8억 종 이상의 제품을 등록했다.[1] 알리바바는 페이팔 같은 온라인 결제 시스템은 물론 구글 월렛Google Wallet 같은 모바일 결제 시스템도 보유하고 있다. 알리바바는 온라인 쇼핑을 비롯해 물류, 금융, 메신저, 게임, 모바일 지도에 이어 문화, 영화 콘텐츠 영역에 진출하며 영화사도 설립하는 등 알리바바 제국을 건설 중이다.

알리바바의 핵심 자산은 타오바오와 텐마오상청天猫商城으로 이 두 기업이 중국 온라인 쇼핑의 80퍼센트 이상의 시장을 점유하고 있다. 타오바오의 역사는 곧 중국 전자상거래의 역사다. 2004년 타오바오가 출현할 무렵만 해도 온라인 쇼핑은 고작해야 하나의 가능성에 지나지 않았다. 하지만 온라인 쇼핑이 본격화된 2008년 이후 매년 50퍼센트에 이르는 타오바오의 성장은 그야말로 눈부셨다. 알리바바는 B2B로 창업해 뒤에 C2C의 타오바오를 만들었고, 온라인 지불 방식인 알리페이를 발전시켰으며, 이후 다시 성공적으로 B2C의 텐마오상청을 발전시켰다. 그 배후에는 아리윈阿里雲이라는 거대 데이터망이 존재한다.

삼류 학교 출신 CEO

알리바바의 화려한 변신을 이끈 CEO 마윈의 경력은 많은 사람의 주목을 받고 있다. 그는 본래 중국의 유수한 명문대학은커녕 중

고등학교도 삼류 학교에 다녔다. 심지어 대학 시험에도 두 차례나 실패했다. 그는 인터넷 기업으로 성공했는데도 컴퓨터 기술은 전혀 알지 못한다. 훗날 그는 "나 자신이 IT 분야에 무지했기 때문에 나 같은 사람도 이해할 수 있는 사이트를 만들었다"고 밝힌 바 있다. 젊었을 때는 취업이 되지 않아 KFC 매장 매니저를 비롯해 여러 곳에 지원서를 냈지만 모두 거절당했다. 호텔에 취직하려다가 외모 때문에 떨어진 일도 있었다.

다만 그는 어릴 적부터 유독 영어에 뛰어나 그의 고향 항저우에서 영어 통역으로 유명했다. 그러나 그가 세운 조그만 통역회사는 도대체 벌이가 신통치 않았다. 사무실 임대료가 2,000위안이었는데, 그의 한 달 수입은 고작 700위안에 지나지 않았다. 하는 수 없이 그는 보따리 장사로 이우와 광저우에 가서 각종 물건을 들여와 어디든 누구에게든 팔아야 했고, 그의 통역회사에서는 꽃과 선물용품을 팔았다.

그가 인터넷에 눈을 뜬 것은 미국을 방문했을 때였다. 귀국 후 곧바로 인터넷 회사를 낸 그는 1999년 항저우에서 알리바바를 창업했다. 창업 초기에 단 한 건의 거래도 성사시키지 못하며 폐업 위기에 몰렸다. 하지만 낙관적인 인생관을 지닌 그는 어려움을 뚫고 끝내 알리바바를 세계적 기업으로 성장시켰다. 마윈은 말한다.

"우리가 운영한 것은 하나의 기업이 아니다. 그것은 하나의 생태체계이며, 하나의 신기술과 신이념으로 건설되었고, 전 세계 수억 명의 소비자와 소매상, 제조업자, 서비스 제공업자 그리고 투자자

로 이뤄져 여전히 지속적으로 커나가고 진화하는 새로운 경제체經
濟體다."

바이두, 승패를 가르는 것은 상전商戰이다

중국에 관한 모든 정보

바이두는 중국에 관한 정보를 주는 기업이다. 바이두의 주도적
인 검색 엔진은 뉴스, 유명인들에 대한 가십, 지역 기반 지도 그리
고 음악을 제공한다. 현재 바이두닷컴은 인터넷 사이트 중 다섯 번
째로 인기 있는 사이트로서 맞춤형 온라인 광고가 수입의 대다수
를 차지한다. 2013년 3분기 매출은 42퍼센트 급등했다. 2005년 뉴
욕 증시에 상장된 이후, 바이두 주가는 1,200퍼센트 상승해 바이두
시가 총액은 560억 달러가 되었다. 바이두는 인기 많은 모바일 애
플리케이션과 게임 업체인 91와이어리스91Wireless를 19억 달러에
인수하면서 추가적인 성장을 기대하고 있다. 바이두는 현재 쇼핑
을 비롯해 금융, 게임, 영화, 택시, 부동산시장, 무인자동차 개발 등
에 뛰어들었고, 전자상거래와 콘텐츠 분야에 진출하며 사업 다각
화에 나서고 있다.

바이두는 2008년에 리옌훙이 만들었다. 리옌훙은 상인의 전통
이 강한 산시 성山西省에서 태어났다. 어릴 적 희곡에 빠져 있던 그
는 다시 공부에 매진해 중국 최고의 명문대인 베이징 대학의 정보
관리학과에 입학했다. 그러나 무료한 대학 생활을 벗어나기 위해
그는 유학을 결심했고, 마침내 미국에 건너가 버펄로 주립대학에

서 컴퓨터학과를 수학하고 실리콘밸리 IT 산업의 세례를 받을 수 있었다. 그곳에서 그에게 가장 인상적으로 다가온 것은 바로 치열한 상전商戰, 즉 상업전쟁의 분위기였다. 그리하여 그는 "본래 기술 자체는 유일한 결정적 요인이 아니다. 상전의 책략이야말로 승패를 결정하는 진정한 요인이다"라고 인식했다.

새로운 수익 모델을 제시하다

그는 귀국해 곧 인터넷검색 사이트 바이두를 만들었다. 그러나 그 역시 모든 인터넷기업이 직면하는 핵심 문제인 수익 모델 창출이라는 난관에 부딪혔다. 그는 2001년 바이두의 검색엔진에서 기업의 상품이나 서비스 등을 키워드 형식으로 검색되도록 한 후 그 효과에 따라 광고비를 받는 방식인 가격경쟁순위모델競價排名을 제안했다. 하지만 모든 주주가 반대했다. 리옌훙은 그때 그의 일생에서 가장 크게 화를 냈다. 그는 절대로 자기 뜻을 굽히지 않았다. 결국 주주들이 그의 뜻을 따랐는데, 그때도 "당신의 태도 때문이지 당신의 논리가 우리를 설복한 것은 아니다"라고 했다.

하지만 리옌훙의 생각은 정확했다. 최대 중문 검색엔진 그리고 세계 2위의 검색엔진으로서 세계 10대 온라인 사이트 중의 하나이며 중국 네티즌의 95퍼센트가 이용하는 바이두 사이트는 중국에서 가장 효과적인 기업광고의 수단으로 성장, 발전했다. 리옌훙을 잘 아는 사람들은 그의 특징을 '예지'叡智로 표현한다. 그가 기술적인 배경만이 아니라 상업이라는 전쟁을 전개해나감에 있어 예리한 직관과 뛰어난 판단력을 갖췄다는 것이다.

그는 유능한 CEO가 갖춰야 할 네 가지 덕목을 다음과 같이 말한다.

"첫째, 시장 상황의 추세에 대한 통찰력이다. 1년 또는 2년 후의 시장 변화를 볼 수 있어야 하고, 동시에 끊임없이 자신에게 같은 문제를 물어야 한다. 그 답이 비슷하다면, 당신은 이미 낙후한 것이다. 둘째, 과감하게 시장 기회를 움켜쥐어야 한다. 일단 결론이 났다면 곧바로 해결에 착수해야 하고, 동시에 다른 누구보다도 잘 해결해야 한다. 셋째, 극도의 소통 기교가 요구된다. 다른 사람에게 영향을 미치고 발전시키며 변화시키고 격려하는 데 뛰어나야 하며, 이로써 양호한 근무 환경을 만들어야 한다. 넷째, 복잡하고 미묘한 환경 속에서 일련의 종합적인 사고의 정책결정을 통해 새로운 해결 방안을 임기응변으로 찾아내거나 개발해야 한다."

QQ, 전혀 새로운 소통방식

모방에서 시작하다

텐센트는 2014년 현재 시가 총액이 1,410억 달러인 거대 기업으로 2004년 이후 주가가 1만 500퍼센트 급등했다. 텐센트는 온라인 게임을 비롯해 검색 엔진, 소프트웨어 개발, 모바일 게임, 전자상거래 그리고 인스턴트 메시지까지 모든 것을 제공한다.

텐센트는 1998년 데스크톱 채팅 서비스인 QQ에서 시작했다. 본래 텐센트가 QQ 명칭을 사용하기 전에 인스턴트 메시지인 ICQ

를 모방해 개발한 OICQ는 ICQ의 많은 사용자, 특히 중국의 사용자를 빼앗아오는 상황이었다. 그러자 ICQ 회사는 법적 소송을 하게 되었고, 결국 텐센트가 패소해 OICQ를 사용할 수 없어졌고 OICQ라는 이름도 되돌려줬으며 배상금도 지불해야 했다. 이때 텐센트는 하는 수 없이 QQ라는 명칭을 사용하게 되었다.

동시 접속자 수가 급증하자 이를 뒷받침할 수 있는 기술력도 커다란 과제로 부각되었고, 2000년 인터넷 거품이 발생할 당시에는 자금난으로 위기에 봉착했다. 텐센트는 외국의 투자자를 끌어들이기 시작했고, 2004년 6월에는 홍콩 증시 상장에 성공했다. 텐센트의 모바일 채팅 서비스는 중국판 카카오톡인 위챗WeChat으로 사업을 확장했으며, 2013년 현재 월간 사용자 수가 2억 7,200만 명에 달한다. 2014년 QQ 동시 접속자 수는 2억 명을 돌파했다. 같은 해 4월 한국 CJ 게임 지분의 28퍼센트를 사들였고, 이 밖에 카카오의 9.9퍼센트 지분과 파티게임즈 지분의 20퍼센트를 사들였다. 텐센트는 위챗의 네트워크를 활용해 게임, 애플리케이션, 광고를 분배하고 있다. 또한 전 세계에서 인지도를 높이기 위해 텐센트는 위챗 글로벌 버전에 유명 축구 선수인 메시를 고용했다. 텐센트는 인기 컴퓨터 게임인 콜 오브 듀티Call of Duty의 중국 버전을 만들기 위해 콜 오브 듀티를 제작한 액티비전Activision과 독점 계약을 맺었다.

모방에서 시작해 이처럼 거대한 QQ 제국을 만든 텐센트의 창립자 마화텅은 성격이 온화하고 매우 신중해 오히려 소극적인 측면이 있는 인물이다. 그는 기업 발전에서 "안정적이고 장기적으로 건강한 성장이 중요하고, 지나치게 높이 뛰어오를 필요 없이 천천히 간다"는 원칙을 견지한다. 소프트웨어 개발자 출신인 그는 기술을 핵심으로 하는 회사 이념을 견지하며 어디까지나 기술 개발과 품질 제고에 모든 힘을 쏟는다.

사람을 기용하는 용인用人에 있어서도 새로운 업무를 개척할 지도적 인물은 기본적으로 모두 자기 사람을 기용하고 기술 인재에서 찾는다. 그가 필요로 하는 것은 최고 수준의 충성도다. 하지만 일반 업무와 영업 분야는 다르다. 먼저 상품이 좋으면 업무는 스스로 잘 성장한다는 것이 그의 생각이다.

시나와 YY

중국 온라인의 왕

중국의 또 하나의 저명한 IT 회사인 시나新浪는 이메일 서비스인 sohu.com을 비롯해 사용자가 직접 쓴 서평이 있는 원스톱 온라인 몰, 뉴스 사이트 그리고 소셜 네트워크를 제공한다. 시나의 메일 서비스는 중국에서 15번째로 인기 있는 인터넷 사이트인 시나닷컴에서 출발했다. 시나의 포털 서비스는 지역 명품부터 개인 금융 상담까지 국내의 모든 콘텐츠를 포함하고 있다.

시나는 중국의 트위터 버전인 웨이보微博 운영 업체로 더 잘 알려져 있다. 2012년 11월 웨이보 사용자는 4억 명을 돌파해 전 세계 사용자가 2억 명에 달하는 트위터를 넘어섰다. 시나의 주요 수입원은 웨이보 네트워크로서 웨이보의 광고 수입은 2013년 3분기 전년 동기 대비 125퍼센트 늘어났다. 그리고 2013년 4월 알리바바가 웨이보 지분 18퍼센트를 5,860만 달러에 사들였다. 시나의 창시자는 '중국 온라인의 왕'으로 칭해지는 왕즈둥王志東이고, CEO는 차오궈웨이曹國偉다. 차오궈웨이는 치밀한 사고방식과 독립적인 판단 그리고 강렬한 상업 의식으로 명성이 높으며, 회사 운영에 있어 특히 제도와 시스템의 측면을 중시하는 것으로 정평이 있다. 시나의 본사는 상하이에 있으며, 기업 가치는 약 53억 달러다. 2011년 뉴욕 증시에 상장된 이후 주가는 300퍼센트 상승했다.

한편 중국의 유력 IT 기업인 YY는 미국의 유튜브와 유사한 업체다. 유튜브처럼 사용자들은 비디오를 볼 수 있으며, YY의 경우 모든 비디오는 실시간으로 생중계된다. YY는 2005년 광둥 성에서 설립된 인터넷업체 '광저우둬완온라인과기공사'廣州多玩網絡科技公司에서 개발했으며, CEO는 리쉐링李學凌이다. 온라인 게임 사용자를 위한 메시지 서비스로 시작했으며, 일부 사용자들이 노래방 동영상 등을 올리기 시작했다. 얼마 지나지 않아 이것들은 잠재적인 수익 창출원이 되었다. 등록된 사용자가 4억 명이 넘는 YY는 천만 명이 동시 접속할 수 있어 특히 게임을 하면서 대규모 대화모임을 진행할 수 있다. 현재 사이트 권한 특권을 올리고 선물 구입 등과 같은 것을 통해 수익을 창출하고 있다. YY는 2012년 11월 21일 미국 나스닥에 상장했는데, YY의 주가는 357퍼센트 급등했고 시가 총액은 30억 달러에 달한다.

3 양후이옌과 리카싱

양후이옌, 수려한 용모의 여성 CEO

24세의 경영자

미국 경제잡지 『포브스』*Forbes*가 발표한 '2007년도 중국 부호 랭킹'에서 1위를 차지한 인물은 뜻밖에도 이제 갓 27세에 지나지 않은 여성이었다. 그녀는 바로 비구이위안碧桂園 그룹의 양후이옌楊惠妍이다.

일반적으로 여성 부호라고 하면, 슈퍼우먼으로서의 강인한 이미지가 연상되지만, 양후이옌은 뜻밖에도 수려한 용모와 가냘픈 몸매에 시종일관 미소를 잃지 않는 대단히 '여성적인' 모습의 여인이다.

양후이옌은 2007년 당시 무려 1,211억 5천만 위안의 자산을 보유하고 있는 것으로 나타났다. 그녀는 광둥 성 출신으로서 중국의 '재벌 2세'인 이른바 '푸얼다이'富二代 출신 중에서도 가장 재산이 많은 인물로 꼽힌다. 그녀는 미국 오하이오 대학을 졸업했고 남편은 베이징의 명문 칭화淸華 대학 출신으로 미국에 유학한 수재다.

그녀는 24세인 2005년에 이미 아버지 양궈창楊國强에게서 비구이위안 그룹의 경영권을 물려받아 집행이사로 회사의 경영을 이끌고 있다. 비구이위안 그룹은 부동산업을 핵심 사업으로 삼아 호텔 개발 및 관리와 교육 사업까지 사업 영역을 확장하고 있는 중국의 중견 기업이다. 2007년에는 홍콩 증시에 상장되었다.

비구이위안의 CEO 양후이옌은 대외적으로 얼굴을 거의 드러내지 않아 많은 부분이 베일에 가려져 있지만, 수려한 용모와 우아한 자태 그리고 항상 미소를 짓는 있는 모습으로 더욱 주목을 받고 있다. 이뿐만 아니라 그녀는 업무 처리에도 능해 노련하고 기민하며 장악력이 높다는 평가를 받고 있다. 최근에는 에너지 분야에도 적극적으로 투자하고 있는 것으로 알려져 있다.

리카싱, 아시아 최고의 갑부

18세 과장, 20세 사장

아시아 최고의 갑부인 홍콩의 리카싱李嘉誠은 『포브스』가 발표한 '2014년 억만장자' 순위에서 총 자산 330억 달러로 세계 20위 부자로 꼽혔고 아시아 최대 부호의 자리를 계속 지켰다. 그는 2011년 9월에는 거금 450억 위안을 아낌없이 기부해 화제에 오르기도 했다.

리카싱, 그는 누구이며 과연 어떻게 오늘의 부를 일군 것일까. 리카싱은 1928년 광둥 성 차오저우潮州에서 태어났다. 사실 리카싱은 홍콩어 발음이고, 중국어 발음으로는 리자청이다. 아버지는 초등학교 교장을 지냈고, 조부는 청나라 말기에 조정이 12년에 한 번씩 각 성省의 우수 학생만을 대상으로 선발하는 시험에 뽑힐 정도로 수재였다.

1939년 일본이 중국을 침략하자, 1941년 그의 아버지는 가족을 데리고 홍콩으로 이주해 외숙의 집에 기식했다. 2년 뒤 그의 아버지는 병으로 세상을 떠났고, 가정 형편이 어려워진 리카싱은 학업을 포기하고 취업했다. 처음에 그는 외숙이 운영하는 손목시계 제조회사에서 청소하고 차 끓이는 보조원으로 일했다. 그때 그의 나이 불과 14세였다. 이 시계 회사에서 가장 먼저 가게에 나오고 가장 늦게 퇴근하는 사람이 바로 그였다. 그는 이곳에서 3년을 일한 뒤 17세 되던 해 철물과 플라스틱을 제조하는 회사에 들어가 영업사원으로 근무했다. 그는 그곳에서 뛰어난 영업 실적을 올려 18세에 과장으로 승진했고, 2년 뒤에는 사장이 되었다.

1950년 마침내 그는 스스로 7천 달러를 투자해 청쿵長江 플라스틱 공장이라는 회사를 설립해 당시 가장 중요한 수출 상품이었던 플라스틱 조화造花 판매에 나섰다. 그는 당시를 이렇게 회고했다.

"공장에서는 단지 플라스틱 장난감과 가정용품을 생산했을 뿐이다. 무역상사를 통해 그것들을 유럽과 미국으로 팔았다. 처음 10년 동안은 1주일 내내 휴일 없이 일했고, 매일 최소한 16시간을 작업해야 했다. 밤에는 또 공부했다. 이뿐만 아니라 종업원이 부족해 판매와 수금도 내가 직접 해야 했다. 항상 잠이 모자라 아침에는 자명

종 소리를 듣고서야 비로소 일어날 수 있었다. 참으로 견디기 어려운 시절이었다."

중국에 가장 많은 투자를 한 홍콩 투자가

리카싱은 품질이 좋은 상품을 저렴한 가격에 판매한다는 경영 원칙을 세우고 이를 성실하게 실천했다. 이러한 신뢰를 바탕으로 대형 백화점을 비롯한 많은 거래처가 리카싱이 제시하는 가격 그대로 계약을 체결했고, 어떤 업체들은 미리 50퍼센트의 보증금을 선불하기까지 했다.

1957년, 그는 청쿵 플라스틱 공장 이름을 청쿵 공업주식회사로 바꾸고 회사도 이전했다. 당시 공장은 두 분야로 나뉘어 한 곳은 플라스틱 완구를 만들었고, 다른 한 곳은 플라스틱 조화를 생산했다. 리카싱은 플라스틱 조화를 팔아 수천만 홍콩달러를 벌었고, 그의 회사는 세계 최대의 플라스틱 조화 생산 회사가 되었다. 그에게는 '플라스틱 조화 대왕'이라는 칭호가 붙었다.

리카싱은 이에 그치지 않았다. 1958년에 부동산회사를 설립하면서 상권을 확대해나갔다. 1971년에는 일종의 종합무역상사인 '청쿵실업'을 설립했다. 그 이듬해에 드디어 회사를 상장하게 되었는데, 상장 당일 상한가를 치는 등 비약적으로 성장하기 시작했다. 그리하여 상장한 지 1년 만에 회사의 토지보유 규모는 20배로 커졌고, 이때부터 그의 회사는 본격적으로 거대 기업으로 발전하게 되었다. 1979년 그는 상하이 후이펑匯豐 은행의 주식을 대대적으로 매입해 최대 주주가 되었다. 이어서 영국계 은행인 '화기황

포'和記黃埔를 사들여 최초로 영국계 은행을 인수한 중국인이 되었다. 이때 그의 재산은 홍콩 정부와 필적할 정도가 되었다.

1989년 톈안먼天安門 사건이 발생했을 때, 대다수 외자 기업은 모조리 중국에서 철수했다. 하지만 이때 그는 사람들의 상식을 뛰어넘는 역발상으로 오히려 중국 시장에 적극적으로 진출하는 전략을 택했다. 그 결과 그는 중국에 가장 많은 투자를 한 홍콩 투자가가 되었고, 성과도 기대 이상이었다.

리카싱은 홍콩을 비롯해 중화지역과 아시아에서 최고의 부호로 알려져 있으며, 홍콩 사람들은 그를 '이초인'李超人이라 부른다. 홍콩 사람들은 자신들이 평생 리카싱에게만 돈을 벌어주었다고 탄식한다. 그들이 구입한 주택은 모두 리카싱의 회사가 지은 것이고, 슈퍼마켓에 가서 어떤 물건을 사더라도 결국 리카싱 회사와 관련이 있으며 휴대전화 등 일상용품도 리카싱을 벗어날 수 없기 때문이다.

부자는 적은 돈도 가벼이 여기지 않는다

아시아 최고의 부호인 리카싱은 적은 돈을 가벼이 여기지 않는 것으로도 유명하다. 이와 관련해서 여러 일화가 있다. 어느 날 리카싱이 출근을 할 때 그의 비서가 열어주는 자동차에 타려는 순간 상의 안쪽 호주머니에서 동전 하나가 떨어져 길가 우물로 굴러 들어갔다. 그러자 리카싱은 비서에게 사람을 불러 그 동전을 찾도록 했다. 마침내 그 동전을 찾자 리카싱은 동전을 찾은 그 사람에게 100홍콩달러를 '상금'으로 주었다.

사람들은 우물에 빠진 그 동전이 무슨 특별한 사정이 있는 동전임이 틀림없다고 생각했다. 하지만 그 동전은 그저 일반 동전일 뿐이었다. 리카싱은 "동전 하나도 재물이다. 만약 당신이 그것을 가벼이 봐서 우물에 빠진 동전을 찾지 않는다면, 재물의 신은 당신을 천천히 떠나갈 것이다"라고 말했다.

근검절약과 더불어 빼어난 용인술이 리카싱을 부자로 만들어주었다. 리카싱은 한 회사가 일정한 수준까지 성장한 뒤 기업이 한 단계 더 진전할 수 있는지는 전적으로 인재를 어떻게 기용하느냐에 달려 있다는 점을 분명히 알고 있었다.

그는 기업이 어느 수준에 오르면 이전과 다른 관리를 하고 새로운 전문가가 필요하다고 인식했다. 창업 때부터 그를 돕고 같이 회사를 키워온 '동지'들을 물러나게 하고 과감하게 젊은 전문가들을 수혈했다. 그러면서 직원을 훈련시키는 야간 학교를 세웠고, 전도가 유망한 직원들을 외국에 보내 선진 기술과 문명을 배우도록 했다. 자신도 가정교사를 초빙해 항상 전문 지식을 익혔고, 영어도 독학했다.

리카싱이 오늘날처럼 커다란 성공을 거둔 것은 동양적 가족 관리 방식을 탈피한 그의 경영 방식과 깊은 관련이 있다. 리카싱의 기업을 이끄는 간부 중에는 뛰어난 금융 두뇌를 가진 사람도 있고 비범한 분석력을 갖춘 재무 전문가도 있으며 노련한 부동산 전문가도 있다. 생기발랄하고 젊은 홍콩인도 있으며 엄격한 성품에 과단성을 갖춘 서양인도 있다. 그가 기용한 서양의 전문가 그룹은 서양 선진 기업의 관리 경험을 적용하여 기업을 경제적이고 과학적이며 효율적으로 운영하도록 했다. 동시에 리카싱은 대외적으로 서양인들을 소비의 주요 대상으로 삼았을 뿐 아니라 그들 서양인으로 하여금 서양 시장의 개척을 주도하도록 했다. 현대판 '이이제이'以夷制夷 전략이었다. 인재 기용에 대해 리카싱은 이런 말을 남겼다.

"대다수 사람에게는 장점과 단점이 있다. 그러므로 각자의 능력을 다하게 해야 하고, 각자 자기가 필요한 곳에 있어야 하며, 재능을 헤아려 기용한다는 원칙이 중요하다. 이것은 하나의 기계와 동일한 이치다. 예를 들어, 어떤 기계 부품이 500마력의 힘이 필요할 때, 비록 0.5마력은 500마력에 비한다면 훨씬 작지만 그러나 부분적인 역할은 충분히 해낼 수 있는 것이다."

한 여성만을 사랑한 리카싱

리카싱의 일상생활도 많은 사람의 관심을 받고 있다. 혹시나 부자가 될 어떤 비법이 숨겨져 있을까 해서다. 우선 그는 한 여자만을 사랑했다. 어린 시절 홍콩에 건너온 리카싱은 외숙의 집에 기식하면서 그 집의 딸 쫭밍웨庄明月와 인연을 맺었다. 리카싱은 자신보다 네 살 어린 그녀에게서 광둥어를 배우고 그녀에게는 중국 고전과 시가詩歌를 가르쳤다.

리카싱이 시계회사에서 일하며 공장에 다니고 있을 때 그녀는 학업을 계속해 홍콩 대학에 입학했지만 리카싱을 계속 연모했다. 리카싱이 비록 플라스틱 제조회사를 설립하고 사업적으로 크게 성공을 거두기는 했지만, 상식적으로 명문 집안 명문 대학 출신인 그녀와 빈한한 가정환경에 학업도 중도 포기한 리카싱을 비교한다면 그야말로 천양지차였다.

이러한 이유로 그녀의 아버지와 리카싱의 어머니 모두 이들의 결혼을 반대했다. 하지만 이들의 진정한 사랑은 가족들을 설득시킬 수 있었고, 마침내 1963년 결혼식을 올렸다. 이들 사이에 두 아들이 태어났다. 전통적인 현모양처였던 쫭밍웨는 두 아들을 정성껏 키우고 헌신적으로 남편을 뒷바라지하면서 결코 전면에 나서지 않았다. 하지만 하늘이 이들을 시기했는지 그녀는 58세 되던 1989년 심장병으로 돌연 세상을 떠났다.

적지 않은 홍콩의 백만장자들이 첩을 몇 명씩 두고 애정 행각을 벌이는 것을 자랑으로 삼는 풍토이지만, 리카싱은 단 한 번도 이러한 스캔들이 없기로 정평이 나 있다. 일평생 단 한 명의 여인만 사랑했던 이러한 그의 인품 때문에 그는 더욱 존경을 받고 있다.

리카싱이 반드시 지키는 두 가지 생활습관도 유명하다. 첫 번째 습관은 자기 전에 반드시 독서를 한다. 여러 분야의 책을 읽지만 만약 사업과 관련되는 내용이면 아무리 어려워도 반드시 끝까지 완독한다. 두 번째 습관은 저녁 식사 후 20분 정도 영어로 방영되는 TV를 시청한다. 영어 능력과 국제 감각에 뒤떨어지지 않기 위해서다. 리카싱은 이러한 습관과 훈련으로 사업과 자본 간의 가장 양호한 관계를 만들어내고, 나아가 자본 운용에 의한 사업 성공의 비밀번호를 찾아낸다.

4 실패의 경험이야말로 가장 진정한 교훈

스위주, 불굴의 기업가이자 저명한 실패자

실패의 경험이 올바른 교훈을 제시한다

1962년 안후이 성에서 출생한 스위주史玉柱는 저장 대학 수학 과를 졸업했다. 본격적으로 창업에 나선 건 1989년 선전 대학에서 컴퓨터소프트웨어학 석사과정에 입학하면서부터다. 거인巨人이라는 이름의 회사를 만들었으며 주로 '나오황진'腦黃金 등의 건강보조식품을 개발해 큰돈을 벌기 시작했다. 거인 빌딩 준공식을 치른 1994년에 그는 전국 10대 개혁풍운改革風雲 인물로 선정되었다.

이어 다음 해인 1995년 그는 『포브스』의 중국 8위 부호로 뽑혔다. 하지만 호사다마일까, 1996년 거인 빌딩 공사를 위한 자금 사정이 급격하게 나빠지기 시작했다. 그는 보건약품 분야의 모든 자금을 거인 빌딩 공사에 쏟아 부었다. 그러나 끝내 자금 사정을 호전시키지 못하고 거인 빌딩 공사는 중단되었다. 순식간에 2억 5천만 위안이라는 엄청난 빚을 지게 된 그는 전국에서 가장 가난한 빚쟁이로 전락하고 말았다.

1992년 중국의 한 유명 여론조사 기관에서 "당신이 가장 존경하는 인물은 누구인가?"라는 여론조사를 실시했다. 그 결과 빌 게이츠와 스위주가 가장 존경하는 인물로 뽑혔다. 1997년 거인 빌딩 몰락 후 스위주는 저장 대학의 한 학생에게서 편지를 받았다.

"당신이 다시 일어나지 못한다면, 당신이야말로 우리 세대의 마음을 가장 상하게 한 인물이 될 것이다."

스위주는 '사람들에게 진 빚은 반드시 갚아야 한다'는 마음가짐으로 재기에 성공했다. 1999년 그는 다시 생물의약기업을 만들고 '나오바이진'腦白金 생산에 들어갔다. 이 나오바이진은 순식간에 중국 전역을 석권했으며 지금까지도 중국에서 가장 잘 팔리는 건강보조약품이다. 특히 나오바이진 광고는 대단히 유명해서 세 살 꼬마도 따라 부를 수 있을 정도로 중국인 누구에게나 귀에 익은 광고다. 그는 일찍이 거인 빌딩 공사가 중단되면서 좌절했었지만, 오히려 그 실패를 거울로 삼기 위해 거인이라는 이름을 그룹 이름으로 계속 사용했다.

투자의 귀재

스위주는 특히 시장의 '공백'空白을 분석해 찾아내는 데 뛰어났다. 나오바이진뿐만 아니라 부동산업과 투자은행 분야도 개척했으며, '정투'征途라는 온라인 게임도 개발해 큰 성공을 거두었다.

그는 "잘 알지 못하는 사업에는 투자하지 않고, 자금이 부족하면 투자하지 않으며, 인재가 충분치 못하면 투자하지 않는다"는 투자 3원칙을 견지했다.

용인用人에 있어서도 그의 원칙은 내부에서 배양한 사람만 발탁하고 외부의 낙하산은 받아들이지 않는다는 것이었다. 왜냐하면 내부 사람이야말로 기업문화를 이해하고 계승하는 데 부합하며 실제 집행력도 더욱 확실하다고 판단하기 때문이다. 직원들의 업무 능력을 평가할 때는 결과를 중시해 공로만 인정할 뿐 노고에 대해서는 인정하지 않는다는 기준도 세웠다.

마침내 2007년 스위주가 이끄는 거인 온라인 그룹은 미국 뉴욕 증권시장 상장에 성공해 시가총액 10억 4,500만 달러로서 미국에 상장된 중국 최대 민영기업이 되었다. 2008년에는 중국의 유명한 술인 우량예五粮液를 인수했고, 2009년 『포브스』는 15억 달러 자산가인 그를 중국 14위 부호로 발표했다.

스위주는 "크게 일어나大起, 크게 몰락했다大落가 다시 크게 일어난又大起" 입지전적인 인물이었다. 그는 "성공한 경험은 대부분 비뚤어진 결과를 낳게 되지만, 실패의 경험이야말로 비로소 가장 올바른 교훈을 준다"고 말한다. 그는 또 자신의 삶에 대해 이렇게 술회한다.

"나는 단 한 번도 내가 특별히 뛰어난 것이 있다고 생각한 적이 없다. 나의 장점은 꾸준히 노력하며 의지가 강하다는 것 정도다. 다른 사람이 다섯 시간에 하는 일을 나는 5일 밤낮을 계속 몰두할 수 있다. 그 밖에 나는 기회가 다가올 때 결단할 수 있다."

추스젠, 84세에 다시 일어선 현대판 강태공

무기징역형을 받은 연초업계의 대부

추스젠褚時建은 1928년 윈난 성의 한 농민 집안에서 태어났다. 1949년 21세이던 그는 윈난 성 유격대로 활동했으며 1952년 중국 공산당에 입당했다. 그러나 그 역시 전국적으로 불어닥친 문화대혁명의 폭풍을 피해가지는 못했다. 1959년 그는 우파로 몰려 노동개조형에 처해졌고, 이른바 하방下放되어 농장에 보내졌다.

1979년 개혁개방을 맞아 다시 복권된 그는 윈난 성 위시玉溪의 연초공장 공장장이 되었다. 당시 그가 만들어낸 담배, 즉 훙타산紅塔山 담배는 전국적으로 유명해졌다. 그는 1990년 전국 우수기업가로 선정되었고, 1994년에는 전국 10대 개혁풍운인물로 선정되었다. 그가 일궈낸 '훙타紅塔 제국'은 국가를 위해 무려 991억 위안의 세금을 거두게 하였고, 훙타산 담배의 상품가치는 400억 위안에 이르렀다.

그는 '연초대왕'으로 칭해졌으며, 그가 하는 한마디 말은 곧 윈난 성 연초업계의 명령이 되었다. 훙타산 담배의 자산은 332억 위안으로 그는 당시 중국에서 가장 성공한 국영기업가였다. 연초산업에 18년 동안 종사한 공적으로 그는 연초업계의 대부로 추앙받았다.

하지만 당시의 경직된 체제적인 요인 때문에 기업은 엄청나게 성공했지만 그 자신에게 주어지는 소득은 거의 없었다. 기업의 거대한 성공과 빈손뿐인 개인 소득의 격차는 필연적으로 심리적 갈등을 불러일으켰으며 더구나 감독 시스템도 결여되어 있었다. 이러한 상황에서 그는 1995년 2월 자금은닉과 수뢰죄로 체포되었고, 그의 처와 외동딸도 같은 죄로 수감되었다.

이듬해 추석은 그의 일생 중 가장 비극적인 날이었다. 그의 외동딸이 수감되어 있던 뤄양 감옥에서 자살한 것이었다. 1999년 그는 174만 달러의 자금을 은닉하고 횡령한 죄로 무기징역형과 종신 정치권리 박탈형을 선고받았다. 이후 17년 징역으로 감형되었고, 2002년 설날 당뇨병 악화로 병보석이 허가되어 석방되었다. 그러나 주거는 집 근처로 제한되었다. 그는 이후 거의 1년 동안을 누워 지내야 했다.

추스젠은 다시 일어서기로 결심했다. 그는 부근에 있는 황무지를 개간해 귤을 재배하기 시작했다. 이때 그의 나이 이미 일흔 살이었다. 그는 그가 일궈낸 연초업이 그의 능력과 노력으로 성공한 것이 아니라 정부정책의 도움 때문에 가능했었다는 주위의 평가가 잘못되었다는 점을 증명해내기 위해 일부러 연초업을 계속하지 않고 귤 재배라는 새로운 도전에 나선 것이었다.

백발이 성성한 그는 황무지 산을 일군 밭에서 35만 주의 귤나무를 재배했고, 10년여에 걸친 그의 노력은 마침내 결실을 거뒀다. 귤을 재배한 지 10년째 되던 2012년에 그의 귤은 '추청'橘橙이라는 상표를 붙이고 베이징 시장에 정식으로 진출하게 되었다. 그의 자산은 8천만 위안으로 연 이윤만 해도 3천만 위안이었다. 그는

84세에 마침내 다시 억만장자로 우뚝 일어섰다.

　80세까지 세상에 나아갈 기회를 얻지 못하고 강가에 나가 낚시로 소일하면서 가난하게 살다가 80세에 주나라 문공周文王을 만나 마침내 자기 뜻을 펼칠 수 있었던 '궁팔십, 달팔십'窮八十, 達八十의 강태공이 현세에 다시 살아난 듯한 인물이라 할 것이다.

중국을 이해하는 키워드

2

중국 부의 기원

중국 부의 기원은 무엇인가?

우선 세계에서 가장 큰 규모의 단일시장, 엄청난 인구가 그 객관적 조건을 이룬다. 거기에 모든 사람이 부자가 되고자 하는 의지로 충만되어 있으며, 각자 본능적으로 대단히 활발한 상업 활동을 전개한다. 이 상업 정신이 전체적으로 결합되어 중국이라는, 다른 곳에서는 결코 존재할 수 없는, 거대한 통일적 시장에서 물처럼 자연스럽게 상업과 경제가 이뤄지고 흘러넘쳐 번영을 구가했다. 그리고 여기에 사마천의 「화식열전」, 유가사상 그리고 『손자병법』 등이 훌륭한 지적 자양분으로 기능했다.

1 중국, 세계 제1의 상업국가

중국 상업의 발전

'상'이란 무엇인가

'상'商이라는 한자는 『설문』說文에서 "상, 종외지내야"商, 從外知內 也라고 설명하듯 "바깥으로부터 안을 알다"는 뜻이다. 즉 '헤아리다' '계산하다'는 의미를 지닌다. 그런데 이 상商은 동시에 '서로 의논하다' '상의하다'는 뜻도 지니고 있다. 이러한 의미들이 결합해 '상업'이라는 용어가 만들어지게 되었다.

상商이라는 말은 두 명 이상의 사람들이 함께 계획하고 토론한다는 의미로 발전되어 함께 힘을 모아 전진해나가는 상인 국가의 저력을 드러내고 있으며, 중국인들은 이에 기초해 자연스럽게 타협과 조화를 전통으로 삼게 되었다고 할 수 있다.

그렇다고 중국이 상商만 떠받든 것은 아니다. '권력'도 중국인들에게 큰 영향을 미쳤다. 중국에서 전통적으로 강인하게 유지되어온 중요한 사회 관념은 한 인간의 귀천貴賤을 판단하는 기준이란 재부의 다과多寡가 아니라 바로 권력의 대소라는 것이다. 아무리 부귀한 자라도 천상천하 유아독존 황제 앞에서 빈천할 뿐이었고, 황제 또는 고위 관리의 말 한마디에 패가망신하는 일이 비일비재했다. 반면 재산 하나 없는 선비라도 한 번 등용문에 오르면 그 '몸값'은 일약 수백 배로 뛰었다. 수중에 권력이 있으면 곧 부귀영화를 무한대로 향유할 수 있었다. 동시에 재산을 지키려면 반드시 지위를 얻어야 했다. 이처럼 상商과 권력은 불가분의 관계였다.

이렇게 하여 학이우즉사學而優則仕, 즉 "학문을 익혀 남음이 있으면 곧 벼슬을 한다"는 전통이 장기간에 걸쳐 세워졌다. 그러므로 한나라와 당나라 시대 이래 위진남북조에 이르기까지 귀족관료들은 대부분 상업을 경영했다. 사실 중국에 엄청난 영향력을 미친 공자孔子 역시 현실주의자로서 상업에 대해 별다른 반감을 품지 않았다. 오히려 중상주의자인 관중管仲을 긍정적으로 평가했다.

'상'의 발전사

그러나 맹자孟子는 극단적으로 이利를 반대하면서 상인에 대해 커다란 반감을 품고 있었고, 상인을 '시장의 이익을 독점하는 비천한 자들'賤丈夫로 인식했다. 그는 대신 농업을 극력 존숭해 정전제井田制로의 회복을 주창했다. 맹자의 이러한 사상은 후세에 커다란 영향을 미쳤다. 그리하여 유가 사상은 의義와 이利의 양자가 반드시 서로 충돌하는 것으로 파악했다. 한나라 시대의 대표적인 유학자였던 동중서董仲舒도 맹자의 사상을 이어받아 예의로써 인욕人慾을 억제해야 한다고 주장했다.

유학자들은 하나의 국가가 가장 필요로 하는 것은 바로 안정이며, 생산력 발전의 추구는 불필요하다는 입장이었다. 오직 '예'禮를 지키고 중시하게 되면 영원히 안녕할 수 있다는 믿음이었다. 이러한 관점에서는 저소비 사회의 유지가 필요했고, 당연히 상인집단은 사회의 불안정 요소로서 제한을 받아야 했다. 법가法家 역시 농경과 전쟁을 논하면서 상인 활동에 대해서는 분명하게 반대했다.

이러한 전통은 한나라 초기의 수십 년 동안 계속 이어져 상인의 사회적 지위는 매우 낮았고, 이는 법률상으로도 규정되고 있었다. 결국 숭본억말崇本抑末 정책은 전국시대부터 한나라 시대에 이르기까지 전통 사상으로 자리 잡았고, 봉건통치 계급은 상공업을 말업末業으로 간주하면서 그에 대한 억압정책을 전면적으로 시행했다.

한나라 초기의 법률은 상인이 관직을 얻을 수도 없고 전답을 소유하지도 못하도록 규정하고 있었다. 이는 상인의 정치적 진출은 물론이고 농업 분야로 나아가는 출로조차도 완전히 봉쇄한 것이다. 송나라 때는 유학이 지도적 이념으로 군림하면서 관리와 사대부가 상업을 경영하는 것은 부도덕하고 명예스럽지 못한 일이라 간주되었고, 이러한 풍조는 명대까지 이어졌다.

하지만 명대 이래 상공업의 발전이라는 시대적 변화에 따라 상인의 지위는 점점 높아졌다. 청나라 때 심요沈堯가 쓴 『낙범루문집』落帆樓文集은 "예전에는 사농공상의 구분이 있었지만, 지금에는 그러한 구분이 없다. 옛날에는 선비의 아들은 항상 선비였지만, 훗날 상인의 자손만이 비로소 선비가 될 수 있게 되었다. 송나라, 원나라, 명나라 이래의 변천이 대단히 크도다"라고 기록하고 있다.[1]

이렇게 상공업 발전의 경제적 토대가 변화함에 따라 유학이 점차 쇠퇴했고 상업과 상인에 대한 편견과 경시도 점차 사라졌다. 동시에 관료와 사대부의 상업 경영도 부활했다. 특히 청대에 이르러 관리들의 상업 경영은 일상화되었다. 청나라 최대 탐관 화신이 고리대업과 금융업을 경영한 것은 결코 우연이 아니었다.

'시'란 무엇인가

'시'市라는 한자어는 상면이 '갈 지'之로서 "가다"往는 뜻이고, 하면은 '혜'兮로서 "시끄러운 잡음"을 의미한다. 즉 "시장의 시끄러운 곳에 가다"는 뜻이다. 『설문』은 "시, 매매지소야"市, 買賣之所也라 하면서 시市가 물건을 사고파는 곳이라 설명한다.

한편 『고사고』古史考는 신농神農씨가 처음으로 시市를 만들었다古史考曰 神農作市고 기록하고 있다. 한나라 시대의 매매 활동은 모두 고정된 교역 장소에서 엄격한 관리하에 진행되었는데, 그 고정된 교역장소를 시市라고 칭했다. 시는 특수한 구역으로서 이곳에 거주하거나 경영활동을 하려면 반드시 관청에 먼저 등록해 호적을 획득해야 했다. 이것을 '시적'市籍이라 했다.

상업과 상업 활동은 상商나라 때부터 시작되어 발전했다. 상나라 시대에 농업과 목축업 그리고 수공업이 크게 발전했는데, 특히 청동제조, 도자기, 방직, 죽竹제품, 옥기玉器 그리고 칠기 제조업이 급속하게 발전하면서 상업의 흥기와 발전에 기초를 마련했다. 그리고 물건을 사고팔면서 생산과 소비 양측의 교환을 담당하는 전문인이 사회에서 독립되어 상인이 형성되었다.

진한秦漢시대에 비록 중앙정부가 중농억상정책을 시행하면서 상업 발전에 장애 요인을 조성했지만, 객관적인 사회의 제반 조건은 이미 상업 발전에 유리한 상황을 조성하고 있었다. 진시황은 각 지역을 효과적으로 통제하기 위해 첫째, 전국에 걸쳐 수로교통 사업을 전개하고 수레바퀴의 길이를 통일시켰으며, 도로를 수축해 6국의 교통 장애를 없앰으로써 상품 유통을 편리하게 만들었다. 둘째, 복잡하고 문란했던 기존의 화폐를 통일시켰다. 셋째, 도량형을 통일시켰다. 이러한 조치들은 경제 교류와 상품 교환을 촉진하는 역할을 수행했다. 한나라 초기에는 정치적으로나 경제적으로 '무위'에 의한 통치와 요역을 경감하고 세금을 가볍게 하는 정책을 시행해 농업과 수공업이 자유롭게 발전하게 되었고, 이에 따라 상업 역시 전례 없는 번영을 구가했다.

한편 수당隋唐시대에 이르러 상업도시의 발전이 두드러졌다. 송나라 시대에 들어 상업 발전은 그 절정에 이르는데, 특히 신종은 왕안석의 신법을 채용해 상업이 크게 융성하게 된다. 명나라 중기 이후에는 상인 집단의 규모와 실력이 강력해졌다. 상인들은 분산 독립의 경영 형태를 벗어나 지역과 종족혈연 관계 또는 업종 간 연합의 방향으로 나아가 상호 공제와 대외 합동경쟁을 목표로 하는 상인 집단을 형성하게 되었는데, 이것이 바로 '상방'商幇이다.

상방 중에서 가장 대표적인 상방은 산시 성山西省의 진상晉商과 안후이 성의 휘상徽商으로서 이들로 대표되는 상인 집단은 전국적으로 활발하게 융성했다. 특히 명청시대에는 전국적으로 대략 10개 정도의 큰 상방이 나타나는데 그중 가장 세력이 크고 영향력이 컸던 상방은 세 곳이다. 바로 진상, 휘상, 조상潮商이 그들이다.

상방의 시대

진상은 '산서방'山西幇, '서상'西商, '산고'山賈라는 명칭으로도 불렸다. 산시 성의 "토지는 사람들이 살기에도 비좁고 논밭은 경작하기에 부족해 사람들은 상고商賈를 중시했다."

진상은 산시 성의 소금·철·보리·면·피·모·목재·담배 등의 특산물을 활용해 장거리 무역을 했으며, 강남의 비단·차·쌀을 다시 서북지방, 몽골, 러시아 등에 판매했다. 그런데 이와 같은 장거리 무역은 그 자본 규모가 크고 회전속도는 느려 대규모 자본 수요가 발생했다. 이에 따라 예금과 대금 업무를 담당하는 전문 기관이 필요하여 '표호'票號라고 불리는 금융업체를 만들었다.

산시 상인들의 외지 구매 활동이 활발해짐에 따라 현금 운송 액수도 커지고 횟수도 많아져 속달과 안전 문제가 중요해졌다. 그리하여 '표호'는 무술이 뛰어난 자들을 고용했고, '표사부'鏢師傅라 칭해지는 이들은 허리에 전대를 매고 날카로운 표창을 품에 지녔으며 긴 창으로 무장했다. '표사부'가 타고 있는 마차에는 '표사부'의 성씨姓氏를 쓴 깃발을 휘날리게 해 도적이나 강도들은 감히 덤비지 못했다. '전장'錢庄이 상하이와 난징, 항저우, 닝보寧波, 푸저우福州 등 남부지방에서 발전해 주로 상인들 간의 예금과 대출 업무를 담당했던 데 비해, '표호'는 일반 상인을 대상으로 하지 않고 '전장' 또는 '은호'銀號: 북방에서는 전장을 은호라 칭했다를 대상으로 한 금융기구였다.

진상은 인고忍苦와 근로정신을 기본으로 하고 신의를 숭상하고 인간 본위를 추구했다. 이들은 특히 종족과 향족鄕族 역량의 연합에 의한 경쟁력 강화를 중시했고, 상업 자본을 금융 자본과 결합시켰으며 관청과의 관계에 의한 특권 이익을 획득하는 데 주력했다. 이에 따라 진상은 명청시대에 강력한 상업 집단으로서 500년 동안 상계商界를 장악했다. 부상富商이며 은행가로서 쑨원孫文의 삼민주의를 지지했고 국민당 정부의 재정부장을 역임했던 쿵샹시孔祥熙도 진상으로서 표호를 운영하던 가문의 후예였다. 그는 스스로 "내가 사람을 쓸 때는 반드시 내가 세운 명현銘賢 사범학교 출신 또는 산시 성 사람만을 쓴다唯賢 唯晋"라고 호언할 정도였다.

한편 휘상은 진상과 더불어 이름을 떨쳤는데, 호설암胡雪巖이 대표적인 인물이다. 휘상은 '신안상인'新安商人 또는 '휘주상인'徽州商人이라고도 부른다. 구 휘주부에 속하는 상인집단을 통칭하는 명칭이다. 이들은 명나라 시기에 최고의 전성기를 누리다가 청나라가 들어서면서 쇠락하기 시작했다. 특히 휘상들은 소금과 차를 운송하는 무역노선을 개척했고, 휘상의 전성기에는 "무휘불성상"無徽不成商: 휘상이 없으면 상업이 이루어지지 않는다이라는 말까지 있을 정도였다.

휘상은 돈을 버는 것은 일종의 수단으로 생각했고, 관직에 나가는 것을 최종 목표로 삼았다. 청나라 건륭제 때부터 가경제嘉慶帝 때까지의 70년간 진상과 휘상은 모두 소금 장사를 했으나, 휘상의 자제들은 265명이 과거를 통과해 벼슬을 했다. 반면 과거에 합격해 벼슬을 한 진상은 단지 22명에 지나지 않았다.

휘상의 극성기에는 안후이 성 남성의 70퍼센트가 상업에 종사했다. 특히 이들은 학문과 문화를 중시하는, "선비이면서도 상인이고士而商, 상인이면서도 선비였던商而士" 유상儒商이었고 향리에 많은 서원을 지어 주희朱熹 같은 대유학자를 배출했으며 근세사의 이홍장李鴻章, 후스胡適, 천두슈陳獨秀 등도 이 지역 출신이다.

한편 조상은 '조주상방'潮州商幇과 '광동상방'廣東商幇을 합쳐서 부른 칭호다. 조상은 원래 진상이나 휘상에 미치지는 못했다. 조상은 명나라 이후에 나타나서 사적으로 해외무역을 시작했다. 청나라 이후 홍두선紅頭船은 조상의 상징이 되었다. 그래서 조상을 '홍두선상인'이라고도 부른다. 조상이 이름을 떨친 것은 근현대에 이르러서였다. 근대에 서구 세력의 침입으로 진상과 휘상이 몰락한 후, 조상은 해외이민을 통해 동남아·홍콩·조주潮州 그리고 산터우汕頭 등지에서 세력을 키웠다. 리카싱, 천삐천陳弼臣 등이 대표적인 인물이다.

중국의 유대민족 화교

중국의 유대민족이라 불리는 객가客家족 역시 이러한 상업적 전통을 이어받아 '중국'을 지켜온 대표적인 경우다. 이들은 전 세계 상권을 장악한 화교華僑의 절대적 주류를 이루면서 중국 개혁개방 과정에서도 조국인 중국에 아낌없이 투자해 중국을 부활시켰다.

태평천국太平天國 운동의 홍수전洪秀全을 비롯해 후야오방胡耀邦, 예젠잉葉劍英, 주더朱德 등 중국 최고위층, 싱가포르의 국부 리콴유李光耀, 타이완 마잉주馬英九 총통, 차이잉원蔡英文 민진당 주석, 리덩

후이李登輝 전 타이완 총통, 타이의 전 총리 탁신 등 국제적으로 저명한 정객, '호랑이 연고'虎牌 萬金油로 유명한 후원후胡文虎, 홍콩의 거부 리카싱 등 유명한 화교 거상 그리고 홍콩 영화배우 장궈룽張國榮과 리밍黎明 등이 모두 이 객가족에 속한다.

사실 화교는 중국의 번영을 말할 때 빼놓을 수 없는 존재다. 중국의 개혁개방을 주도한 것은 물론, 개혁개방 이래 2007년까지 중국이 유치한 외국인 직접투자 건수 중 70퍼센트 정도와 직접투자액수 중 60퍼센트 이상이 화교 자본에 의한 것이었다.[2]

중국 관계기관의 통계에 따르면 2000년대 초 현재 전 세계에 분포한 화교 인구는 3,975만 8천 명이다. 그리고 2009년 현재 전 세계 화교 기업의 총 자산은 3조 9천만 달러이며, 전 세계 1,000대 화교 기업의 2009년 연 매출액은 8,800만 달러에 이르렀다. 이렇듯 국경을 넘나드는 화교 자본은 유대인 자본에 이어 세계 경제를 쥐락펴락하는 큰손으로 자리 잡고 있다.

2004년 싱가포르와 타이의 경우 화교 자본이 각각 상장 주식의 81퍼센트를 보유하고 있고타이 전 총리 탁신도 화교 출신이다, 말레이시아에서는 61퍼센트를 보유하고 있다. 그리고 인도네시아와 필리핀에서는 화교 비중이 각각 3.08퍼센트와 1.3퍼센트에 불과한데도 상장 주식의 73퍼센트와 50퍼센트를 보유하고 있는 것으로 알려져 있다.[3] 화교 자본은 아시아 1,000대 기업 중 절반 이상을 차지하고 있으며, 재산 규모가 5억 달러 이상인 화교 기업가도 150명에 이르고 있다.

현재 동남아시아에서 화교 자본은 시장의 3분의 2를 차지할 정도로 절대적인 지위를 점하고 있다. 이렇게 하여 중국, 홍콩, 마카오, 타이완 그리고 아세안 5개국을 포괄하는 이른바 '중화경제권'은 이미 그 규모가 EU유럽연합를 넘어서고 있다.

산시 상인과 무림 고수

진상의 고향인 산시 성은 우리가 잘 아는 무협지의 요람이기도 했다. 역시 돈이 있는 곳에 사람이 구름같이 모여들고 그 속에서 온갖 사건과 일화가 피어났다. 산시 성 기현祁縣에서 대대로 번성한 상방을 운영해온 사史씨 가문과 교喬씨 가문이 몽골 초원으로 운송하는 낙타 수송 대상隊商들은 도중에 토비들에게 자주 강탈당해 그 손실이 막대했다. 토비들의 두목은 '흐르는 화살'流矢이라는 별명으로 불렸다. 그들은 무술의 고수였고 힘이 장사여서 양손으로 소를 거뜬히 들어올릴 수 있었다. 또 몽골 초원에서 씨름실력은 으뜸이었고 활솜씨도 뛰어나 백 보 떨어져 있는 버드나무도 명중시켰다. '흐르는 화살'의 공식 신분은 씨름과 권법 선생이었지만 실제로는 마적들과 연결되어 초원의 이권을 모두 장악하고 있었다. 사씨와 교씨가 여러 표사부를 고용했지만, 그들 모두 '흐르는 화살'에 속수무책으로 당해 도망쳤다.

그런데 당시 기현에 대규戴奎라는 무림고수가 있었다. 원래 기현은 대씨戴氏 집안의 심의권心意拳 발상지로서 대규는 대씨 가문 무예를 전승한 인물이었지만, 자존심이 강하고 홀로 지내기를 즐겨 은둔한 채 세상에 나타나지 않고 있었다. 사씨와 교씨 가문에 소속된 이단二旦이라는 상인이 대규를 찾아가 자신들이 당한 피해를 호소하면서 정중하게 모시고자 했지만 거들떠보지도 않았다. 오히려 가져갔던 많은 선물도 모두 문밖에 내놓았다. 이단은 의기소침해 혼자 몽골의 포두包頭로 떠날 수밖에 없었다. 산시에서 포두로 가는 도중에 있는 살호구殺虎口라는 곳은 토비들의 피해가 가장 극심한 지방이었다. 이단이 막 살호구를 지나가는데, 별안간 토비들이 나타나 앞을 가로막았다. 그들은 천 냥의 노잣돈을 내놓지 않으면 모조리 죽이겠다고 협박했다.

바로 그때 대규가 홀연히 나타났다. 그가 한 번 뛰어오르니 순식간에 몇 명의 토비가 쓰러졌다. 혼비백산한 토비들이 도망치자 대규는 이단을 일으켜 세웠다. 일행이 조금 더 가자 또 다른 토비들이 막아섰다. 두목은 스스로 '흐르는 화살'의 수제자인 '날아오르는 낙타'飛駱駝라면서 으스댔다. '흐르는 화살'이라는 말을 듣자 대규는 크게 분노해 몸을 솟구쳐 뛰어오르더니 공중에서 몸을 춤추듯 돌리며 공격했다. 순식간에 7~8명의 토비가 쓰러졌다. '날아오르는 낙타'가 앞에 나서서 일대일 대결을 펼치고자 했지만 대규가 치명적인 일격을 날리자 '날아오르는 낙타'는 속절없이 땅에 꼬꾸라졌다. 대규는 더 이상의 공격을 하지 않고 '날아오르는 낙타'에게 "나는 기현의 대규라는 사람이다. 네가 패배를 인정하지 않는다면 포두에서 나를 찾아오거라!"라고 말하고는 자리를 떴다.

그로부터 닷새가 지난 뒤 포두에는 '흐르는 화살'이 수백 명의 제자를 앞세우고 대규에게 자웅을 겨루자고 나섰다. '흐르는 화살'은 몸집이 마치 나한과도 같이 육중했다. 그는 대규가 비쩍 마른 것을 보고 더욱 기세를 올렸다. 그는 옆에 있던 300근 돌기둥을

뽑아 대규가 있는 쪽으로 던졌다. 대규는 껄껄 웃더니 오른발을 한 번 내지르자 돌기둥은 두 동강 났다. 대규가 다시 한 번 발길질을 하니 돌기둥은 공중으로 솟더니 '흐르는 화살' 쪽에 곤두박질쳤다. '흐르는 화살'이 매우 놀라 다시 대규에게 돌진하자 대규는 상대방에게 연속적으로 강력한 반격을 가했다. '흐르는 화살'이 갈수록 화가 나서 미친 듯이 덤볐는데, 대규는 대씨 가문의 절초絶招인 심의권을 펼쳐 상대의 오른쪽 어깨를 치명적으로 공격하고 다시 상대 겨드랑이 아래 혈穴을 찔렀다. '흐르는 화살'은 땅에 쓰러진 채 일어나지 못했다. 그는 수하들의 부축을 받아 귀가했지만 그로부터 7일 뒤 죽고 말았다.

이 소식을 들은 사씨와 교씨 집안은 귀한 선물들을 대규에게 주었지만, 재물을 가벼이 여기고 의義를 즐겨 행하는 대규는 모두 사양하고 기현으로 돌아갔다.[4]

세계 제1의 상업국가로 발전한 이유

역사적으로 중국은 세계 제1의 상업국가였다. 중국은 지대물박地大物博, 문자 그대로 영토가 넓고 물건이 풍부한 나라다. 유럽 전체보다 큰 영토와 인구를 가지고 오랜 역사를 거치면서도 한 국가로 운영되었다. 단지 물자만 풍부한 것은 아니다. 양귀비가 좋아했다는 광둥지방의 리쯔荔子를 비롯해 신장지방에서 생산되는 건포도와 단맛이 특별히 강한 수박 하미과哈密瓜, 항저우의 비단 그리고 윈난지방의 차 등 지역마다 산출되는 특산물과 물자를 교역했다. 또한 개인들끼리도 부족하고 결핍된 물자와 상품을 교환하고 교역하면서 필연적으로 자연발생적인 교역이 매우 활발하게 이뤄질 수밖에 없었다.

더구나 수십 개 국가로 나뉜 유럽과 달리 그 광활한 영토에 국경도 존재하지 않는 단일한 문화권은 그 자체로 엄청나게 유리한 객관적 조건을 형성했다. 특히 인구가 많아 통일된 국가로서의 인류 역사상 항상 세계 최대 규모의 시장이 존재했다. 이러한 토대 위에서 중국인들은 개개인들이 장사를 비롯해 여러 형태의 상업 활동을 쉽게 할 수 있었고 동시에 광범한 범위에서의 상품 교역을 할 수 있게 되었다.

한편 인구가 대단히 많기 때문에 공급자끼리도 경쟁이 격렬하게 발생할 수밖에 없어 자연히 상술이 발달하게 되었다. 결국 중국은 세계 최고의 상업국가로 발전할 수밖에 없는 조건들이 이미 갖춰져 있는 셈이었다.

이러한 조건을 지닌 중국은 역사적으로 살펴볼 때 만약 수십 년 동안 전쟁이 없고 혼란 상태가 발생하지 않는 상황이 이어지게 되면, 곧 농업과 상공업 등 모든 경제 부문이 번성했기 때문에 국가의 경제가 쉽게 융성하고 부강해졌다. 반대로 국가가 분열하고 전란이 발생하면 상황은 완전히 전변했다. 번성은커녕 수많은 백성이 무참하게 도륙당했다. 다음은 당나라 말기, 나라의 국운은 기울고 백성은 반란과 전란에 휩쓸리며 모진 고초를 겪는 애환을 절절히 묘사한 두보杜甫의 절작絶作「춘망」春望이다.

나라는 망했지만 산하는 그대로 있고,

성안에 봄이 와 초목이 우거졌구나.

어지러운 시절을 생각하니 꽃을 보아도 눈물이고,

이별을 한탄하니 새 소리도 안타깝구나.

멀리 봉화는 석 달째 이어지는데,

집에서 오는 편지는 만금만큼 귀하구나.

흰머리를 긁으니 더 짧아져

어떻게 해봐도 비녀 꽂을 곳도 찾을 수 없구나.

國破山河在	城春草木深
感時花濺淚	恨別鳥驚心
烽火連三月	家書抵萬金
白頭搔更短	渾欲不勝簪

중국은 통일과 분열이 반복되는 오랜 역사 과정을 거치면서 분열 시기에서의 끊임없는 전란과 그로 인한 엄청난 참화를 지속적으로 경험해왔다. 특히 중국에서 가장 피비린내 나는 분쟁은 바로 왕조의 중반기를 넘어 후반기에 이르면서 내부 체제가 붕괴되고 와해되는 과정에서 발생했다. 일단 분쟁이 일어나면 유럽에서 발생했던 세계대전에 비견할 만한 수준의 엄청난 규모의 인명 사상을 겪어야 했다. 심지어 인구의 3분의 1이 몰살당하는 경우도 발생했다.

상황이 비교적 양호했던 편인 전국시대에도 "길가에는 굶어 죽은 시체가 널려 있다. ……흉년이 들어 백성들이 주리는 해가 되면 늙은이와 어린아이의 시체가 도랑에서 뒹굴고 장년들은 사방으로

흩어져 유랑한다"『맹자』「양혜왕편」라고 기록되어 있다. 이러한 역사적 요인 때문에 통일적 지도력 및 구심력 형성에 자발적으로 동의하고 그것을 수용하는 심리적 경향이 중국인들에게 뿌리 깊이 존재한다고 할 수 있다.

계산에 밝은 중국인들

중국인들은 예로부터 계산에 능했고 정확하게 통계내려는 전통이 있다. 중국에서 '사회'社會의 '사'社란 원래 25가家를 의미했다. 500가는 '당'黨이라 했고, 2,500가를 '주'州라 했으며, 8가를 '정'井이라 하기도 했다. 5가를 비比라 하고 5비, 즉 25가를 '여'閭 그리고 100가를 '족'族이라 했다.

또 옛날 호적에서 500호戶를 '오'伍로 칭하고, 300호를 '졸'卒로 칭했다. 이러한 사실로부터 숫자에 대한 중국 사회의 명확한 개념을 엿볼 수 있으며, 중국은 이러한 정확한 계산과 통계를 토대로 국가 및 사회조직의 정비를 이뤄낼 수 있었다. 가령 우리나라에서는 지금도 사과나 배를 무게와 관계없이 한 개에 얼마라는 방식으로 판매하지만, 중국은 모두 저울에 달아 그램 단위로 정확하게 판매하고 있다.

한편 상업에 능한 중국인답게 계약과 관련된 법제도 주나라의 고대 시대부터 일찍이 발전되었다.「당률소의」唐律疏議로 유명한 당나라의 법제를 살펴봐도 이미 표준 계약문서와 관련 법규가 존재했고, 국가가 계약내용을 보증하는 대신 일정 비율을 세금으로 징수했다. 진나라의 경우 4퍼센트 정도였다.

청나라에 이르게 되면, 이미 계약관계가 규범화되어 국가가 보증하는 공식적인 계약문서 첫 장과 말미에 붉은색 관인이 날인되어 '홍계'紅契라 칭해졌다. 관인이 없는 백성 간의 계약은 '백계'白契로서 민사 법률의 효력은 지녔지만, 분쟁이 발생했을 때 '백계'의 입증 효력은 '홍계'에 미치지 못했다.

사마천의 「화식열전」

엎드리면 줍고 하늘을 쳐다보면 받아라

사마천의 『사기』에는 모두 70편의 열전列傳이 소개되어 있다. 그중 마지막 편인 「태사공자서」太史公自序 바로 앞에 수록된 것이 「화식열전」貨殖列傳이다. 이는 사마천이 얼마나 화식貨殖, 즉 재물을 늘리는 측면을 중시했는지를 반증하는 것이며, 따라서 「화식열전」은 사실상 『사기』의 총결산이라고 할 수 있다.

「화식열전」은 52명의 '화식가' 역사인물을 다루고 있다. 이 중에서 다섯 명은 역사상 유명한 경제이론가이자 사업가다. 그 외에도 황제의 총신, 봉국封國의 현인, 변두리 목장의 주인, 하층 장사꾼, 부녀자 등 각계각층의 인물을 다루고 있다. 이렇게 하여 「화식열전」에는 모두 71개 종류의 사업과 활동이 소개되어 있으며, 모든 등장인물과 활동이 각 역사 시기의 구체적인 조건 속에 배치됨으로써 그 내용에 구체성과 생동성을 더해주고 있다. 전편이 살아 있는 듯한 '입체적인' 역사 무대가 되어 독자들에게 마치 사마천이 살던 당시 시대로 역사의 터널을 통해 되돌아가 사람들의 상업 활동을 두 눈으로 구경하는 느낌을 주게 한다.

'화식'貨殖이라는 말이 처음 언급된 곳은 바로『논어』「선진」先進
이다. 공자가 자신의 제자인 안회顔回와 단목사端木賜, 즉 자공을 평
가하는 대목이다.

"안회의 학문은 거의 완전한 수준에 이르렀는데, 다만 늘 궁핍하구
나. 자공은 숙명을 받아들이지 않고 상업에 종사했는데, 시장 동향을
잘 예측해 거의 들어맞았다."回也其庶乎, 屢空. 賜不受命而貨殖焉, 億則屢中

오늘날 세계에서 상업에 가장 능한 민족은 바로 중국인들이다.
사마천『사기』「화식열전」에 나오는 부자 조병씨는 "몸을 엎드리
면 줍고 하늘을 쳐다보면 받았다."「화식열전」에서 사마천은 상업
이야말로 가난한 사람들이 돈을 모을 수 있는 가장 중요한 방법이
라는 점을 역설한다.

"가난한 상황에서 재부를 추구할 때, 농사가 공업工보다 못하고, 공
업은 상업商에 미치지 못한다. 아낙네들이 방직물에 자수로 아름다
운 문양을 만들어 얻는 수입은 시장에서 문에 기대어 장사하는 수
입만 못하다. 이는 말업인 상공업에 종사하는 것이 가난한 자가 부
유해지는 주요한 수단이라는 사실을 말해준다."

사실 '상업'商業이라는 용어 자체도 원래 중국에서 비롯되었다.
즉 상商지역 사람들이 유난하게 장사와 사업에 수완이 있었던 데

에서 상업이라는 용어가 만들어진 것이다.[5]

중국의 고대 시기부터 근대에 이르기까지 많은 상점은 '도주사업'陶朱事業이나 '단목생애'端木生涯라는 족자를 걸어놓고 그들을 존숭하면서, 그들을 일종의 신앙처럼 숭배했다.[6] '도주'陶朱란 범려를 가리키며, '단목'端木이란 공자의 제자 자공을 말한다. 또 백규는 중국 상업의 창시자로 모셔지면서 숭배의 대상이 되었다. 범려와 자공 그리고 백규는 바로「화식열전」에서 사마천이 상업 활동에 있어 마땅히 본받아야 할 모범으로 삼아 높이 칭송하고 평가했던 인물들이다.

「화식열전」은 상인열전이 아니다

사마천은 처음으로 경제에 대한 전문적인 항목을 만들어 기술했다. 경제에 대한 그러한 논술은 일찍이 존재한 적이 없었던 것이다. 사마천 이전의 사서史書들은 모두 경제사를 중시하지 않았다. 가령『춘추』에는 오직 '초세무'初稅畝라는 세 글자만이 존재한다. 이는 춘추시대 노나라에서 논의 면적에 따라 세금을 징수하던 제도를 의미하는데 정확한 내용은 불분명하다. 다만 사유지를 합법화한 시초로 평가될 뿐이다.『좌전』이나『국어』國語에서도 경제와 관련된 내용은 여기저기 분산되어 있고 전혀 체계적이지 못하다.『사기』는 처음으로「화식열전」과「평준서」등 전문적으로 경제론을 창조하고 기술했다.

'화식'이란 '재산을 늘림' 또는 '상공업의 경영'이라는 의미다. 즉 자원의 생산과 교환을 이용해 상업 활동을 진행함으로써 재물의 이익을 추구하는 것을 말한다. 사마천이 지칭하는 '화식'의 개념은 이 밖에도 각종 수공업과 농어업, 목축업, 광산, 제련 등의 경영을 포함하고 있다. 그리하여 이른바 '화식가'貨殖家란 상품 교환에 전문적으로 종사하거나 상품의 생산과 교환을 동시에 경영하거나 서비스업에 종사하거나 임대업에 종사하는 등 상품과 관련이 있는 네 가지 직업군을 지칭하고 있다. 따라서 「화식열전」을 일반적으로 상인열전이라고 알고 있는 것은 분명한 오해다.

중국은 이러한 정신에 토대를 두고 산시 성의 진상과 안후이 성의 휘상을 대표적으로 하는 각지의 상인 집단이 전국적으로 활발하게 융성했다. 안후이 성 휘상의 극성기에는 안후이 성 남성의 70퍼센트가 모두 상업에 종사했다고 한다. 특히 이들은 학문과 문화를 중시하는 "선비이면서도 상인이고, 상인이면서도 선비였던" 유상이었고 향리에는 많은 서원을 지어 주희와 같은 대유학자를 배출했다. 근세사의 이홍장, 후스, 천두슈 등도 안후이 성 출신이다. 최근의 반체제 물리학자 팡리즈方勵之도 이 지역 출신이다.

중농억상정책을 강화하다

역설적이게도 사마천이 살던 시기는 억상정책이 최고조에 이른 때였다. 전국시대 진나라 효공은 상앙商鞅의 변법을 시행해 농업 생산에 전력을 기울였다. 사실 중국 역사상 두 가지 개혁, 즉 상앙 변법과 덩샤오핑의 개혁개방만이 성공을 거두었다는 주장이 있을 만큼 상앙의 개혁은 그 효과와 영향력이 컸다.

상앙이 추진한 '20급작級爵제도'는 진나라 군사체제를 획기적으로 강화시킴으로써 이후 진나라는 급속하게 강대국으로 성장했다. 이렇게 군공軍功과 농업 수확물에 따라 작위를 주는 군작제도 개혁은 이전의 귀족제도 아래에서 전혀 신분 상승 기회가 없었던 일반 평민들에게 군사적 공헌, 농업·누에치기 그리고 방직업의 수확물에 의한 신분 상승 기회를 제공했고, 이에 따라 생산력 향상과 아울러 백성들의 에너지를 총집결시킬 수 있었다. 또한 부세賦稅제도를 정비하고 인두세를 징수함으로써 국가 재정을 충실화했고, 도량형을 통일하고 현제縣制를 시행함으로써 중앙집권과 행정제도 정비를 도모했다.

상앙 변법은 일종의 명령형 계획경제였고 동시에 전민全民 군사동원형 체제였다. 진나라는 이러한 상앙 변법의 시행을 통해 천하 통일로 가는 결정적인 토대를 구축할 수 있었다. 그러나 상앙의 개혁은 곡물과 직물의 공납이 많으면 부역을 면제하고 심지어 작위를 주는 등 우대했지만, 반면에 상업에 종사하면서 게으르고 가난한 자는 관비로 삼았다. 농업을 중시하고 상업을 철저히 억압하는 이러한 극단적 조치는 유목민족이었던 진나라 백성들을 농경민족으로 전환시키는 과정에서 효과적인 정책이었으며, 이로부터 진나라의 국력은 급속하게 강대해졌다.

당시 실권자였던 상앙은 국가의 부강이란 농업 생산과 군사력으로 결정되는 것으로서 오직 농업과 군사력이 강해야만 비로소 국가가 안전하고 군주가 존귀할 수 있다고 인식했다. 따라서 반드시 농업을 본업으로 규정해야만 했다.

반면 상업은 이른바 '말업'으로서 상인은 식량을 생산하지 못하고 도리어 식량을 소모하기 때문에 국가에 이로움이 없고 농민의 농업 종사에 좋지 못한 영향만 준다고 간주했다. 왜냐하면 농민이 '상업으로써 능히 부자가 될 수 있다'는 점을 알게 되면 반드시 농사를 지으려 하지 않을 것이기 때문이다. 그리하여 상앙의 변법에는 일체의 비농업 활동을 금지시키고 마음대로 이주하지 못하게 해 농사에 전념하도록 했으며, 가족 중에 농사를 짓지 않은 자가 있으면 노역에 처하도록 한 것이다.

진시황은 천하를 통일한 뒤 이러한 중농억상정책을 더욱 강화하고 극단화시켜 "병역이나 노역을 피해서 도망간 자를 비롯해 데릴사위로 들어간 자, 장사하는 자 등을 징발해 육량陸梁지역을 공격하고 계림桂林, 상군象郡, 남해南海 등의 군郡을 설치했으며, 죄를 지어 유배 보내야 할 사람들을 파견해 지키도록 했다."

이로써 상인은 심지어 범죄자로 취급되기에 이르렀던 것이다. 나아가 진시황은 진시황 28년 낭야琅邪를 순시하면서 그곳에 낭야대를 세우고 '상농제말'上農除末이라는 글귀를 새기는데, '제말'除末이란 '말'末, 즉 상업을 억제한다는 뜻으로서 상농제말이란 곧 중농억상정책을 의미한다.

억상정책을 비판한 사마천

한나라도 진나라의 제도를 계승해 중농억상의 경제정책을 국책으로 삼았다. 한나라 때 상인은 천민으로 간주되었고, 상인은 보통 호적을 지닐 수 없었으며 별도의 호적을 만들어야 했다. 이른바 시적이었다. 동시에 상인들은 각종 인신모욕을 받아야 했다.

『사기』「평준서」에는 "천하 평정 후, 한고조는 상인들에게 비단 옷을 입지 못하게 하고 수레를 타지 못하게 금했으며 아울러 그들에 대한 조세를 무겁게 했다. 이로써 상인들의 이익을 감소시키고 지위를 억제했다. 효혜제 시기에는 천하가 안정되기 시작해 상인을 제한하는 법령을 완화시키기도 했지만, 상인의 자손은 여전히 관청의 공직을 맡을 수 없었다"고 기술되어 있다.

한 무제 때 이르러 군대를 비롯해 왕실과 정부 각 부문이 필요로 하는 각종 공업 물품을 독점해 생산 관리하는 관공업官工業제도를 전면적으로 시행했다. 나아가 염철의 생산과 교역을 국가가 독점해 전매하고 균수均輸평준정책을 시행했다.

여기에서 균수란 중앙정부가 각 군에 설치한 균수관으로 하여금 지방에서 중앙정부에 바치는 공물을 가격이 높은 지방에 팔고 정부가 필요한 물품은 별도로 사들이도록 하는 제도다. 또 평준平準이란 정부가 서울에 기구를 설치해 각종 물품을 비축하고 가격이 오를 때 팔아 물가의 균형을 잡고 가격이 내릴 때 구매를 하는 방식이다. 이러한 제도의 시행 때문에 상인들은 이윤을 얻기 어렵게 되었고, 상업 발전은 큰 난관에 부딪혔다.

한 무제는 또한 상인들에게 그 재산의 6퍼센트를 재산세로 징수했는데, 신고하지 않거나 속일 경우 재산을 몰수했고, 이를 신고한 백성들에게는 몰수한 재산의 반을 주게 해 신고를 장려했다. 이 결과 반수 이상의 상인들이 고발당해 재산이 몰수되는 등 결정적 타격을 입고 상업은 질식 상태에 놓여야 했다.

이렇게 하여 한 무제 시기에 억상정책은 체계화되어 그 최고봉에 이르렀다. 이후 중국 역대 왕조에서 추진된 각종 억상정책은 기실 한 무제 시기의 정책에 약간의 조정을 한 것에 지나지 않았다.

사마천은 이처럼 극단적인 중농억상정책으로부터 민간의 생산과 교역 활동을 해방시키고 자율화하는 것이야말로 역사 발전의 근본이며 법칙임을 역설했다. 국가가 자연자원과 상공업 생산을 독점해 국가의 '이익을 내는' 행태를 극력 반대하면서 그러한 행태들이 바로 사회 혼란의 근원이라고 주장했다.

가장 나쁜 정치는 백성과 이익을 다투는 것이다

사마천은 「화식열전」에서 "천하 사람들이 어지럽게 오고 가는 것도 모두 이익 때문이다"라고 갈파하고 있다. 그는 또 "세상을 등지고 숨어 사는 선비의 청고淸高한 품행도 없으면서 시종 가난하고 비천하며 그러면서도 고담준론을 논하기를 좋아하고 무슨 인의 도덕을 계속 운위하는 것은 역시 진실로 수치스럽고 부끄러운 일이다"라고 결론지었다.

사마천은 사회가 발전하려면 공업과 상업 활동의 역할을 강조했고 그것은 사회가 발전하는 데 필연적인 조건이라고 인식했으며, 상공업자의 이익 추구의 합리성과 합법성을 인정했다. 그는 특히 물질 재부의 점유량占有量이 최종적으로 인간 사회에서의 지위를 결정하며 경제의 발전은 국가의 흥망성쇠와 밀접한 관련을 맺고 있다는 등의 경제사상과 물질관을 가지고 있었다.

"선자인지, 기차이도지, 기차교회지, 기차정제지, 최하자여지쟁."善

者因之, 其次利道之, 其次敎誨之, 其次整齊之, 最下者與之爭.

'선자인지'善者因之란 상품경제의 발전에 순응해 그대로 방임하는 것이다. 여기에서 '인'因이란 순응과 맡기는 것을 의미한다. 그러므로 선자인지란 가장 좋은 경제정책은 자연적인 경제 발전에 순응해 개인들이 생산하고 무역하는 활동을 그대로 맡기면서 간여나 억제를 하지 않는 것임을 말하고 있다.

이에 반해 '여지쟁'與之爭은 국가가 직접 상공업을 경영함으로써 이익을 얻으며 동시에 경제의 모든 분야에 간여해 전면적으로 상품경제를 억제하는 것으로서 선자인지와 대비되는 양 극단의 정책이다.

한편 '이도지'利道之는 개인이 경제활동을 진행하는 것에 순응하고 방임한다는 전제하에 국가가 사람들이 어느 특정 분야의 경제활동에 종사하도록 일정하게 유도하고 격려하는 것을 말한다. 이러한 '인도'에는 마땅히 일정한 경제적 이익과 정치적 이익이 결합되어야 한다. 이는 농업과 공업이 균형적인 이익을 얻도록 보호하는 정책으로서 가의賈誼의 비축정책과 조착晁錯이 펼친 '귀속'貴粟: 식량을 중시하는 정책 등의 조치는 모두 이러한 범주에 속한다.

'교회지'敎誨之는 국가가 교화하는 방법으로써 사람들에게 어느 특정 분야의 경제활동을 하도록 권장하거나 어느 특정 분야의 경제활동은 하지 말도록 유도하는 정책이다. 이는 유가가 주장하는 예의로써 욕망을 절제하는 정책이다. 즉 승상 공손홍公孫弘이 "한나라 조정 승상의 신분으로서 남루한 포의布衣를 입고 식사도 한 가지 반찬만 먹으면서 검소하며 소박하게 생활하고", 한 무제가 자신의 재산을 전쟁 비용으로 내놓았던 복식卜式의 경우를 모범적 사례로 내세우면서 백성들에게 국가에 재산을 바치도록 권했던 정책 등은 이에 속하는 것이었다.

하지만 승상 공손홍이 검소한 생활의 모범을 보여주었는데도 세속의 사치스러운 분위기는 전혀 바로잡지 못했다. 오히려 공명과 이익을 좇는 풍조는 더욱더 만연해질 뿐이었고, 복식에 대한 존숭도 효과가 거의 없었다.

'정제지'整齊之는 국가가 행정 수단과 법률 수단으로서 사람들의 경제활동에 개입하고 개인의 경제활동에 대해 제한하고 강제하는 것을 말한다. 이는 전통적인 중농억상정책으로서 그것의 강화가 곧 '여지쟁'이었다.

사마천은 영리를 목적으로 하는 생산무역 활동에 종사하는 것은 개인들의 일로서 사적 부문이며, 국가 또는 그 관리들이 이러한 사적 부문에 종사하는 것은 인민과 이익을 다투는 행위로서 가장 나쁜 정책이라고 인식했다. 그는 국민 경제를 관리하는 가장 '좋은', 즉 '선'善의 정책은 '인지'因之라고 역설했다. 이를 '선인론'善因論이라 지칭한다.

사마천에 따르면, 민간들의 사적 상업매매 활동에 대한 국가정책에 있어 가장 좋은 정책은 경제 성장의 자연 규율을 준수해 상인활동에 개입하지 않는 것이다. 그렇게 될 때 백성들이 각자 성실하게 재부를 추구해 생산을 발전시키게 되며, 이에 따라 국가 역시 무한대의 재부를 얻게 된다는 것이다.

그다음으로 나쁜 정책은 이익으로써 백성들의 경제활동을 장려하는 것이며, 다음으로는 교화 또는 계도하는 것이고, 그다음은 국가권력을 운용해 조정과 제한을 하는 것이며, 가장 나쁜 정책은 바로 국가가 직접 경영함으로써 백성과 이익을 다투는 것이다.

날아가는 기러기의 깃털까지 뽑는다

중국 남부 저장 성에 위치한 이우시에 세계 최대 도매시장이 있다. 이곳의 성공 뒤에는 대중들의 창조적이고 자발적인 의지를 존중하면서 그 활동을 최대한 장려하고 고취한 이우시 정부가 있다.

얼마 전 우리 사회는 '거위 깃털론'을 내세웠다. 정부 당국자가 세금의 증세를 말하면서 거위의 깃털을 뽑듯 아프지 않게 예술적으로 세금을 거두면 된다는 뜻이었다. 그러나 이 말을 듣는 '거위' 국민은 말할 수 없는 고통을 느꼈다.

중국에도 "날아가는 기러기의 깃털까지 뽑는다"는 말이 있다. 그만큼 탐욕스럽다는 뜻이다. 하지만 이우시 정부는 그렇지 않았다. 이우시 당국자들은 이우 상인들의 이익을 결코 탐내지 않았다. 예를 들어 15년 전 가게마다 800위안의 관리비를 받았는데, 그간 상인들은 크게 부자가 되어 1년 매출이 천만 위안 심지어 수천만 위안까지 올라갔지만 15년이 지난 뒤에도 관리비는 여전히 800위안에 머물렀다. 전국 각지의 '기러기'들이 이우시까지 날아왔지만 이우시 정부는 그들의 깃털을 거의 뽑지 않았다. 바로 그렇기 때문에 이들 '기러기들'은 다시 멀리 높이 날아 세계 각지로 날아갈 수 있었다.

사마천의 경제사상도 이와 같다. 즉 도덕규범하의 경제 자유주의 사상으로 평가할 수 있는 것이다.[7] 그는 「화식열전」에서 인간이 부를 추구하는 것은 인간의 본성이라는 점을 논술한 뒤 가장 좋은 정책이란 자연의 경제 흐름에 맡기는 '인지'이며, 가장 나쁜 정책은 백성들과 이익을 다투는 것이라고 강조했다. 그는 정당한 부의 추구 활동은 마땅히 어떠한 속박도 받지 않아야 하며, 모름지기 국가기구는 인간의 영리 추구활동에 있어 사람들에게 "자기 재능에 따라 역량을 극대화해 자기의 욕망을 만족시킬 수 있도록" 장려해야 한다고 강력하게 역설한다.

이렇게 함으로써 상품의 물가 변동과 수량 변화는 시장경제 규율에 따라 조정되고 시장에서의 이러한 '보이지 않는 손'의 조절하에 모든 사람이 능히 합리적인 재부를 획득함으로써 사회경제가 가장 적합한 상태가 된다는 것이다. 그리하여 그는 이렇게 말한다.

"값이 저렴한 물건은 어떤 사람들이 나타나 값이 비싼 곳으로 그 물건을 가져가 팔려고 하고, 어느 한 곳에서 물건값이 비싸게 되면 곧 어떤 사람들이 나타나 값이 저렴한 곳에서 물건을 들여오게 된다. 이렇게 모든 사람이 각자 자기의 생업에 힘쓰고 자기 일에 즐겁게 종사해 마치 물이 아래로 흘러가듯이 밤낮으로 정지하지 않으며 물건은 부르지 않아도 스스로 오고 가서 찾지 않아도 백성들이 스스로 가지고 와서 무역을 한다. 이 어찌 '도'道와 자연의 효험이 아니라는 말인가?"

비록 사회에서 빈부 격차가 나타날 수밖에 없지만, "지혜로운 자는 남음이 있고, 졸렬한 자는 부족하게 되며" "수완이 있는 자는 능히 재부를 자신의 것으로 만들 수 있지만 무능한 자는 가지고 있던 재산도 와해된다"는 것이다. 그러나 이러한 상황은 결국 객관적 경제규율의 '자연의 효험' 또는 '도'道에 부합된다고 지적한다.

"경제란 흘러가는 물처럼 자연스런 유통 과정"이라고 규정하는 대목에서 그의 혜안에 놀라지 않을 수 없다. 사마천의 이러한 경제사상은 가혹한 진나라 그리고 한 무제 시기의 억상정책과 정부의 수탈에 대한 치열한 비판이었으며, 자유무역을 주장한 애덤 스미스의 경제사상과 유사하다고 평가할 수 있다.

애덤 스미스에 따르면, 자기 이익을 추구하는 인간들의 열정과 행위는 사회 전체의 이익과 조화를 이루는 방향으로 나아간다. 그는 이러한 방향을 이끄는 것을 이른바 '보이지 않는 손'invisible hand이라고 규정했다. 그리고 이 '보이지 않는 손' 때문에 종국적으로는 공공복지에 기여하게 된다고 주장한다.

그리하여 그는 생산과 분배에는 자연적 질서가 작용해 저절로 조화되어 간다는 자연법에 의한 예정조화설을 주장했다. 또 그는 "유무有無를 상통하고, 물물교환하며, 상호 교역하려는 성향이 없다면 모든 사람은 자기가 필요로 하는 모든 필수품과 편의용품을 스스로 조달해야 한다"고 주장했다. 그에 따르면, 국민 재부 증진을 촉진하는 가장 중요한 결정 요소는 바로 분업이며, 따라서 그의 『국부론』은 분업에 대한 논술로 시작되고 있다.

사마천은 「화식열전」에서 이 점과 관련해 "농부가 자기의 생산품을 내놓지 않으면 사람들은 곧 식량을 얻지 못하고, 공인工人이 자기의 생산품을 내놓지 않으면 사람들은 곧 도구를 얻을 수 없게 된다. 또 상인이 무역하지 않게 되면 가장 귀중한 삼보三寶의 왕래가 끊어지고, 우인虞人이 자기가 생산한 산품을 내놓지 않으면 사람들은 곧 재화 결핍에 직면하게 된다"고 기술했다.

덩샤오핑의 개혁개방

인간 본성에 대한 인위적 압제로부터의 해방

1949년, 마침내 중국의 사회주의 혁명은 성공을 거두었다. 그러나 중국에 남은 것은 온통 폐허밖에 없었다. 물가는 하늘 높이 치솟았고, 화폐가치는 땅에 떨어져 휴지 조각이 되었다. 남아 있는 철로는 고작 1만 9,200킬로미터에 불과했고, 사용 가능한 도로도 겨우 7만 6,800킬로미터에 지나지 않았다. 그나마 모두 형편없는 수준이었다. 더구나 일본의 폭격으로 산업 생산은 전쟁 전의 절반 수준에 머물렀고 농업 생산도 바닥에 내려앉았다.

하지만 이 '새로운 중국'은 의욕에 찬 새로운 지도자와 대중들이 새로운 사회 분위기를 만들어내고 있었다. 이윽고 1953년에 이르자 인플레이션은 멈추고 산업 생산은 전쟁 이전의 수준으로 회복되었으며, 소련을 모델로 삼은 5개년 경제개발계획은 성공을 거두어 모든 분야의 생산을 증대시켰다. 그러나 마오쩌둥은 혁명적 열정과 대규모 협동만 있다면 중국을 지상천국으로 만들 수 있다고 판단했다.

그리하여 이른바 '대약진운동'이 시작되었다. 전국적으로 대규모 인민공사가 설치되었고 모든 사유재산은 폐지되었으며 모든 가정의 뒷마당에 화로를 만들어 강철을 생산하도록 했다. 농민들은 농기구며 냄비 그리고 문고리 등을 녹여 자신에게 할당된 강철 생산량을 맞춰야 했다. 그러나 이렇게 생산한 강철은 아무 쓸모도 없다는 점이 곧 드러났다. 오히려 농산물 생산이 급감하고 때마침 소련의 원조도 끊겨 전국에 엄청난 기근이 발생했다. 이때 3천만 명이 굶어 죽은 것으로 알려졌다.

이후 사태는 더욱 악화되었다. 대약진운동의 실패로 궁지에 몰린 마오쩌둥은 대중들을 동원해 홍위병을 조직하고 지식인에 대한 대대적인 탄압에 나섰다. 이른바 문화대혁명이었다. 덩샤오핑과 류사오치劉少奇 등은 "자본주의를 추종하는 자", 즉 '주자파'走資派로 몰려 갖은 박해를 받아야 했고, 전국의 모든 대학과 고등학교가 폐쇄되었다. 학자와 예술가 그리고 작가들은 한 명의 예외 없이 모조리 직장에서 쫓겨나고 살해당했으며 또 지방 수용소에 보내졌다. 과학을 비롯해 문학, 문화 분야의 정기간행물도 출판 금지되었으며 사찰도 공격받아 승려들도 해산되었다. 이 과정에서 류사오치를 비롯해 수백만 명이 사망했다. 실로 전례 없는 생지옥과도 같은 나날이었다.

마오쩌둥이 세상을 떠나면서 문화대혁명의 이 광란은 가까스로 진정되어 갔는데, 특히 덩샤오핑이 복권되면서 중국은 새로운 전기를 맞이하게 된다. 덩샤오핑은 기존의 방침을 완전히 수정해 마침내 1978년 이른바 '개혁개방'을 적극적으로 밀고 나갔다.

덩샤오핑은 "발전이야말로 가장 중요한 원칙이다"發展是硬道理라는 유명한 명제를 주창하면서 "부자가 되는 것은 자랑스러운 일"이라고 선포했다. 동시에 중국 남부 도시인 선전과 샤먼 등지에 경제특구를 설치하고이 경제특구는 청나라 시기 남부 광둥 성에 설치한 독점적 대외 무역기관이었던 광둥십삼행을 계승 발전시킨 것이기도 했다 국유기업을 개혁하면서 적극적으로 외국자본을 유치했다.

또 덩샤오핑은 '흑묘백모론'黑猫白猫論을 내세우며 사회주의든 자본주의든 그것이 중국을 부흥시키는 길이라면 어느 방식이든 선택하겠다고 선언했다. 그 결과가 바로 개혁개방으로 나타났다. 이 개혁개방을 앞세워 중국은 수치스러웠던 근현대의 오랜 암울의 시대를 딛고 마침내 국제적인 대국의 지위로 부활하기에 이르렀다.

'공농병학상'에서 '공농병, 학상'으로

'공농병'工農兵이란 노동자와 농민 그리고 병사 계급을 일컫는 말로, 즉 순수한 무산계급을 의미하는 용어다. 이 '공농병'은 중국 공산당이 창당된 이후 문화대혁명 기간까지 '공농병 대표자회의!' 또는 '공농병 소비에트!' 등 중국에서 일상적으로 선전되고 사용되었다. 노동자를 비롯해 농민과 병사들이 혁명의 가장 우량한 집단으로서 숭앙되고 중시되었다.

반면 상업은 "공농병학상, 일제래구망"工農兵學商, 一齊來救亡: 노동자와 농민, 병사 그리고 학생과 상인들은 모두 나서서 망해가는 조국을 구하자이라는 노래 가사처럼 기껏해야 혁명의 중심계급인 노동자와 농민 그리고 병사들을 도와 학생과 함께 조국을 구해야 하는 보조적인 존재였을 뿐이다.

'공농병학상'工農兵學商은 농업을 중시하고 상업을 억압, 경시했던 중국 역대의 '중농억상'重農抑商 또는 '중농경상'重農輕商의 개정판이라 할 수 있었다. 중국 고대부터 줄곧 농업이 '근본'本이고 상업은 말업으로 경시되어왔는데, 여전히 상업은 말석末席에 자리 잡으면서 말업이 된 것까지도 동일하다.

'공농병'이나 '공농병학상'의 용어들은 특히 대약진운동이나 문화대혁명 기간에 일상화된 정치 선전선동 활동에서 늘 사용되었다. 하지만 개혁개방 이후 이 용어는 차츰 자취를 감추었다. 대신 사람들은 그간의 '공농병학상'이라는 말을 "공농병, 학상", 즉 "노동자와 농민 그리고 병사들이 이제 모두 상업을 배우게 되었다"라고 풍자했다.

한 점 불꽃이 광야를 불태우다

한편 덩샤오핑은 당시 인민공사를 거부하고 분전도호운동分田到戶運動을 전개한 농민들의 자발적인 경제 운동, 그러나 목숨을 건 투쟁을 인정하고 이를 전국적으로 적용시켰다.

1958년부터 사회주의 중국에서 대약진운동이 전개되었다. 안후이 성의 조그만 농촌인 펑양 현鳳陽縣[8] 샤오강 촌小崗村도 예외가 아니었다. 그런데 대약진운동이 시작된 이듬해인 1959년부터 곧바로 기아로 굶어 죽는 사람이 생겨났다. 당시 샤오강 촌 주민은 모두 120여 명이었는데, 3년 동안의 대약진운동으로 무려 67명이 굶어 죽었고 그중 여섯 가구는 완전히 대代가 끊겼다. 평양 현 전체로는 10만 명이 굶어 죽었다.

1978년 11월 24일 밤, 옌리화嚴立華라는 농민의 집에 샤오강 촌 생산대장 옌쥔창嚴俊昌을 비롯한 18명의 농민이 비밀리에 모여들었다. 천장이 낮고 다 헐은 집에 18명이 모였으니 당연히 몹시 비좁았다. 그러나 보잘것없어 보이는 이곳에서 중국의 현대사를 뒤바꾸는 위대한 역사가 탄생했다.

이들은 자식들의 공책을 찢어 모두 18개의 손도장을 일일이 찍고 '협약서'를 작성했다. 100자도 채 되지 않은 이 협약서의 내용은 첫째, 추수 후에 먼저 국가에 납부해 국가의 몫을 보장하고 집체集體에게도 충분히 납부한 뒤 나머지를 자신이 가진다. 이것을 이른바 '분전도호' 또는 포산도호包産到戶라고 부른다면서 인민공사를 거부하고 '다바오간'大包干: 농가생산경영책임제을 실천하자는 것이었다. 이는 당연히 명백한 '반혁명反革命 행위'였다. 하지만 이들은 투옥과 생명의 위험을 모두 각오하고 있었다.[9]

둘째, 더 이상 국가에 돈과 식량을 요구하지 않는다. 셋째, 만약 누군가 감옥에 가게 되면, 그 사람의 가족을 다른 모든 사람이 공동으로 먹여 살리고 아이들은 열여덟 살이 될 때까지 키워주기로 약속한다는 것이었다.

그렇게 1년이 지나고 마침내 1979년 10월 샤오강 촌은 일찍이 볼 수 없었던 풍작을 거두었다. 이해의 총 생산량은 66톤이었는데, 이는 1955년부터 1970년까지 무려 15년 동안 전 생산대대가 거둔 생산량과 맞먹는 생산량이었다. 목숨을 건 농민들의 자발적 혁명이 거둔 엄청난 성공이었다.

1980년 5월 31일 덩샤오핑은 샤오강 촌에서 이뤄낸 이 '다바오간'이 지닌 의미를 인정하고 농촌 개혁의 모범으로 삼아야 한다는 점을 역설했다. 그리고 중국공산당 제11기 제3차 중앙위원회 전체 회의는 "농업발전을 가속화시키는 약간의 문제에 관한 중공 중앙의 결정"을 통과시켰고, 이어 1982년 1월에는 이러한 '생산책임제'를 공식적으로 허용했다. 그리하여 이해 6월까지 전국 농촌의 86.7퍼센트가 생산책임제를 시행하게 되었다.

결국 샤오강 촌 농민이 목숨을 걸고 감행했던 '생산책임제'는 전국으로 확대되어 전국적 차원에서 토지개혁의 시발점이 되었고, 이는 다시 '농촌의 도시 포위' 전략에 따라 도시로 확대되면서 전국적인 차원에서의 경제체제 개혁으로 발전하게 되었다. 이렇게 샤오강 촌의 '다바오간'은 중국 개혁의 출발점이 되었던 것이다.

이에 대해 덩샤오핑은 1985년에 발표한 담화에서 "개혁은 농촌에서 시작되었고, 농촌에서 성과를 냄으로써 우리는 비로소 용기를 내어 도시의 개혁을 진행했다" "농촌 개혁에서 나타난 성과는 대단히 빠른 것이었고, 이는 우리가 원래 예측할 수 없었던 것이다. 개혁을 처음 시작할 때, 모든 사람이 개혁에 찬성한 것은 전혀 아니었다. [우리는] 안후이 성에서 쌓은 경험에 근거해 개혁의 방침과 정책을 제정했다"며 안후이 성 농민들의 실천을 높이 평가했다.

한마디로 덩샤오핑 개혁개방의 핵심은 인간 본성에 대한 인위적인 압제로부터 해방이었다. 그는 경제정책 결정에 있어서 개인의 책임에 비중을 두었고 근면과 창의력에 대한 물질적인 보상을 강조했다. 그리고 고등교육을 받아 중국 경제 성장의 선봉에 나설 수 있는 기술자와 경영자들을 양성하는 데 주안점을 두었다.

동시에 많은 기업체를 중앙정부의 통제와 감독에서 벗어나게 했고, 기업가들에게는 생산량을 결정하고 이윤을 추구할 권한을 부여했다. 대외정책의 측면에서는 과감한 개방정책을 채택해 서구와의 무역 및 문화적 유대를 강화했고 중국 기업에 대한 외국의 투자를 허용했다.

자유방임이 만능은 아니다

지금 중국에는 극심한 빈부격차와 부정부패가 발생하고 있다. 일찍이 사마천이 무조건 자유방임주의만을 주장한 것은 결코 아니었다. 사마천은 『사기』「평준서」에서 이렇게 기술하고 있다.

"이 무렵 법률은 허술했으나 백성들은 더욱 부유했다. 그러나 엄청난 토지를 겸병한 호족들이 재산을 모아 교만을 부리고 향리에서 위세를 떨치며 횡행하면서 백성을 억압했다. 봉읍을 가진 종실 및 대부에서부터 하급 벼슬에 있는 사람까지 모두 사치스러운 생활을 추구했고 주택과 거마車馬 그리고 의복도 모두 지켜야 할 한도를 무시했다. 사물이란 극에 이르게 되면 쇠락하는 것인데, 이러한 변화는 필연적이다."

사마천은 경제 번영의 배후에 새로운 두 가지 사회 모순이 잠재하고 있다는 점을 잘 인식하고 있었던 것이다. 한 가지 모순은 바로 사회 재부의 양극 분화였고, 다른 하나의 모순은 통치계급의 사치와 교만 그리고 향락이 극에 이르렀다는 점이었다. 따라서 사마천의 '인지'에 대한 찬미가 그대로 경제 방임의 정책과 동일하지는 않다. '극에 이르면 쇠퇴한다'는 발전 추세와 국가의 전체적 이익을 위해 사마천 역시 적절한 '이도지'와 '교회지'에 찬성하고 있다.

즉 사마천은 사회경제에 있어 심각한 폐단과 문제점이 나타나게 될 때는 상황에 따라 일정한 '이도'利道, '교회'教誨 그리고 '정제'整齊의 조치가 필요하다고 말하고 있는 것이다. 결국 사마천은 경제를 흥성시키고 발전시키는 데 있어 국가의 거시 조정정책이 때로는 긍정적인 역할을 수행한다는 점을 인정했다. 현대적으로 해석한다면, 국가는 마땅히 부정부패를 바로잡고 균형적인 소득 분배가 이뤄지는 경제 성장 방식을 이끌어야 한다는 것이다.

예를 들어, 저장 성 원저우 시溫州市 상인들의 활발한 자발적 상업 활동은 살벌하기 짝이 없었던 그 문화대혁명조차도 이겨낸 대단한 장점이 있었지만 그것이 과도하게 성장하고 만인이 각자 자신의 이익만을 추구해 도시 전체가 사채 시장화함으로써 결국 그 후과로 연쇄 부도와 자살 등 심각한 부작용을 빚게 되었던 것이다. 따라서 무조건적인 시장만능주의가 아니라 정부의 적절한 개입과 조정은 필요한 것이다.

2 한자 · 역사 · 유교

중국의 소프트파워

중국이라는 구심력과 그 통합력

러시아를 제외한 유럽 대륙의 면적은 490여만 제곱킬로미터로서 960만 제곱킬로미터에 달하는 중국 국토면적의 절반에도 미치지 못한다. 인구수에서도 유럽 인구가 4억 9,800만 명으로서 13억 명의 중국에 훨씬 미치지 못한다.

그런데도 유럽 대륙에는 모두 36개의 국가가 존재하고 있다. 유럽이 민족 및 종교 등 모든 다양성의 차이로 인해 원심력이 최대한도로 작동되고 있는 곳이라면, 중국은 그 모든 다양성을 통제하는 구심력, 즉 통합력이 전일적으로 작동된 곳으로 볼 수 있을 것이다.

이처럼 중국에서 통합력이 강력하게 작동되는 것에는 여러 요인이 존재한다. 중국의 유일한 종교는 '과거'다. 『논어』와 『대학』으로 대표되는 사서삼경과 제자백가 사상 그리고 『사기』나 『손자병법』의 역사와 병법서 등은 중국, 아니 동양의 생활방식을 규정하는 결정적인 규범으로 작용해왔다.

저명한 외교가이자 국제정치학자인 키신저Henry Kissinger는 그의 저서 『중국 이야기』On China에서 중국 정치제도의 특성을 다음과 같이 설파하고 있다.

"중국의 드라마틱한 역사 과정에서 국가의 격변과 교체는 자주 발생했다. 그러나 그 어떤 새로운 통치자도 전 사회의 가치체계를 뒤집은 적은 없었다. 그들은 '하늘의 뜻'을 자임하면서 고대 사회 가치를 받아들이고 그 준칙에 따라 통치함으로써 스스로를 합법화했다. 특히 외부 정복자들의 경우 더욱 두드러졌다. 그들은 다른 국가보다 인구가 많고 부유한 국가를 통치하기 위해 관료체제를 유지했다. 이러한 전통은 중국화 과정의 메커니즘이었다. 그리고 중국의 통치이념으로서 유교주의를 확립했다."[10]

중국의 역대 왕조가 그토록 오랫동안 안정을 유지해올 수 있었던 요인은 13세기까지 중국이 성취해냈던 정치적·사회적·지적 요소 간의 균형 덕이었다. 이 균형은 너무도 견고하게 작동했기 때문에 19~20세기에 외부 세계의 강력한 타격을 받기 전까지 거의 파괴되지 않았다.

특히 '3대'三代라 불리는 하·은·주로부터 시작된 오랜 역사적 전통과 문자화된 기록에 힘입어 세력을 확립한 유학은 일단 정통적인 학설의 지위를 점하면서 안정되고 전통주의적인 사회를 창출하는 데 크게 기여했다. 공자는 "은나라는 하나라의 예를 이어

받아 그 증감을 미루어 알 수 있고, 주나라는 은나라의 예를 이어 받아 그 증감을 미루어 알 수 있다. 주나라는 은과 하를 본받아 참으로 풍부하고 다채롭도다! 나는 주나라의 제도를 따르겠다"라면서 하·은·주의 3대, 특히 주나라를 칭송했다. 이후 중국 유가에서는 성세盛世의 대명사로 항상 3대를 인용했으며, 그 제도를 후세가 반드시 본받아야 할 모범으로 삼고 존숭하게 되었다.

남송의 대유학자 주희 역시 "3대는 천리天理로써 행했지만, 한당漢唐은 인욕으로 행했다"고 천명하는 등 "3대 위로는 성인이 있었지만, 3대 아래로는 성인이 없다"는 논리는 2천여 년 동안 중국을 일관되게 지배해왔다. 물론 3대는 완고한 지적 방어막으로 작동하면서 중국의 진일보한 지적 발전을 억제하고 중국 사회의 경직성을 증대시키는 부작용을 낳기도 했다.

한편 중국은 하늘과 땅과 인간이 하나라는 천인합일 사상이 주류를 점해왔다. 즉 하늘의 우주 현상과 지상에서 이뤄지는 자연계 그리고 인간관계를 서로 감응하거나 영향을 주는 관계로 파악했던 것이다. 서양에서는 자연 대 인간, 삶과 죽음 등을 대립적이고 적대적인 것으로 파악했지만, 중국에서는 오히려 하나의 유기체로 인식했다.

따라서 중국에서는 매우 오래전부터 주역과 천문학이 발전했다. 그러한 사고방식은 중국 사회가 황제를 구심점으로 조직되는데 강력한 사상적 토대로 작동했다. 즉 황제는 모든 것의 중심에 존재하고 우주 자연과 황제는 밀접하게 상호 영향을 미친다는 논리로 연결되었다.

'과거'와 '현재'가 함께 어울려 만들어지는 나라

중국인들은 어려서부터 공자, 항우, 유방, 유비 등의 인물들과 그 역사를 잘 이해하며 성장한다. 그런데 우리나라 사람들은 이와 매우 다르다. 오늘날 한국인들은 존경하는 역사 인물로 90퍼센트 이상이 조선시대 세종대왕과 이순신 장군을 꼽는다. 그러나 솔직히 말해 정작 우리 한국인들은 세종대왕의 한글 창제나 이순신 장군의 노량해전 또는 백의종군 등 몇 가지 대표적인 사실 이외에는 거의 아는 것이 없다.

왜냐하면 그들에 대한 기록이 거의 존재하지 않고 그나마 있는 기록조차도 널리 소개되지 않았기 때문이다. 이에 비해 중국은 2천 년 전 역사 시기의 인물인 맹상군孟嘗君이나 한신韓信의 삶에 대해 그들이 관련되었던 사건뿐만 아니라 그들의 내면적인 심리 상태와 갈등 관계, 나아가 그들의 좌절과 염량세태炎涼世態로 가득한 세상사도 잘 알고 있다.

예를 들어, 사마천의 『사기』에서 그 인물들이 마치 눈앞에 살아 움직이는 듯한 생생한 묘사로써 사실적으로 기록되어 있기 때문이다. 그리하여 외부인들이 중국을 이해하기 위해 가장 많이 읽는 책이 바로 사마천의 『사기』라고 한다. 비록 중국인들이 현실 생활에서 보여주는 삶의 많은 모습은 『사기』의 그것과 동떨어져 있는 듯하지만, 『사기』는 중국인들에게 인간으로 살아가는 데 있어 지향해야 할 모범과 준칙을 분명하게 제시함으로써 중국인들의 정신과 삶의 양식에 끊임없이 영향을 미쳐왔다. 결국 『사기』는 중국의 문화와 정신을 조형造型해온 중요한 역사적 원천으로 기능한 것이다.

이러한 상황은 민족의 운명에 매우 중요한 차별점을 낳게 한다. 즉 어려서부터 역사 인물의 이야기를 보고 들으면서 성장하는 중국인들은 어려서부터 인간의 본질과 한계 그리고 그러한 인간들로 구성되는 사회의 속성을 현실적으로 이해하게 된다. 따라서 인간 사회와 역사에 대해 이미 상당히 인지認知한 상태에서 삶을 영위하게 되는 것이다. 이는 마치 여행지와 관련된 각종 정보를 미리 숙지하고 떠나는 사람과 거의 알지 못한 채 떠나는 사람의 차이와 같이 그 출발선이 이미 서로 다르다.

필자는 중국인들이 타협과 조정에 뛰어난 것은 이러한 역사적 전통 위에서 비롯되었다고 추정한다. 이러한 역사적 전통의 토대 위에서 인본주의를 비롯해 문화적 일체감과 개인에 대한 공동체全體의 우위 등 중국 사회의 성격이 구축되었다고 할 수 있다. 이러한 특성 때문에 13억이 넘는 중국인이 기적처럼 하나로 결집되어 단일 국가를 만들어가고 있는 것이다.[11]

동시에 이것은 대중들의 사고방식이나 생활방식에서 일종의 큰 틀을 결정하는 것이고 이에 따른 규격화가 강제됨으로써 숙명론과 권위權力에 대한 복종이라는 현상을 보편화시킬 수 있다는 부정적인 성격도 띠게 된다.[12] 이는 외부인들이 쉽게 이해하기 어려운 중국 사회의 특성이다.

중국의 이러한 특성은 비단 대중들의 삶의 과정에서만 발휘되는 것이 아니라 사회와 국가의 관계에 있어서도 동일하게 관철되기 때문에 중국 사회와 중국 체제를 이해하는 데 있어 대단히 중요한 판단 기준이 될 수 있다.

중국은 고대 시기부터 『상서』尚書를 비롯해 『주역』 『시경』 『논어』 『좌전』 『전국책』 등 많은 고서 기록이 전해져 왔고, 이런 기록을 토대로 후대에 더욱 정비된 기록들이 창조되었다. 중국인들은 이렇게 철학적 측면과 문화적 측면에서 깊이 있는 고전의 기록을 통해 공동의 역사 또는 문화를 형성해나갔고, 이것이 중국의 힘현대적으로 말하면 소프트파워의 원천으로 작동해온 것으로 평가할 수 있다.

한자

한자의 영향력

유학과 한자 그리고 역사로 대표되는 중국의 문화전통은 중국의 엄청난 인구를 동질화시켰다. 특히 한자는 표의表意문자로서 표음문자에 비해 개인적 차원에서는 논리적 사고를 강화시켰고, 사회적으로는 구심력을 강화시키는 요인으로 작용했다.

즉 한자는 뜻을 연결하고 결합하면서 고도의 사유 및 철학 체계를 창출하게 했으며, 한자 자체의 난해성에 추상성, 애매모호함과 신비로움이 더해져 문자를 해독하고 해석할 능력을 지닌 식자층에게 대단한 권위를 부여하게 되었고, 이는 전체 사회의 통합력을 제고시키는 요인으로 작동했다.

예를 들어, '총명하다'에서 '총명'聰明이라는 한자는 단순히 영리하다거나 머리가 좋다는 말에서 그치지 않는다. "밖으로 남이 하는 비판적인 말을 잘 들을 수 있는 것을 귀가 밝다고 해" '총'聰이라 하고, "안으로 자기 자신을 잘 성찰할 수 있는 것을 눈이 밝다고 해" '명'明이라 한다. 그리하여 '총명'이라는 한자가 형성된 것이다.

한자는 황제黃帝의 사관이었던 창힐倉頡이라는 사람이 상형象形의 문자로 한자를 만들었다는 주장을 비롯해 팔괘八卦로부터 비롯되었다는 주장과 결승結繩문자로부터 비롯되었다는 주장까지 다양하다. 현대 학계에서는 도화圖畫에서 비롯되었다는 주장이 힘을 얻고 있다. 결국 한자는 어느 한 사람이 만든 것이 아니라 장기간에 걸쳐 무수한 지식인의 철학과 교양 그리고 지식이 결합되고 종합되어 만들어진 것으로 해석될 수 있다.

중국이 유럽처럼 분열되지 않은 가장 중요한 요인 중의 하나는 바로 한자라는 문자文字의 존재다. 중국은 줄곧 한자라는 단일한 문자를 지니면서 구심력으로 작동한 반면, 유럽은 비록 그 시원을 모두 페니키아 문자에 두고 있지만 라틴 문자의 약화와 더불어 영어, 프랑스어, 독어, 에스파냐어 등 구체적인 문자의 형태와 내용이 모두 상이하게 발전해 원심력으로 작동했다. 또한 중국은 발음상의 상이함이 나타날 경우에도 뜻을 알 수 있는 상형문자인 한자漢字를 가지고 있었기 때문에 종족들이 분산 거주하면서도 서로 의사소통을 하는 데 큰 지장이 없었다.

한자라는 중국의 상형문자는 발음상의 차이를 초월해 동일한 함의를 표현할 수 있었으며, 이로 인해 한자는 서로 상이한 언어를 가진 종족 간 교류와 결합의 유대紐帶로서 기능했던 것이다. 특히 중앙 왕조는 통일된 문자가 있었기에 각 지역과의 안정된 정보 체계를 가질 수 있었으며, 이에 따라 정치·군사·경제적인 결합이

보장되었다. 그리하여 비록 지리적으로 광활하고 교통은 불편했지만, 중국은 한자라는 문자를 토대로 통일성을 유지할 수 있었던 것이다.

이와 반대로 유럽은 원래 같은 언어를 사용했지만, 그 언어는 표음表音문자로서 거주지에 따라 발음이 달라졌다. 차츰 문자도 달라지면서 서로 의사소통도 할 수 없게 되어 결국 모든 민족이 최대한 도로 분열하게 되었다.

유배지에서 여유로운 삶을 찾다

중국의 한자는 시詩와 사詞에서 그 함축성과 여백의 미가 특히 빛났다. 『시경』을 비롯해 이백과 두보 그리고 도연명 등의 시는 중국 문화의 마르지 않는 원천이었고, 소동파蘇東坡로 대표되는 송사宋詞 역시 그 깊이와 폭을 한층 깊고 넓게 만들었다. 소동파의 대표작품으로는 「적벽부」赤壁賦가 있다.

그대는 저 물과 달을 아는가.
가는 자는 저와 같으나 아직 한 번도 가지 않았다.
차고 이지러짐이 저와 같되 마침내 줄고 늚이 없으니
무릇 변화하는 관점에서 살펴본다면
천지의 모든 만물이 한순간이라도 변하지 않고
그대로 있는 것이 없고,
변화하지 않는다는 관점에서 본다면
곧 사람이나 사물은 끝이 없다.

그러니 무엇이 부러우리오!

또 무릇 천지의 사물은 제각기 주인이 있어

진실로 나의 소유가 아니라면

　비록 한 터럭일지라도 가지지 말 것이지만,

오직 강 위로 부는 맑은 바람과

산 사이로 떠오르는 밝은 달만은

귀로 들어 소리를 얻고

눈으로 보아 색을 이루어

취함에 금함이 없고

써도 다 쓰지 못할 것이니

이야말로 조물주의 끝없는 은혜가 아니겠는가!

그러니 나와 그대가 함께 누릴 바로다.

蘇子曰

客亦知夫水與月乎?

逝者如斯 而未嘗往也

盈虛者如彼 而卒莫消長也

蓋將自其變者而觀之

則天地會不能以一瞬

自其不變者而觀之

則物與我皆無盡也 而又何羨乎?

且夫天地之間物格有主

苟非吾之所有 雖一毫而莫取

惟江上之淸風 與山間之明月

而得之而爲聲 目遇之而成色
取之無禁 用之不竭
是造物者之無盡藏也!
而吾與者之所共適

소동파는 송나라 인종 3년1037에 쓰촨 성 미산眉山에서 태어났다. 그가 열아홉 살 되던 해 처음으로 상경해 과거에 응시했는데, 당시 시험관은 바로 구양수歐陽脩와 매요신梅堯臣이었다. 당시 이 두 사람은 시문詩文의 혁신에 매진하던 중이었는데 신선하고도 호방한 소동파의 문장은 단번에 구양수의 마음을 휘어잡고도 남음이 있었다. 그 뒤 소동파의 명성은 날로 높아졌다. 그러나 그는 모친이 사망하여 고향으로 돌아갔고, 상이 끝난 뒤 다시 올라와 판관으로 재직했다.

당시 왕안석王安石의 신법이 시작되고 있었는데, 그의 은사인 구양수를 비롯한 많은 주변인이 재상 왕안석에 반대해 모두 지방으로 좌천되었다. 1071년 소동파는 신법의 폐단을 비판하는 상서를 함으로써 왕안석의 분노를 사게 되었고, 소동파는 스스로 서울을 떠나 지방 좌천을 택했다.

그가 43세 되던 1079년 황제에게 바친 시가 "조정을 우롱하고 스스로를 망령되이 존귀하게 했다"는 비난을 받으며 커다란 논란을 불러일으켰다. 이른바 '오대시안'烏臺詩案: 오대란 어사대로서 그 위쪽에 잣나무를 심어 까마귀들이 살았기 때문에 烏를 붙여 오대라 칭했다이었다. 신법파는 그의 문장이 황제에 대한 불충으로서 마땅히 사형을 받아야 한다고 일제히 비난했다. 그들은 소동파가 그간 지은 시들에서 풍자의 뜻이 담긴 구절들을 인용하면서 탄핵해 조정은 순식간에 소동파 타도의 물결로 넘쳐났다. 결국 소동파는 체포되었고, 신법파들은 사형을 주청했다.

이때 그의 구명 운동도 전개되어 그와 정견을 같이하는 사람뿐아니라 정견이 다른 신법파 중에서도 사형은 부당하다는 주장이 나왔다. 특히 왕안석은 당시 조정에서 물러나 난징에 기거하고 있었는데, "성세에 어찌 재사才士를 죽인다는 말입니까?"라는 상서를 올렸다. 또 본래 송나라 태조 조광윤이 사대부를 죽이지 말라는 유훈도 있던 터였다. 마침내 몇 번이나 죽음의 위기에 몰렸던 소동파는 감옥에 갇힌 지 103일째 되던 날 황주현재 후베이 성湖北省 황핑 시黃風市로 강등되어 좌천하는 것으로 일단락되었다. 「적벽부」는 그가 그곳에 있을 때 적벽산을 유람하면서 지은 시다.

1085년 드디어 왕안석의 신법파가 몰락하고 사마광 등 구당파가 집권했다. 소동파도 서울로 돌아왔다. 그러나 자유로운 영혼의 소유자였던 소동파는 구당파가 집권한 뒤 부패한 모습을 보이자 서슴없이 신랄하게 비판해 보수 세력의 극력 반대와 모함을 받게 되었다. 이렇게 하여 소동파는 신법파에도 받아들여지지 않았고 동시에 구당파의 눈 밖에도 났다. 그는 다시 외지로 유배되어야 했다.

소동파는 끊임없이 변경 벽지로 유배되었지만, 가는 곳마다 현지 사람들의 열렬한 환영을 받았다. 그가 항저우에 있을 때 제방을 만들게 했는데, 사람들은 그 제방을 '소공제'蘇公堤 또는 '소제'蘇堤라 불렀다. 그 미려한 풍광은 '소제춘효'蘇堤春曉라 해 오늘날 항저우 10경 중의 하나로 꼽히고 있다. 또 그는 미식가로서 이름이 높았는데, 항저우에서 그가 즐겼다는 돼지고기 요리인 동파육東坡肉은 오늘날에도 유명하다.

항저우뿐만 아니라 영주, 양주, 혜주, 다시 멀리 가장 먼 하이난섬까지 그의 삶은 온통 유배로 점철되었지만 낙천적 성격이었던 그는 언제나 여유로운 삶을 살아갔다. 특히 하이난 섬 유배는 당시 멸문滅門의 참형 바로 아래 죄에 해당하는 처벌이었다. 그렇지만 그가 그곳에서 학당을 열자 수많은 사람이 불원천리 모여들었다.

얼마 지나지 않아 송나라 100여 년 동안 진사 급제자가 한 명도 없었던 하이난 섬에서 '파천황'破天荒으로 합격자가 배출되었다. 하이난 섬 사람들은 그를 한없이 존숭했고, 지금까지 하이난 섬에는 동파촌, 동파정, 동파로, 동파교 등 그의 호를 따서 지은 곳들이 많다. 심지어 소동파의 언어를 모방해 계승한 '동파화'東坡話까지 있을 정도다. 휘종 4년, 그는 마침내 대사면을 받고 복직되었다. 하지만 그는 서울로 돌아오는 길에 세상을 떠났다. 그의 나이 65세였다.

중국 역사의 법칙

왕조 순환의 역사

사마천이 『사기』 「하본기」夏本紀를 저술한 이래, 하나라는 중국 역사상 최초의 왕조로 인식되었다. 하나라가 세워지고 난 뒤부터 1911년 청나라의 멸망에 이르기까지 중국 역사상 총 61개의 왕조가 존재했는데, 어느 한 왕조도 건국 초기에 활력이 가득 차지 않은 적이 없었다. 전란을 거치면서 아직 생산력은 완전히 회복되지 못했지만 조정의 군신君臣 모두가 단결해 활력이 넘치고 흥성했다.

왕조 교체기에는 무력 역량의 강약이 곧 성패의 관건이 된다. 그리하여 가장 걸출한 군신이 왕조의 초기에 존재하게 되는 것은 필연성과 보편성을 지닌다. 따라서 많은 개국開國 황제는 군신과 민중의 처리 문제에 대한 인식 및 통치와 피통치 관계에 있어서 높은 수준을 보일 뿐만 아니라 동시에 본인이 몸소 힘써 실천함으로써 부지런함과 근검절약의 본보기가 되어야 했다.[13]

주나라를 건국한 주 문왕을 비롯해 한나라를 세운 한고조 유방, 송나라 태조 조광윤 등의 모습에서 이를 분명히 확인할 수 있다. 왕조의 제2대, 제3대 군주의 대부분도 마찬가지의 모습을 보여준다. 이 역시 주 무왕이나 당 태종 그리고 명나라 영락제의 사례에서 확인할 수 있다. 중국의 황제제도는 때로는 강력한 지도력을 발휘할 수 있었고, 그것이 사실은 초기 중국의 빼어난 성취에 상당히 기여했다. 황제제도의 활력은 중국 사회의 통합과 통일의 정도를 거칠게나마 보여주는 지표라고 할 수 있다.[14]

이렇게 하여 왕조 초기에는 모든 시스템이 활성화되고 매우 효율적으로 운용된다. 왕조 수립 초기에 몇 대에 걸쳐 걸출한 군신이 힘을 다해 나라를 다스리기 때문에 왕조에 대한 위협 요인은 기본적으로 제거되며, 경제 발전과 문화 번영 역시 최고조로 상승하는 태평성세를 이루면서 왕조의 토대가 다져진다. 이를 말 위에서 천하를 얻었다는 뜻으로 이른바 마상체제馬上體制라고 부른다.

이렇듯 왕조의 창건자가 위대한 능력과 힘을 가진 인물이어야 함은 당연한 일이었다. 하지만 그 뒤의 후계자들은 사치스럽고 음모에 가득 찬 궁정에서 성장했기 때문에 유약한 인물이 될 수밖에 없었다. 일반적으로 각 왕조의 중반에 한나라 무제나 당나라 현종처럼 강력한 인물이 출현해 통치체제에 새로운 힘을 불어넣어주거나 제2의 출발을 가능하게 하기도 했지만 시대가 흘러감에 따라 황실의 능력도 저하되는 것은 모든 왕조에서 흔히 볼 수 있는 현상이었다.[15]

1902년 청나라 말기의 역사가 하증우夏曾佑는 중국 최초로 새로운 형식의 『중국고대사』를 기술했다. 이 책에서 그는 중국 왕조 흥망이라는 '공식'을 제기했다.

"중국 역사에는 하나의 공식이 존재한다. 대개 태평세대는 개국한 지 40~50년 지나서 있게 되는데, 이로부터 융성기는 약 100년에 이어진다. 100년이 지나게 되면 수십 년에 걸쳐 난맥상이 나타나고 이윽고 대란이 발생하며 다시 혁명 국면이 만들어진다. 한나라, 당나라, 송나라, 명나라 그리고 다른 나라 모두 마찬가지였다."

1945년 7월 중국공산당이 항일전쟁 승리를 목전에 두었던 무렵, 황옌페이黃炎培는 옌안에서 마오쩌둥과의 대담에서 중국 역대 왕조 흥망성쇠의 주기율週期律 문제를 언급했다.

"진실로 이른바 '흥하는 것이 생동하고' '망하는 것이 순식간'[16]이란 한 사람, 한 가족, 한 단체, 한 지방 내지 한 국가 모두 이 주기율의 지배력을 벗어날 수 없다."

태평성세는 어떻게 만들어지는가

이른바 '태평성세'太平盛世의 주요한 특징은 인구의 증가, 경지의 증대, 경제 번영, 문화의 번성, 사회 안정 그리고 국력의 강성함 등으로 표현된다. 그러나 이러한 태평성세는 20~30년 지속되었던 것이 고작이었다. 한나라의 태평성대 또는 융성기는 한 무제 시기로서 26년 정도 지속된 것으로 평가된다. 당나라의 성세는 당 현종 시기 약 30년간 계속되었으며 '개원지치'開元之治라 지칭된다. 명나라 말기 사상가 왕부지王夫之는 개원 시기의 성세를 가리켜 한나라와 송나라가 도저히 미치지 못한 정도라고 평했다.

이에 비해 청나라 시기의 성세인 '강건성세'康乾盛世: 강희건륭성세는 중국 역사상 가장 오랜 기간 유지되었는데, 강희康熙, 옹정雍正, 건륭乾隆의 3대에 이어져 약 110년간 지속되었다. 학자들은 청나라 성세가 장기적으로 지속될 수 있었던 요인에 대해 강희, 옹정, 건륭의 세 황제가 전제주의 중앙집권 정치체제를 정밀하고 세심하게 정비함으로써 통치의 효율성이 유례없이 높아졌으며, 동시에 황제가 모든 힘을 다해 나라를 다스렸기 때문이라고 지적하고 있다.

반면 안락만을 탐하고 정치에 게으르며 간언을 받아들이지 않는 것은 왕조가 쇠락하는 시기의 군주가 갖는 공통적 특징으로서 이러한 군주 통치 기간에 관리들은 부패하게 되고 조정은 문란하게 되며 가렴주구가 성행해 백성들이 도탄에 빠지게 되었다.

중국 역대 왕조의 기년

주		기원전 1046~기원전 221
	서주	기원전 1046~기원전 771
	동주	기원전 770~기원전 256
	춘추	기원전 770~기원전 476
	전국	기원전 475~기원전 221
진秦		기원전 221~기원전 206
한		기원전 202~220
	서한	기원전 202~8
	동한	25~220
삼국		220~280
진晉		265~420
	서진	265~316
	동진	317~420
16국		304~439
남북조		386~589
수		581~618
당		618~907
5대10국		907~979
송		960~1276
	북송	960~1127
	남송	1127~1276
요		916~1125
금		1115~1234
원		1271~1368
명		1368~1644
청		1644~1911
중화민국(타이완)		1912~
중화인민공화국		1949~

'작은 정부'를 지향하다

한 무제가 세상을 떠난 뒤 소제昭帝 6년기원전 81에 이른바 '염철회의'鹽鐵會議가 진행되었다. 이 '염철회의'는 중국 역사에서 매우 중요한 의미를 지닌다. 이 회의는 한 무제 때 장기간에 걸쳐 정책을 장악했던 어사대부 상홍양과 유가 사상에 충실한 현량문학賢良文學들 간에 염철의 국가전매를 비롯해 평준과 균수 등 경제정책을 둘러싸고 전개되었다.

결국 이 '염철회의'를 통해 한 무제의 전쟁정책은 종식되고 휴양생식休養生息과 평화 상태로의 전환이 이뤄졌다. 이는 한나라 초기 유가와 법가의 합류 시대가 종식되고 선진 시대의 공맹 사상의 회복을 알리는 계기가 되었으며, 이후 유가사상은 중국 역대에 걸쳐 독주하게 되었다.

하지만 '염철회의'에서 유생들은 단지 '도덕적인' 이유만으로 국가에 의한 염철 전매 등 '백성과 이익을 다투는' 국가정책을 지지하지 않았을 뿐이었다. 그들은 단지 반대만 존재했을 뿐, 전대미문의 광활한 영토와 엄청난 인구의 제국에 있어 그것을 대체할 수 있는 유효한 정책을 내놓지 못했다.

번영을 구가했던 당나라도 이러한 영향을 그대로 계승해 백성에 대한 세금 경감을 중심으로 하는 '작은 정부'小政府를 추구했고, 이는 통일 대제국에 대한 장기적 관리라는 측면에서 부합되지 못하는 정책이었다. 하지만 중국 역대 왕조에 있어 이러한 경향성은 계속 유지되어 청나라 시기까지 이러한 정책은 계속되었다.

한편 중국 역대 왕조는 백성의 요역을 경감하고 세금을 적게 징수하는 이른바 '경요박부輕徭薄賦 정책'을 훌륭한 정치의 표본으로 인식했다. 경요박부 사상은 본래 춘추시대 패업을 이룬 진문공晉文公이 내세웠던 '박부렴薄賦斂'에서 비롯되었다. 공자도 중과세에 반대했고, 맹자도 이 박부렴을 왕정의 중요한 내용으로 파악했다. 이후 경요박부 사상은 유가에서 나라를 다스리고 국가를 안정시키는 '치국안방'治國安邦의 중요 원칙 중 하나로 받들어졌다. 다만 이 경요박부는 왕조 초기에 시행되다가 왕조 중엽을 지나 재정수입이 증가하고 통치자들의 탐욕과 부패가 극심해지면서 오히려 백성에 대한 수탈과 가렴주구가 일반화되었다.

당 태종은 "물은 배를 띄울 수 있지만 동시에 배를 뒤집을 수도 있다"水能載舟, 亦能覆舟고 말했다. 백성들이 존재함으로써 왕조도 존재할 수 있는 것이며, 때에 따라서는 백성들이 왕조를 갈아엎을 수도 있다는 말이다. '작은 정부'를 지향했던 당 태종 당시 정부의 조세수입은 백성 총수익의 40분의 1에 지나지 않았다.

더구나 당시 세금을 면제받는 사람도 매우 많았다. 9품 이상의 관리를 비롯해 귀족, 관학생官學生, 홀아비, 과부, 고아, 노비들은 세금을 내지 않도록 했다. 중국 역사상 성세로 기록되는 '정관지치'貞觀之治는 이러한 토대 위에서 비로소 가능했던 것이다. 그러나 당 현종 시기에 이르러 이미 부패가 심해져, 전체 인구 5,291만 명 중 세금을 내지 않는 사람 수가 무려 4,470여만 명이었다.

이렇게 하여 국가 재정은 기울고 사회의 재부財富는 대지주와 대귀족들에게 독점되는 한편 농민들의 부담은 오히려 갈수록 무거워졌다. 토지 겸병은 극심해지고 농민은 파산해 민생은 도탄에 빠지고 반란은 속출했으며, 결국 당나라도 멸망하고 말았다. 심지어 진시황 시기에 진나라는 백성에 대한 세금 징수가 무려 50퍼센트에 이르렀다. 진나라가 천하 통일 후 고작 15년 만에 멸망해버렸던 이유도 바로 이 까닭 때문이라 할 것이다.

반면 청 왕조는 명나라가 백성들에 대한 가렴주구 때문에 멸망했다는 점에 비추어 강희제와 옹정제가 땅을 갖지 않은 사람에게는 평생 세금을 내지 않도록 함으로써 쇠락했던 경제가 다시 소생했고 그리하여 '강건성세'가 열릴 수 있었던 것이다. 그러나 건륭제 중반을 넘기면서 세금 부과는 갈수록 증대되어 건륭 36년1771에 국가의 조세수입은 4,350여만 냥兩에 이르렀는데, 이는 순치제 말년 조세수입에 비해 무려 1,790여만 냥이 증가한 수치였다.

물론 당시 부패상도 극심해져 건륭제의 총신이자 청 왕조 최대의 탐관이었던 화신和珅은 건륭제 사후 조사를 받았는데, 그의 집에서 무려 백은 8억 냥이 나왔다. 이는 자그마치 당시 청나라 10년 재정수입에 해당하는 것이었다.[17]

강희제의 재위기간은 61년이었고, 건륭제의 재위기간도 60년으로 두 황제가 무려 120년이 넘게 통치했다. 흥미로운 점은 중국 역사에서 일반적으로 황제의 재위기간이 길수록 강력한 제국의 위세를 떨치고 태평성세를 구가한 경우가 많았다는 사실이다. 한 무제의 치세기간은 54년이었고, 진시황은 37년, 당 태종은 24년이었다. 우리나라의 경우도 고구려 장수왕이 무려 79년을 통치하면서 전성시대를 구가했고, 조선의 영조는 52년 통치하면서 부흥기를 이뤄냈다. 세종도 비교적 긴 기간인 32년을 통치했고, 정조의 경우에는 24년이었다.

10년을 채우지 못한 재위 기간으로 명군名君이 되는 경우는 기본적으로 존재하지 않았다. 4~5년의 임기로 권력이 교체되는 현대 대의민주주의로서는 근본적으로 불가능한 시스템이다.

인구수와 왕조 순환의 관계

일반적으로 중국 역대 왕조는 중후반기에 이르게 되면 대규모 농민반란이 발생했다. 이는 진나라 때 진승과 오광의 난을 비롯해 서한 말기 녹림당과 적미의 난, 당나라 말기 호아소의 난, 명나라 이자성의 난, 청나라 태평천국의 난 등 역사가 여실히 증명하고 있다. 이 농민반란의 주력은 거의 유민流民이었다. 유민은 생존을 위한 기본적인 여건이 어려운 조건에서 형성되었다.

역사적으로 한 왕조가 성세를 이루어 인구가 극성에 이르게 되면 경지가 부족해지고 식량도 부족해졌다. 여기에 관료들의 부패와 토지겸병이 만연되어 기본적인 생존 조건이 충족되지 않게 되면서 대규모 유민이 발생하게 되는 것이었다. 서한 평제平帝 시기에 전국 인구는 서한의 최고치인 6천만 명에 이르렀는데, 이 직후에 왕망의 찬탈과 녹림 적미의 난이 발생했다.

당 현종 시기에 전국 인구는 8천만 명에 이르렀고, 그 직후 안사의 난안녹산과 사사명의 난이 발생했다. 17세기 명나라 후기 인구는 처음으로 2억 명에 이르렀고, 곧바로 이자성의 난이 일어났다. 청나라 도광道光 30년1850 전국 인구는 4억 3천만 명에 달했는데 그 직후에 태평천국의 난이 발생했다. 이른바 '성세'의 인구는 당시 왕조가 감당할 수 있는 한계를 넘어서게 되고, 이는 정변이나 자연재해, 외환 등과 결합되면서 대규모 민란으로 연결되었다.

더구나 왕조 말기가 되면 정부는 대부분 부패하고 무능해져 있기 때문에 반란을 제대로 평정하지 못하고 오히려 이 동란의 과정에서 생산력이 급속히 침체되고 유민은 더욱 대규모로 증가하는 악순환을 겪게 된다. 그리고 결국 왕조가 무너졌다.

예를 들어, 당나라 말기 안녹산의 난으로 인해 전국이 전란에 휩싸이면서 당 현종 때인 755년에 비해 불과 5년 뒤인 숙종 3년760에 무려 3,500여만 명의 인구가 감소했다. 허난 성의 인구는 원래 3천 호였지만 동란을 겪은 뒤 겨우 1천 호만 남았다. 더구나 당시 장강 이남의 강남지역에서 가뭄이 계속되어 10명 중 7~8명이 죽는 등 백성들이 모두 죽음에 몰리는 상황이었다. 그리고 마침내 황소黃巢가 이끄는 농민봉기가 발생했다. 이 전란을 거치면서 중국의 심장지대인 중원은 거의 불모지 폐허로 변해버렸다. 그리고 마침내 당 왕조는 붕괴되었다.

왕조가 전복된 뒤 군웅群雄 중 어느 한쪽이 승리를 거두게 되고 인구는 크게 감소해 토지가 인구에 비해 상대적으로 풍부해지는 상황으로 변화된다. 이때 새로운 왕조가 민심을 무마하면서 정국은 급속도로 안정되어가고 개간되는 토지도 많아지게 된다. 이렇게 하여 토지와 인구의 양성良性 순환이 이뤄지고 왕조의 성세, 즉 전성기에 도달하게 된다. 그러나 그 직후 다시 인구가 극성기에 달하게 되고, 부패와 토지겸병이 합쳐지면서 다시 대규모 유민의 발생과 반란이 이어지는 악순환이 시작된다.

어떤 한 왕조가 수립된 뒤 기존 체제의 세력에 대한 숙청이 철저하면 철저할수록 그 왕조의 수명 역시 길었다. 당나라와 명나라 그리고 청나라가 그러한 경우에 속한다. 다만 일반적으로 왕조 중기에 시행되는 개혁은 대부분 실패했다. 끝내 실패로 결말이 난 명나라 장거정의 개혁이나 송나라 왕안석의 개혁 등에서 그러한 특성은 잘 드러난다. 그 원인은 개혁이 호족 세력이나 대지주 세력 등 기득권의 이익을 침해하게 되어 기득권의 강력한 반발에 부딪혔기 때문이었다. 호족에 대한 억제는 오로지 개국 후 얼마 지나지 않았을 기간에 강력한 제왕의 지도 아래서만 비로소 성공을 거둘 수 있는 일이었다.

유가

중국의 헌법, 공자

공자가 정리해 중국의 전 역사 과정에서 심대한 영향력을 미친 도덕규범은 서양식으로 말하면 중국의 성전聖典과 헌법을 종합한 것에 비유될 수 있다.

공자는 참으로 성실하고 항상 노력하는 사람이었다. 그러한 그의 성격은 위편삼절韋編三絶이라는 고사성어에서도 잘 드러난다. 당시에 책은 아직 종이가 없던 시대였기 때문에 대나무 죽간을 가죽으로 엮어 만들었다. 그런데 공자가 얼마나 주역 책을 열심히 봤는지 주역 죽간을 엮은 가죽끈이 세 번이나 닳아 떨어질 정도였던 것이다.

그는 현실 정치에서 자신이 등용되고자 평생 노력했지만 거의 기용되지 못했다. 한마디로 상갓집을 유랑하며 먹을 것을 구하는 '상가지구'喪家之狗 신세였다. 그렇지만 공자는 끝내 좌절하지 않고 왜곡된 현실을 바꾸려 노력했다. 그리고 이러한 노력이 성공을 거두지 못하자 말기에 이르러서는 일종의 대학을 설립해 제자들을 가르쳤다.

이러한 방식은 결국 성공을 거두었다. 공자는 비록 단기적으로 현실 정치에서 실패했지만 장기적으로는 중국 역사상 가장 영향력이 강한, 아니 독점적인 사상과 학파를 형성해냈다. 바로 유가儒家였다.

공자는 춘추시대 노나라의 한 가신家臣 집안에서 태어났다. 그의 아버지 숙량홀叔梁紇은 선비 계층으로서 노나라 귀족 장흘臧紇의 가신이었는데 장씨 봉지의 읍재邑宰를 맡고 있었다. 이 벼슬은 오늘날 우리나라로 말하면 시골 면面의 면장 정도의 벼슬로 볼 수 있다. 일설에 따르면 숙량홀이 공자를 낳을 때 이미 70세였다. 공자의 모친 안顔씨는 그때 나이 겨우 17세였다.

이에 대해 사마천은 "숙량홀은 안씨 여자와 야합野合해 공자를 낳았다" "공자가 태어나고 숙량홀은 세상을 떠나 방산防山에 묻혔다. 방산은 노나라 동쪽에 있었는데, 공자는 아버지의 무덤이 어디 있는지 알지 못했고 어머니는 그 장소를 공자에게 가르쳐주지 않았다"고 기록하고 있다.

공자의 어머니는 가난한 집안 소녀로서 노예 또는 평민의 딸이었다. 공자는 "나는 태어나면서 곧 안 사람이 아니라, 옛것을 좋아하고 힘써 알기를 구한 사람이다"我非生而知之者, 好古, 敏以求之者也라고 말했다. 『논어』「술이述而 그는 자신이 태어나면서부터 모든 것을 알았던 성인이 아니었다는 점을 명백히 밝히고 있다. 그는 역사문화를 좋아하고 성실한 학습을 통해 지식을 얻었던 것이다.

『사기』「공자세가」는 "공자는 어린 시절 소꿉놀이를 할 때 곧잘 제사 그릇을 늘어놓고 제사를 모시는 예절 동작을 했다"고 묘사하고 있다. 이는 공자가 어릴 적에 제사와 예악 활동이 활발한 장면을 자주 접했으며 그것을 좋아해 따라 했던 사실을 보여주고 있다. 특히 당시 "주나라 예의는 모두 노나라에 있다"는 말이 있을 정도로 문화 중심지였던 노나라에는 하·은·주 3대의 예악문명이 집대성된 곳으로서 이러한 문화전통은 공자에게 커다란 영향을 미쳤다.

이는 공자가 자신의 삶을 술회한 데에서도 드러난다.

"나는 열다섯 살에 학문에 뜻을 세우고 30세에 스스로 자립했으며 40세에 어떤 일에 혹하지 않는 경지에 이르렀다. 그리고 50세가 되자 천명을 알게 되었고, 60세에 어떤 일을 듣게 되면 곧바로 이해가 되었으며, 70세에 어떻게 행동해도 도에 지나치는 법이 없게 되었다."吾十有五而志迂學, 三十而立, 四十而不惑, 五十而知天命, 六十而耳順, 七十而從心所慾不踰矩.

공자는 이렇게 어릴 적부터 뜻을 세우고 각고의 노력을 했으며 신중하게 생각하고 정확하게 판단해 행동함으로써 점차적으로 인품과 학식을 쌓아 탁월한 인물로 성장했던 것이다.

법치보다 인치

공자는 법치보다 인치를 중시했다. 사람을 통해 그가 꿈꾸는 도
덕의 이상 사회를 이루려고 했던 것이다. 그는 '인'仁을 실천하는
지도자로 군자를 내세웠다. 원래 군주의 자제라는 고귀한 신분을
뜻하는 '군자'는 공자 때문에 이상적 인격의 소유자로 개념화되었
다. 군자는 도道를 추구하고, 도에 입각하고, 도가 통하는 세상을
만드는 존재다. 이 위대한 정치가는 예禮로 자신을 절제하고, 악樂:
음악으로 조화를 추구한다. 문文: 문예을 열심히 학습學을 실천함으
로써 훌륭한 군자로 거듭나고, 정치政治를 통해 민생民生을 안정시
키고 도덕의 이상을 실현해야 했다.

공자의 사상은 한마디로 인仁으로서 그것의 기본정신은 사람과
사람 관계의 처리를 중시한다는 것이다. 『논어』에는 인을 언급한
장이 58장에 이르고 인이라는 글자가 무려 108곳에 출현한다. 인
은 구체적인 인간 생활에서 공恭, 관寬, 신信, 민敏, 지智, 용勇, 충忠,
서恕, 효孝, 제悌 등의 다양한 내용으로 표현된다. '예'禮 역시 공자
가 『논어』에서 제기하고 있는 중요한 개념으로서 공자가 평생 학
문했던 대상이기도 했다. 공자는 예가 인간이 내재한 진실된 정감
의 외부적 표현이며, 그것의 최고 경지가 곧 인이라고 인식했다.

공자는 '주례'周禮를 회복함으로써 선왕의 '인정'仁政의 경지에
이를 수 있기를 희망했다. 그리하여 공자가 의도했던 것은 일시적
인 성패득실이 아니라 사회의 장기적인 안정과 백성들의 행복이

었다. 그렇기 때문에 그는 당대 통치자들과 타협하지 않고 끝까지 자신의 주장을 펼쳐 나갔으며 '이룰 수 없다는 것을 잘 알고 있으면서도 굳이 그렇게 함'知其不可而爲之으로써 제세구민濟世救民의 삶과 정신을 구현했다.

사마천의 『사기』 중 「세가」世家란 본래 제후들의 이야기를 담고 있다. 그러나 사마천은 평민에 불과한 공자를 제후의 위상으로 올려 세가에 수록했다. 그러면서 '공자세가' 말미에 공자를 높이 평가하고 있다.

"『시경』에 이런 말이 있다. '높은 산처럼 사람들로 하여금 우러러보게 하고, 큰길처럼 사람으로 하여금 따라가게 한다.'[18] 비록 내가 공자의 시대로 돌아가지 못하지만 마음속으로 항상 그를 동경하고 있다. 나는 공자가 남긴 책을 읽어보고, 그 사람됨이 얼마나 위대한지를 보고 싶었다. 노나라에 갔을 때 공자의 묘당과 그가 남긴 수레와 의복 그리고 예악기물禮樂器物을 참관했다. 유생들은 공자의 옛집에서 시간에 맞춰 예절을 연습하고 있었고, 나는 시간이 가는 줄 모르고 그곳에 머물러 떠날 수가 없었다. 자고이래로 천하에 군왕에서 현인에 이르기까지 너무도 많은 사람이 있었고, 살아 있을 때는 한때 영화로웠지만 죽은 뒤에는 그것으로 끝이었다. 공자는 평민이었지만 10여 세대를 이어 학자들이 그를 존숭한다. 위로 천자와 왕후에서부터 중원에서 6예六藝를 공부하는 사람들은 모두 공자를 표준으로 시비를 판단하고 있으니, 공자는 진실로 가장 높이 솟아 있는 성인이라고 말할 수 있겠다!"

맹자가 살았던 백가쟁명 시대에 맹자는 공자의 정치사상과 교육사상 등을 계승하는 동시에 다른 측면에서 더욱 발전시켜 자신의 정치 학술사상을 형성했다. 당시 묵가, 도가, 법가 등의 학파와 격렬하게 논쟁하고 경쟁하면서 맹자는 유학학파의 이론을 옹호했고 아울러 유학에서의 자신의 지위를 확립함에 따라 공자에 버금가는 정통 대유大儒로 되었다.

맹자는 공자의 덕치사상을 계승, 발전시켜 인정학설仁政學說을 정립했다. 그리고 도덕수양이야말로 정치를 잘하는 근본이라는 점을 강조했다. 그는 "천하의 근본本은 국가에 있고, 국가의 근본은 가족에 있으며, 가족의 근본은 나 자신에 있다"라고 말했다. 훗날 『대학』에서 제기하고 있는 '수신제가치국평천하'는 바로 맹자의 이러한 사상에서 발전된 것이었다.

맹자의 정치론은 일반 백성의 행복이 무엇보다도 우선되어야 한다고 주장한다. 통치자가 더 이상 인仁과 의義로 다스리지 않을 때는 천명天命이 그에게서 멀어진 것이므로 그러한 통치자는 마땅히 제거되어야 한다는, 당시로서는 획기적인 역성혁명론易姓革命論을 주창했다.

'유'란 무엇인가

원래 유儒란 중국 고대시대에 일정한 문화지식을 소유하고 예禮에 대해 이해하고 있으며, 관혼상제 등의 의식을 돕는 일을 직업으로 하는 사람들을 총칭하는 용어였다.[19] 그런데 공자가 그러한 '의식을 직업으로 삼았던' 사람이었고 제자들을 모아 지식을 체계적으로 전수했기 때문에 그가 창립한 학파를 유가라고 부르게 되었던 것이다.

유가사상은 수천 년에 걸쳐 중국의 고대 법률을 지배했고, 사람들의 생활방식과 사유방식에 융화되어 중국 특유의 법률 의식과 법률 심리를 형성시켰다. 유가의 법률사상은 기본적으로 주周나라 이래의 '예치'禮治와 주공周公旦이 주장한 "덕을 밝히고 형법을 신중히 행한다"는 사상을 계승, 발전시킨 것이다.

주공은 종법제도를 주창한 선구자였다. 종법제도는 혈연을 유대로 하는 가족 전체의 내부 관계를 규율하며 족장과 가장의 통치 지위와 세습 특권을 유지하는 족규族規나 가법家法으로서 원래 씨족사회 말기의 부계 가부장제에서 비롯되었다.

주공이 만들었던 '주례'는 종법제도를 형식으로 하고 윤리도덕을 내용으로 삼고 있었다. 그중에서도 특히 친친親親과 존존尊尊을 가장 중요한 원칙으로 삼고 있었는데, 여기에서 친친은 아버지를 정점에 위치시킨 가부장제의 종법 원칙이고 존존은 군주를 정점에 위치시키는 군주제의 등급 원칙이었다. 이로부터 부부관계에 있어서는 남존여비 사상을 강조하고 부자관계에서는 "불효보다 더 큰 죄는 없다"는 말로써 부권을 강조했으며, 씨족관계에서는 조상을 숭배하고 종친을 공경하는 족권族權을 중시했다. 나아가 국가제도에서는 군주에게 충성하고 사직을 최우선시하는 군권君權을 강조했다.

법률 역시 이러한 종법 등급윤리를 표준으로 삼았다. 주공이 제정한 이러한 예禮는 정치, 경제, 군사, 가정, 혼인, 윤리도덕 등 모든 분야에서 행위규범의 총화였으며, 이는 철저하게 상하 등급의 질서를 강조하고 있었다. 특히 '예불하서인, 형불상대부'禮不下庶人, 刑不上大夫: 예는 서민들에게 베풀지 않고 형벌이란 사대부에게 미치지 않는다의 원칙은 이른바 예치의 기본 특징이었다. 이는 곧 예치 사상을 종법 등급제도의 사상 영역으로 구현시키고 있음을 의미한다.

그런데 이 '예불하서인, 형불상대부'에서 예禮는 '지배층의 명예로운 법률'이며, 형刑, 즉 법法은 '서민이 복종하는 법령'이었다. 법의 강직함에 비해 예의 유동성은 그 본래의 매우 강력한 사회적 위신을 몇 세기 이상 유지하고 훌륭한 역대 중국 전통의 일반적 경향과 합치되었기 때문에 관료제가 오랜 기간 견고하게 확립된 뒤까지도 예가 법을 압도했다. 결국 예의 신축자재성과 미묘한 융통성은 항상 특권적인 관료 지배 계급에게 유리하도록 작용했으며 후세의 유교는 종종 서민들에게 손해를 끼치는 법의 자의적 성격을 줄이기는커녕 오히려 이것을 강화했다.[20]

주공을 가장 이상적인 군자상으로 삼으면서 그의 이념을 존경해 마지않았던 공자는 주공의 사상을 계승, 발전시켜 유교를 완성시켰다. 왜냐하면 그는 지배층인 군자와 생산을 담당하는 소인으로 나뉘어 있는 주周 왕조의 사회질서, 즉 주례를 완전한 사회질서로 인식하고 있었기 때문이다.[21] 이 과정에서 공자는 백성들에게도 예를 가르쳐야 한다고 주장했다. 또 친인척만을 중시하고 혈연관계만으로 관작을 세습하도록 했던 주공에 비해 현인 천거와 현인 정치를 주장하는 등 여러 가지 진일보한 측면을 지니고 있었다. 하지만 공자는 주공에게서 골간적인 내용과 형식을 그대로 이어

받았다.

그리하여 유가는 예치를 견지하고 덕치를 제창하며 인치를 중시하는 법률개념을 제기했다. 물론 여기에서 유교사상의 중심개념인 인이나 예 그리고 덕이란 결국 종법등급제도를 유지하기 위한 핵심적 개념이었다. 결국 공자는 귀천 및 군신과 부자父子의 등급 종속관계를 핵심으로 하는 사회 통합체제 구축을 기하고자 했던 것이다.

공자는 왜 부를 추구할 수 없다고 했는가

고대 시대에 사회적 부는 등급에 따라 점유했다. 고대 중국의 정전제 아래에서 백성들이 소유할 수 있는 사유재산은 가축뿐이었다. 부귀는 출신과 혈통으로 결정되었다. 그것은 태어나면서 결정되는 것이었지 선택의 대상이 아니었다.

맹자는 정전제를 높이 평가했다. 특히 주 문왕의 '노인을 잘 모시는' '인정'仁政을 찬양했다. 즉 주 문왕은 농부 한 가구 여덟 명이 닭 다섯 마리와 돼지 두 마리를 기르게 해 노인이 고기를 먹지 못하는 상황을 피할 수 있게 했다는 것이다. 그나마 농부의 입장에서는 이 정도가 매우 좋은 상황이었기 때문에 '인정'으로 평가해 칭송했던 것이다.

그렇다면 왜 더 이상의 가축은 키우지 못한 것인가? 왜냐하면 생산 수준의 한계 때문에 가축을 더 키우는 것은 농경과 방직 등에 해로울 확률이 높았기 때문이다. 그러나 이 정도의 가축을 보유했다고 해서 결코 부유하다고 할 수는 없다.

따라서 당시에 백성들이 부자가 될 가능성은 사실상 처음부터 존재할 수 없었다. 당시 일반적으로 백성이라는 등급은 농부 외에도 공인과 상인을 포함하고 있었다. 다만 그들의 등급 지위는 농부보다 더욱 낮았다. 춘추시대까지 상공商工 계층은 관부官府에서 관리했고, 직업 선택의 자유와 거주 이전의 자유가 없었다. 그들의 등급 지위는 매우 낮았고, 거의 노비와 같은 부류에 속했다. 당연히 이러한 평민들도 부자가 될 수 없었다.

결국 「화식열전」이 기술되기 이전의 고대 시대에서 평민들이 부자가 될 방법은 근본적으로 존재하지 않았다. 일찍이 공자는 '부불가구'富不可求라고 했다. "부는 내가 추구할 수 없다"는 뜻이다. 『논어』「술이」에서 "부가 만약 추구할 만한 것이라면 나는 채찍을 든 마부가 된다고 해도 하겠다. 하지만 추구할 수 없는 것이라면 나는 내가 좋아하는 것을 하겠다"에서 비롯된 말이다.

지금까지 이 구절은 부에 눈을 돌리지 않고 오로지 의義와 인仁 그리고 덕德의 길을 걸어간 대사상가로서의 공자의 훌륭한 품성이 그대로 담겨 있는 말로서 이해되어왔다. 이를테면 주희를 비롯한 유학의 대가들은 공자의 이 말에 대해 공자가 부를 추구하지 않는 것이 바로 공자의 운명이기 때문이라고 풀이해왔다.

그렇다면 이 '운명'이란 무슨 의미를 지니고 있을까? 사마천은 『사기』의 「공자세가」에서 "공자는 포의布衣의 몸으로"라고 기술하고 있다. 또 『염철론』鹽鐵論[22] 「극복」刺復에는 "학자가 말하길, 공자는 작위도 없고 포의의 몸이지만 그를 따르는 재사가 70여 명이고"文學曰 孔子無爵位, 以布衣從才士七十有餘人라고 기술되어 있는데, 바로 이 지점에서 해답을 찾을 수 있다.[23] 공자는 '포의', 즉 평민의 등급이었던 것이다. 평민 출신이므로 근본적으로 거부巨富가 될 수 없었던 것이다.

3 협상과 담판에 능한 중국인

빛을 숨기고 새벽을 키우다

중국인은 협상에 능하다. 허허실실虛虛實實, 자신의 의도를 좀처럼 드러내지 않는다. 그러다가도 때로는 기상천외한 카드를 내밀거나 불의의 기습을 하기도 하며, 때로는 세월아 네월아 그저 시간을 끌면서 상대방이 먼저 자기 카드를 보여줄 때까지 기다린다. 담담하기도 하고 때로는 무모할 정도로 신속하며, 종종 학익진이며 배수진이 펼쳐진다. 도무지 종잡을 수 없다.

예나 지금이나 이러한 중국인의 협상과 기만전술은 매우 효과적으로 작동하고 있다. 더구나 현재 중국은 세계 최대의 시장과 엄청난 경제력을 보유하고 있다. 이를 배경으로 그들의 협상력은 더 강력해질 수밖에 없다.

2008년 12월, 사르코지 프랑스 대통령이 티베트의 정신적 지도자 달라이 라마와 회담을 했다가 중국에 크게 복수당했다. 당시 중국은 즉각 반발하며 에어버스 항공기 구매 계약을 원점으로 되돌렸다. 대규모 구매단을 대동한 원자바오溫家寶 총리와 기업인들의 유럽 순방길에서 유독 프랑스만 비켜나 있었다. 다급해진 프랑스가 2009년 4월에 전직 총리 등 사절단을 보내 "티베트는 중국 땅"이라고 '굴복'한 뒤에야 비로소 양국 교류는 정상화되었다.

노르웨이는 2010년 류샤오보劉曉波에게 노벨평화상을 수여했다가 중국의 보복을 당해야 했다. 수상 소식이 전해진 직후 중국은 노르웨이와 자유무역협정FTA 협상 등 모든 교류를 중단했다. 공동으로 진행하던 석유가스 개발사업도 중지되었다. 주요 수출품인 연어의 중국 수출도 완전히 끊겼다.

2012년 5월 남중국해 황옌다오黃巖島를 둘러싸고 벌어진 필리핀과 영유권 분쟁 때는 '바나나 통관 지연'이라는 카드를 빼들었다. 필리핀의 대중국 주요 수출품인 바나나는 통관이 며칠만 늦어도 물러져 먹을 수 없다는 사실을 이용한 전략이었다. 필리핀이 무릎을 꿇고서야 분쟁은 일단락되었다. 우리나라도 중국이 자국산 마늘을 사주지 않으면 휴대전화 수입을 중단하겠다고 위협해 결국 중국의 요구를 모두 들어줄 수밖에 없었던 쓰라린 기억이 있다.

중국과 일본이 국교를 수립할 때 덩샤오핑이 보여준 일화는 대단히 유명하다. 1978년 중일평화우호조약 체결 당시 덩샤오핑이 양국의 국경분쟁으로 첨예하게 맞서 있는 댜오위다오釣魚島 문제에 대해 일본의 소노다 외상에게 이렇게 말했다.

"이러한 문제는 지금 자세히 논의할 때가 아닙니다. 우선 보류해놓고 나중에 차분히 토론해 서로 받아들일 수 있는 방법을 천천히 모색하면 되지요. 우리 세대가 방법을 모색하지 못하면, 다음 세대가, 다음 세대가 방법을 모색하지 못하면 그다음 세대가 방법을 모색하면 될 것입니다."

담대하고 그 생각이 심원深遠하다. 동시에 댜오위댜오에 대한 양국의 주권을 당분간 보류하자는 이러한 제안은 매우 현실적인 관점이자 동시에 여러 가지 측면에서 함축미를 담고 있는 지혜로운 사고방식이 아닐 수 없다.

한편 덩샤오핑은 국제정치에서 '도광양회'韜光養晦의 책략을 주창하고 견지했다. 도광양회란 문자 그대로 "빛을 숨기고 새벽을 키우다", 즉 자기 뜻과 잠재력을 숨기고 내일의 기회를 기다린다는 의미다. 자신의 속내를 깊숙이 감추고 희로애락을 좀처럼 얼굴에 드러내지 않는 중국인들의 모습이 눈에 선하다.

중국과 타이완의 대삼통

전체 구성원의 공존을 위해

중국과 타이완의 극심한 정치적 대립 속에서도 상호 이익을 도모하려는 상업주의 정신은 오히려 더욱 빛나고 있다. 중국과 타이완이 보여주는 이른바 '대삼통'大三通은 중국 상업주의의 특성을 극적으로 보여주고 있는 전형이다.

2008년 12월 15일에 이뤄진 중국과 타이완 양안[24]의 통상, 해운,

항공직항, 우편교류에 대한 역사적인 '대통'大通 합의는 실질적으로 중국과 타이완이라는 두 공동체를 하나의 경제권으로 전진시키는 매우 혁명적인 통합의 결과가 아닐 수 없다.

타이완의 적극적인 노력으로 3통通의 길을 열어젖힌 중국과 타이완은 '대삼통'의 완성으로써 앞으로 한 단계 더 높은 통합을 위한 큰 다리를 놓았다. 중국과 타이완 양측은 2008년 6월, 9년 만에 공식적인 협상 창구를 복구하면서 7월부터 주말 직항 전세기 운항으로 항공 직항로를 연 데 이어 12월 15일부터는 바다 직항로도 열게 되었다. 항공로 역시 12월 15일부터 중국과 타이완의 29개 도시에서 매일 운항하는 정기 항공편으로 전환하여 운항 편수가 매주 108편으로 대폭 확대되었다. 이와 아울러 서신 왕래는 소포와 속달 우편 등 모든 우편물이 포함되었고, 나아가 우체국을 통한 송금도 가능해지게 되었다.

양안 간 물류를 포함한 경제와 인적 교류를 뜻하는 통상通商, 통항通航: 해운, 항공 직항, 통우通郵: 우편 교류 등 이른바 '3통'은 1980년대부터 추진되어, 1993년 등기우편을 제한적으로 교환하는 조치가 취해졌고 2001년에 이르러 타이완의 진먼金門과 마쭈馬祖 섬에 한해서 중국 푸젠 성福建省 3개 도시와 항공로를 개통했으며, 2003년에는 명절 특별 전세기를 운항하는 등 이른바 '소삼통'小三通 수준을 유지해왔다. 그러나 중국과의 협력 강화에 의한 경제 회복을 기치로 내건 타이완 마잉주馬英九 정권 출범을 계기로 불과 7개월 만에 전면적인 3통을 의미하는 '대삼통'으로 발전하게 된 것이다.

중국과 타이완 간에 이뤄진 '대삼통' 보도에 접하면서 중국인의 상업주의 정신을 떠올리지 않을 수 없다. 우리 한국의 경우에는 그나마 열려 있던 남북 관계가 오히려 꽁꽁 얼어붙게 되었는데, 중국과 타이완은 상호 간의 적대감과 이견異見을 한쪽에 '밀어두고' 우선 양측의 실질적인 경제 이익을 위해 서로의 손을 과감하게 잡은 것이다.

사실 중국과 타이완 양측은 '대삼통' 이전 시기에 서로 긴박하게 대치하는 상황에서도 타이완인들의 대륙 투자는 거의 무제한적으로 이뤄져 왔고 타이완인들의 대륙 방문도 제한이 없었다. 아직도 투자나 방문은커녕 편지나 전화도 할 수 없는 우리 남북관계의 시각에서 보면 중국과 타이완의 경우는 사실상 통일된 것으로 착시錯視 현상이 일어날 정도다.

타협과 양보를 모르고 자기주장만 끝까지 고집하는 우리의 '전통적 사고방식'으로서는 도저히 이해할 수 없는 대목이다. 항상 100퍼센트의 절대적인 완승만을 추구하는 상황에서 타협과 양보란 오로지 굴복과 투항을 의미하기 때문에 처절한 몰락으로 투영되거나 어용 시비로 번질 수밖에 없었다. 이러한 상황에서 결국 항상 "내 눈에 흙이 들어가도"라는 식의 사고방식과 극한적인 흑백 대립, 무조건적인 반대만이 존재할 수밖에 없었던 것이다.

반면 중국인들은 49퍼센트를 차지하는 사람이 다수결의 원칙에 따라 51퍼센트를 차지하는 사람에게 기꺼이 양보하고 때로는 90퍼센트가 현실적인 이익을 위해 10퍼센트에도 양보할 수 있는 사람들이다. 이러한 측면은 사실상 다수결의 원칙이나 약점을 극복하기 위한 소수자 보호의 원칙이라는 민주주의 원칙으로 평가할 수 있다.

그리하여 개개인의 실제적인 이익을 도모하고 아울러 전체 구성원의 공존을 실현해나간다. 그 이익과 공존을 위해서라면 어떠한 적대와 이견과 모순도 결코 영원한 것일 수 없고, 구동존이求同存異 화이부동和而不同의 정신에 기초해 최소한 단기적으로는 유보할 수 있는 것으로 된다. 이러한 사고방식의 한복판에는 바로 중국인들의 상업주의 정신이 존재한다.

삼십육계, 허허실실의 협상과 기만전술

번뜩이는 삶의 지혜

남북조 시대 송나라에 단도제檀道濟라는 명장이 있었다. 그는 전쟁할 때 항상 도망치는 것을 상책檀公三十六策, 走爲上計으로 삼으면서도 번번이 기민하게 승리를 거두었다. 이러한 일로부터 '단공 삼십육계'라는 말이 나오게 되었다. '삼십육계'는 수많은 전쟁을 거치면서 축적된 일종의 병법으로서 남북조 시대에 출현해 명청 시대에 널리 유행되어 인구에 회자되었다.

삼십육계의 가르침은 겉으로 현란해 보이지만, 그 속에 생활의 번뜩이는 지혜가 있다. 그리고 삶의 핵심적인 전술을 담고 있다. 삼십육계는 큰 뜻을 품고 망망대해에 나선 사업가에게 큰 지침이 될 것이며, 고단한 오늘의 삶을 살아가는 우리 모두에게도 훌륭한 병법서가 될 것이다.

만천과해瞞天過海, 하늘을 속이고 바다를 건너다.

삼국지에 나오는 명장 태사자太史慈는 완전히 포위된 성에서 이 책략으로 탈출에 성공했다. 그는 매일 아침 성에서 나와서 적병들이 보는 앞에서 활 쏘는 연습을 했다. 처음엔 적병들이 경계도 하고 무기를 들고 열심히 방어태세를 취했으나, 얼마 지나자 태사자가 나타나도 아예 쳐다보지도 않으려 했다. 그러던 어느 날 성을 나온 태사자는 아무도 쳐다보지도 않는 틈을 노려 그대로 적진을 빠져나와 피신할 수 있었다.

차도살인借刀殺人, 칼을 빌려서 적을 죽이다.

자기는 직접 손을 대지 않고 남의 힘을 빌려 적을 제거한다는 뜻이다. 제갈량이 손권의 힘을 빌려 조조의 대군을 적벽에서 격파하고 이를 계기로 촉나라의 건국에 성공했던 책략은 바로 이러한 '칼을 빌려 적을 죽이는' 방식의 책략이었다.

이일대로以逸待勞,

여유로움을 가지고 상대가 피로해지기를 기다리다.

춘추전국시대 진나라의 명장 왕전王翦이 초나라 군대와 전쟁을 벌일 때의 이야기다. 그런데 왕전은 초나라 군대와 싸울 생각은 하지 않고 견고한 성벽만 굳게 쌓아 진지를 지킬 뿐이었다. 초나라 군사들이 계속 도발했지만 거들떠보지도 않은 채 매일 병사들을 편히 쉬게 하면서 먹고 마실 음식을 넉넉히 제공했다. 때로는 병사들과 함께 식사하며 사기를 북돋기도 했다. 얼마 뒤 왕전은 사람을 시켜 병사들의 동정을 살피게 했는데 보고를 듣던 왕전은 때가 됐다며 무릎을 치며 반겼다.

"병사들이 무엇을 하고 있는가?"
"예, 돌 던지기와 뜀뛰기 놀이를 하고 있습니다."
"이제 때가 왔다. 병사들의 몸과 마음이 다 튼튼해졌으니 이제 싸움을 해도 좋다."

이때 초나라 군대는 몇 번에 걸친 도전에도 진나라 군대가 전혀 싸울 기색이 없고, 식량도 부족하던 참이었기 때문에 이제 동쪽으로 군사를 철수시키고 있었다. 왕전은 그제야 비로소 때가 왔다는 듯이 전군을 이끌고 추격했다. 특히 힘센 장사들을 앞세워 공격해 초나라 군대를 대파하고 초나라 장군 항연項燕을 죽였다. 초나라 군대는 완전히 와해되었다. 진나라는 기세를 몰아 초나라를 공략해 드디어 1년 만에 초나라 왕을 사로잡고 초나라를 멸망시켰다.

진화타겁趁火打劫, 불난 것을 틈타서 훔치다.
상대방이 조금이라도 틈을 보이면 지체 없이 공격해 격멸시키는 작전이다.

성동격서聲東擊西,
동쪽을 향해 소리치지만 실제로는 서쪽을 공격하다.
성동격서의 전술은 바둑에서도 많이 사용하는 방책이다. 즉 한쪽 말을 공격하지만 실제의 공격 목표는 그 말을 공격하면서 결국 그 옆에 있는 다른 말을 포위해 죽이려는 것이다.

무중생유無中生有, 무에서 유를 만들어내다.

허와 실을 교묘히 결합시켜 적을 혼란스럽게 하는 전술이다. 당나라 시대에 안녹산이 반란을 일으켜 옹구성을 포위했을 때의 이야기다. 옹구성은 결사 항전했지만 화살도 모두 바닥나버려 이제 전멸할 상태에까지 이르렀다. 이때 성의 장군은 장순이라는 장군이었다.

그는 병사들에게 천 개 정도의 볏짚 인형을 만들게 하고 그것들에 검은 옷을 입혀 진짜 병사처럼 꾸몄다. 그러고는 깜깜한 밤에 그것들을 새끼줄로 매어 성벽 밖으로 떨어뜨렸다. 그러자 적병들은 소나기처럼 화살을 퍼부었다. 장순은 볏짚 인형에 꽂힌 수만 개의 화살을 적병들에게 보이며 놀려댔다.

며칠 후 장순은 볏짚 인형 대신 이번엔 진짜 병사를 새끼줄로 매어 성 밖으로 내려보냈다. 적병들은 이번에도 인형이겠지 하면서 전혀 신경을 쓰지 않았다. 결국 안전하게 내려간 병사들은 적병들을 급습해 여지없이 대파했다.

암도진창暗渡陳倉,
몰래 진창을 건너 생각도 하지 못하고 방심한 적을 기습하다.

유방과 항우가 천하를 놓고 자웅을 겨룰 때, 힘이 약했던 유방은 변두리 한중지방으로 들어가면서 중원에는 뜻이 없음을 항우에게 보여주기 위해 한중지방과 중원을 연결하는 유일한 길이었던 잔도棧道를 스스로 불태웠다.

그런데 이는 교묘한 위장술이었다. 뒷날 명장 한신이 관중지방을 공격할 때 마치 그 잔도를 수리하는 체하면서 몰래 진창지방에 있던 다른 샛길을 통해 우회하여 진창으로 진격해 항우 휘하의 군대를 격파했다.

격안관화隔岸觀火, 기슭을 사이에 두고 불을 보다.

여기에서 불이란 적의 내분을 가리킨다. '행운이란 자면서 기다리는 것이다'라는 말처럼, 이 작전은 얼마 동안 관망하면서 적의 내분과 자멸을 기다린다는 의미다.

이대도강李代桃櫃, 자두나무가 복숭아나무로 변해 쓰러지다.

A로써 B를 대체하는 전략이다. 즉 부분적인 손해를 보는 대신 전체적인 승리를 쟁취한다는 책략이다. 바둑에서 말하는 사석작전과 마찬가지의 작전이다. 『손자병법』의 저자인 손빈孫臏이 전기 장군에게 경마 내기의 비법을 알려주었다. 즉 우선 전기 장군 측의 하등급 말을 상대 측 상등급 말과 경주시킨 뒤, 이어 장군 측의 상등급 말을 상대의 중등급 말과 대결시키고, 계속해서 장군 측의 중등급 말과 상대 측의 하등급 말을 대결시킨다는 것이다. 이렇게 하면 언제나 이 대 일로 승리를 거두는 것이다. 과연 전기 장군은 이 방법으로 큰 승리를 거두었다.

순수견양順手牽羊, 손을 따라서 양을 이끌다.

순수견양이란 어떤 한 장소에 있는 것을 마음대로 훔친다는 의미다. 이는 소규모 유격대로써 적의 심장부에 침투해 신출귀몰한 공격으로 승리를 거두는 작전을 말한다.

타초경사打草驚蛇, 풀을 쳐서 뱀을 놀라게 하다.

직접 목표물을 치지 않고 주변부터 공격하면서 상대 측의 동정을 살피는 작전이다. 이는 직접 뱀을 치지 않고 풀을 쳐서 뱀을 꾀어낸다는 의미도 있다. 당나라 당도현의 왕로王魯라는 지사는 뇌물을 엄청나게 밝히는 인물이었다. 어느 날 고을 사람들이 연명으로 그의 부하의 뇌물 수수 사건을 고발해왔다. 그러자 왕로는 도둑이 제 발 저린 격으로 매우 놀라 자신도 모르게 그 고소장 위에 "너는 풀을 쳤다고 하지만, 나는 이미 뱀처럼 놀랐다"고 써놓았다.

차시환혼借屍還魂, 시체를 빌려서 혼을 되돌리다.

쓸모 있는 사람은 이용할 수 없다. 그러나 쓸모없는 사람은 이쪽의 원조를 구하고 있으니, 쓸모없는 사람을 이용하라. 요컨대 무엇이든 이용하라. 무력으로 남을 돕거나 공격이나 방어를 대신 맡는 것은 기회를 보아 그를 지배하려는 계산이다.

인류 역사를 살펴보면, 왕조가 교체될 때마다 대부분 망국亡國 군주의 자손을 내세운다. 삼국지의 조조는 당시 아무런 실권도 없던 황제를 자기의 진영에 기거하도록 해 명분도 얻고 세력 확대의 방편으로 삼았다. 이런 유형의 전술이 차시환혼의 작전이라 할 것이다.

조호이산調虎離山, 호랑이를 잘 다루어서 산을 떠나게 하다.

호랑이는 산중에 있을 때 천하무적이다. 하지만 산을 떠나 일단 들판에 나오게 되면 사냥하기에 훨씬 쉬워지는 법이다. 그러므로 이 작전은 요새에 버티고 있는 호랑이라는 강적을 밖으로 꾀어내어 쳐부수는 작전이다. 단지 그 강적을 어떻게 꾀어 유인할 수 있느냐가 이 작전의 관건이 된다.

포전인옥抛磚引玉, 벽돌을 던져 구슬을 당기다.

새우를 던져 도미를 낚아라. 미끼를 던져 상대를 유혹하는 작전이다. 당나라 시인 상건常建은 어느 날 시 두 구절을 지어 벽에 적은 뒤 친구 조하趙嘏에게 대구對句를 지으라 했다. 그러자 그 친구는 훨씬 뛰어난 두 구절의 시를 지었다. 이 고사에서 벽돌을 던져 구슬을 당긴다는 말이 생기게 되었다.

부저추신釜底抽薪, 가마 밑에서 장작을 빼내다.

적의 보급로를 끊거나 적의 사기를 꺾어 적을 근원적으로 격파하는 작전이다. 삼국지의 효웅梟雄 조조는 관도의 싸움에서 원소의 대군을 격파함으로써 제1인자의 자리에 우뚝 설 수 있었다. 그 전투에서 시종 열세에 몰려 있던 조조는 원소의 보급기지를 기습함으로써 일거에 형세를 역전시켰던 것이다.

한편 후한 시대에 오한吳漢이라는 명장이 있었다. 어느 날 어두운 밤에 반란군들이 군영을 습격해왔다. 이에 병사들은 크게 당황해 어쩔 줄 몰라 했다. 하지만 오한은 이 소식을 듣고도 그냥 침상에 누운 채 미동조차 하지 않았다. 흔들리지 않는 장군의 모습을 본 병사들은 비로소 평정을 되찾을 수 있었다. 그러자 오한은 곧바로 정예 병사를 선발로 돌격시킴으로써 반란군들을 대파했다. 용호상박의 치열한 대결에서 허를 찔린 측은 반드시 패하게 된다.

혼수모어混水摸魚, 물을 휘저어서 고기를 더듬어 찾아내다.

적을 혼란시켜 지휘계통을 마비시키거나 전력을 약화시키는 작전이다. 유비는 제갈량의 헌책으로 오나라의 손권을 부추겨 위나라의 조조와 싸우게 하고 적벽대전을 승리로 이끈 뒤에 형주를 차지했다. 그리고 이를 근거로 촉지방에 무혈 입성했고, 결국 천하를 삼분하는 데 성공했다. 즉 유비는 천하의 형세가 어지러운 틈을 타서 결정적인 이익을 얻었던 것이다.

금선탈각金蟬脫殼, 매미가 허물을 벗다.

진영을 강화해 끝까지 싸울 태세를 취하는 듯 보이면서 상대가 움직이지 못하는 틈을 타서 은밀히 주력부대를 이동시키는 작전이다. 마치 매미가 살그머니 허물을 벗고 날아가는 모습과 비슷한 데서 붙여진 작전명이다.

유방이 항우에게 완전히 포위되었을 때의 이야기다. 도저히 빠져나갈 길이 없어진 유방은 어느 날 사자를 항우 진영으로 보내 성의 동문으로 나가 항복하겠다고 전했다. 그러고는 부녀자와 노약

자를 동문 쪽으로 내보냈다. 그러자 항우의 부하들이 항복하는 유방의 모습을 보고자 온통 동문 쪽으로 몰려나와 구경에 나섰다. 유방은 이 틈을 노려 성의 서문을 통해 탈출했다. 항우가 성에 들어갔을 때 성은 속이 빈 껍질만 남았던 것이다.

투량환주偸梁換柱, 대들보를 훔쳐 기둥으로 바꾸다.

상대국의 대들보가 될 만한 인물을 매수하고 농락해 상대국을 집어삼킨다는 책략이다. 하늘을 훔쳐 해로 바꾼다. 다른 군대와 연합해 싸울 때 은밀히 그 주력군을 빼내 싸움을 불리하게 만들고 기회를 보아 그 군대를 병탄한다.

진시황은 제나라를 멸망시킬 때 후승이라는 실력자를 매수한 다음 계속 내통자를 늘려 결국 싸움을 시작하기도 전에 제나라를 허수아비로 만들어버렸다.

가치부전假痴不癲, 바보 행세를 하면서 상대가 방심하도록 하다.

일찍이 노자는 "지도자는 지략을 깊숙이 감추고 있으므로 겉으로는 바보로밖에 보이지 않는다. 이런 모습이야말로 가장 이상적인 모습이다"라고 갈파했다. 뛰어난 지도자는 자기의 재능을 쉽게 드러내지 않는 법이다.

천하쟁패를 놓고 동진東晉과 전진前秦이 맞붙은 '비수淝水의 싸움'에서 동진의 총대장 사안은 겉으로 아무런 능력이 없는 일개 백면서생으로 보일 뿐이었다. 그는 관리가 되기 전에도 은자였으며, 재상으로 임명된 이후에도 역시 은자처럼 보였다. 그러나 그는 기묘한 전술을 구사해 결국 승리를 거두었다.

　제갈량과 마지막으로 겨뤘던 위나라의 장수는 사마의司馬懿였다. 실제 그는 뛰어난 전략가였으며, 그렇기 때문에 제갈량의 신출귀몰한 작전도 결국 무산되고 말았던 것이다. 사마의의 힘이 점점 커지자 위나라 황제 조상曹爽은 그를 몹시 경계했다. 그러자 사마의는 노쇠해 곧 죽을 것처럼 위장했다. 그 모습을 보고 조상은 비로소 안심하고 그에 대한 경계를 완전히 풀었다. 이 틈을 노려 사마의는 그를 죽이고 왕위를 찬탈했다.

　상옥추제上屋抽梯, 지붕에 올려놓고 사다리를 없애다.

　일부러 허점을 보여 적을 끌어들이고 후속 부대를 끊어 포위 섬멸하는 작전이다. 언제나 그렇지만 특히 강한 적을 유인할 때는 절묘한 지략과 달콤한 미끼 그리고 철저한 사전준비 등이 필요하다. 그렇게 하여 적을 지붕에 올려놓은 다음 사다리를 치워버리는 것이다.

　수상개화樹上開花, 나무 위에 꽃이 피다.

　기러기가 하늘 높이 줄을 지어 날아가는 모습을 보라. 깃털이 풍부한 두 마리가 날개를 펼침으로써 크게 위세를 보이는 것이다. 정예부대를 아군의 진지에 배치해 위세 있게 보이고 그럼으로써 적에게 위압감을 준다.

　이 작전은 깃발이나 창, 칼, 북, 꽹과리 등으로 아군 측을 대병력으로 보이게 하는 책략이다. 이 작전은 아군이 소수이거나 열세일 때 구사하는 작전이다. 한국전쟁 당시 어디선지 홀연히 나타나 북과 꽹과리 소리를 울려대면서 쳐들어오는 중국군에게 국군과 미군이 호되게 당했던 것이 바로 이 작전이었다.

반객위주反客爲主,

손님의 입장에서 시작해 마침내 주인 자리에 올라서다.

뻐꾸기는 자기가 직접 새끼를 키우지 않는다. 대신 개개비의 둥지에 자기의 알을 하나 집어넣는다. 뻐꾸기의 알은 개개비 알보다 먼저 부화해 개개비 알을 둥지 밖으로 밀어내 없애버린다. 혹시 개개비 알이 부화해도 그 새끼조차 밀어내 죽여버린다. 하지만 개개비는 이 사실을 모르고 자기 새끼인 줄로만 알고 온몸이 부서져라 먹이를 물어와 열심히 키운다. 이윽고 뻐꾸기 새끼는 어미 개개비보다 몸집이 커진다. 이때 주위에서 뻐꾸기가 울음소리를 보내면 뻐꾸기 새끼는 그 신호를 좇아 개개비 둥지를 떠난다.

당나라 말기의 주전충은 원래 황소의 난이 일어날 때 반란군의 장군이었다. 하지만 그는 당나라 조정에 항복한 뒤 결국 당나라의 실권을 쥐게 되었고 마침내 당나라를 무너뜨렸다.

4 『손자병법』과 상업

사업이란 전쟁과도 같은 것이다

전쟁 같은 장사, 장사 같은 전쟁

『사기』「화식열전」에서 백규白圭는 말한다.

"나는 경영을 할 때는 이윤伊尹이나 강태공이 계책을 실행하는 것처럼 하고 손자孫子와 오기吳起가 작전하는 것처럼 하며 상앙商鞅이 법령을 집행하는 것처럼 한다. 그러므로 변화에 시의적절하게 대처하는 지혜가 없거나 과감한 결단을 내릴 용기가 없거나 구매를 포기하는 인덕仁德이 없거나 비축을 견지할 강단이 없는 사람은 비록 나의 방법을 배우려 한다고 해도 나는 결코 알려주지 않겠다."

여기에서 백규가 말하고자 하는 것은 자신의 치생지술治生之術이 춘추전국시대의 병가와 법가 사상 및 학술에 대한 연구와 활용에서 비롯되었다는 점이다. 이 글은 물론 백규가 부를 이룰 수 있었던 구체적인 경험에 대해 언급하고 있지만, 이는 동시에 병법학에 따라 화식의 대강大綱을 논하는 사마천의 시각이 분명하게 드러난 대목이기도 하다.

사마천은 「태사공자서」에서 자신의 조상이 군공을 세운 것을 자랑스럽게 기술하면서 자신이 병가兵家의 후손이라는 사실에 대단한 자부심을 드러내고 있다.

"조나라로 간 사마천의 조상 중 일파는 검술 이론을 전수해 명성을 날렸는데, 괴외蒯聵는 바로 그의 후손이다. 진秦나라로 간 사마착司馬錯은 장의와 논쟁을 벌였는데, 진나라 혜왕은 사마착에게 군사를 이끌고 촉을 공격하도록 했고, 사마착은 이를 함락시킨 뒤 촉군 군수로 임명되었다. 사마착의 손자 사마근은 무안군 백기白起를 수행했다. 사마근과 무안군은 조나라 군대를 대파하고 장평에 주둔한 조나라 군사들을 생매장시키고 진나라로 돌아왔다. 진시황 시대에 괴외의 현손玄孫 사마앙은 무신군武信君의 부장으로 있었는데 조가朝歌를 순찰했다."

이뿐만 아니라 자신도 20세 청년 시절 전쟁터를 누비며 낭중郞中의 직책을 맡아 몸소 전쟁의 세례를 받았음을 묘사하고 있다.

"낭중으로서 한나라 조정의 사명을 받들어 서쪽으로 가서 파촉巴蜀 이남 방면을 토벌하고 남쪽으로 가서는 공邛, 작筰, 곤명昆明 등의 지방을 경략하고 비로소 조정으로 돌아왔다."

병가의 후예이자 자신이 직접 전쟁에 참전했던 그 경험은 그를 병법에 심취하게 만들었고, 더욱이 태사령이 된 뒤 그는 많은 병법서를 쉽게 접근할 수 있는 좋은 환경에서 각종 병법서를 독파할 수 있게 되었을 것이다.

군사는 전쟁에서 결정되고 사업은 시장에서 결정된다

군사 전쟁은 전쟁터에서 결정되고, 상인의 승패는 시장에서 결정된다. 군사 투쟁은 정치적인 대결로서 피아간 쌍방의 격렬한 힘겨루기가 진행되며, 상업 경쟁은 경제적인 대결로서 시장 고객의 쟁탈에 집중된다.

상업의 경쟁이란 사실상 일종의 전쟁이다. 전쟁과 상업은 그 기본적 전략원리에 있어서 공통의 성격을 지닌다. 먼저, 양자 모두 투쟁의 일종으로서 이 투쟁의 주체는 모두 사람이며, 적자생존과 우승열패의 원칙에 따라 진행된다. 다음으로 양자 모두 승리를 추구하며, 승리를 위해서는 분명한 가치관과 방침 그리고 목표를 지녀야 한다. 또한 이 투쟁은 모두 지피지기를 중시해야 하고, 지휘와 협력, 통제 등의 조직관리가 잘 이뤄져야 한다. 마지막으로 이 투쟁은 치밀한 전략 전술이 구사되어야 한다.

결국 상품 경제는 일종의 경쟁 성격을 지닌 경제 형태이고, 전쟁이란 인류 역사상 가장 잔혹한 경쟁 형태다. 전쟁과 상업이 지니는 이러한 공통점은 상인이 처음부터 병법에 관해 관심을 가질 수밖에 없는 근본적인 이유이다.

병법가들은 "이익이 있을 때 움직이고, 이익이 없으면 머문다"

合迂利而動, 不合迂利而止라는 점을 강조한다. 그러면서 "좋은 계책을 채택한 뒤, 유리한 상황을 만들어 작전 실행을 돕는다"計利以聽, 乃位 之勢, 以佐其外는 『손자병법』의 말을 인용한다.

'이익'이란 곧 상가商家의 생명이다. 병가는 "아직 싸우지 않고 도 미리 승리를 안다"고 강조하면서 "승리를 예측하는 것에 보통 사람들의 식견을 뛰어넘지 못한다면 고명하다고 할 수 없다"고 지 적한다. 마찬가지로 상가에 있어서도 이익을 예측하는 일에서 보 통 사람들을 뛰어넘을 수 있는지가 경영의 성패를 좌우하게 된다.

병가는 "작전을 잘 구사해 승리를 거두고 그것을 사람들이 알지 만, 사람들은 그 속에 있는 오묘함을 알지 못한다. 모든 사람이 우 리 군대가 적군을 격파한 사실 그 자체는 알고 있지만, 사람들은 어 떻게 승리를 거둘 수 있었는지의 이치를 알지 못한다. 전쟁이란 기 존 방식을 답습해서는 안 되고, 서로 다른 상황에 맞게 다른 방법을 채택해야 한다. 변화에 대응하는 것은 무궁하다"라고 강조한다.

상가 역시 경영 책략에 있어 동일한 이치로 시장 변화를 따라 유연하고 적절하게 변화를 추구해야 하고, 항상 새롭게 창조해나 가야 한다. 바로 이러한 공통점을 지니고 있기 때문에 사마천은 전 국시대부터 진한시대까지의 성공한 화식가들에 대해 기술할 때 『손자병법』의 원리를 적용시킨 것이었다.

예측과 임기응변

사마천은 화식 분야에 종사하는 활동을 용병술用兵術과 동일하 게 파악해 사전 예측과 상업 기회의 포착 그리고 뛰어난 사전 기획

등의 방책과 지혜가 필요하다고 지적한다.

화식 활동을 둘러싸고 있는 환경은 전쟁 상황과 동일하게 복잡하고 변화무쌍하며 잔혹하고 대결과 경쟁 등의 구조라는 특징을 지니고 있다. 그래서 이른바 "상장商場은 곧 전쟁터이며, 경쟁은 전쟁과 같다"는 말이 성립된다. 그리고 이러한 상황하에서 군인이나 상공업자는 공통적으로 하나의 동일한 생존 과제에 직면하게 된다. 즉 어떻게 기회를 포착해 여러 가지 닥쳐올 위험성을 극복하며 이로부터 자신의 생존 발전을 획득해나갈 것인가의 문제다.

군사 전문가들은 지피지기知彼知己와 시기에 따른 대응을 강조한다. 『손자』「모공편」謀功篇은 "자신을 알고 상대방을 알면 백 번을 싸워도 위태롭지 않다. 자신을 알지만 상대방을 모르면 1승 1패가 된다. 자신도 모르고 상대방도 모르면 매번 싸울 때마다 반드시 위태롭다"고 했고, 「계편」計篇은 "아직 싸우지 않고도 미리 승리를 안다면, 승산은 매우 많다"고 말한다. 또 「허실편」虛實篇에는 "물은 지형의 고저에 따라 그 방향을 조정해나가고, 작전은 상이한 적정敵情에 따라 상이한 책략을 세워야 한다. 그러므로 용병과 전쟁에는 고정된 방식이 없으며, 불변의 형식은 존재하지 않게 된다. 적정의 변화에 대응해 기민하게 움직여 승리를 거두는 것을 용병의 신이라 하는 것이다"라 했다.

한편 「화식열전」은 시기에 따른 이러한 변화에 있어서 계연計然의 사례를 적용시키고 있다.

"전쟁을 이해하는 사람은 곧 평시에 군사 준비를 정비한다. 물건을 세상 흐름에 맞추어 사람들이 찾게 하려고 하면, 즉 평시에 물건을 이해해야 한다. 시세時勢의 수요와 물건의 특징이 세상에 분명하게 알려진다면, 이 세상의 수많은 물건의 생산과 수요공급 규율도 알 수 있게 된다. 세성歲星: 목성이 금金: 서쪽의 위치에 있을 때는 풍년이 들고, 수水: 북쪽의 위치에 있을 때는 수해水害가 들고, 목木: 동쪽에 있을 때는 기근이 들며, 화火: 남쪽에 있을 때는 가뭄이 들게 된다. 큰 가뭄 뒤에는 반드시 홍수가 있기 때문에 가뭄이 있는 해에는 곧 미리 배를 잘 준비해두고, 큰 홍수 뒤에는 반드시 가뭄이 있으므로 홍수가 난 해에는 곧 미리 수레를 준비해야 한다. 이것이 물자의 등 락을 장악하는 도리다. ……가격이 올라 일정한 수준을 넘어서게 되면 곧 떨어지게 되고, 가격이 내려가 일정한 수준을 넘게 되면 곧 오르게 되는 법이다. 따라서 가격이 올라 일정한 수준을 넘게 되면 물건을 마치 인분人糞 보듯 한 점 주저함 없이 내다 팔아야 하고, 가 격이 내려가 일정한 수준에 이르게 되면 물건을 마치 진주 보듯 아 무런 주저함 없이 사들여야만 한다. 물건과 화폐는 마치 흐르는 물 과 같이 끊임없이 유통하고 움직이는 것이다."

세상의 변화를 살펴라

불변의 공식은 없다

계연의 화식은 완전히 예측과 운용 그리고 응변의 지혜를 활용한 것이다. 여기에서 그는 이른바 역방향의 사고를 활용한다. 큰 가뭄이 들었을 때 거꾸로 배를 준비하고, 홍수가 났을 때 가뭄이

든 육지를 운행할 수레를 준비하며, 풍년이 든 해에 흉년을 준비하고, 기아가 창궐할 때 풍년을 예비한다. 물가가 높이 오를 때 가격 폭락을 예측하고, 물가가 폭락했을 때 물가 폭등이 곧 다가올 것이라고 예측한다. 이는 정확하게 『손자병법』「세편」勢篇의 "기묘한 계책을 잘 내놓는 자는 천지와 같이 막힘이 없고, 강과 바다처럼 마름이 없다"는 경지와 동일하다.

하지만 다른 사람들과 다른 이러한 계책과 지혜는 아무런 근거도 없이 맹목적으로 도박하는 것이 아니며, 또 일부러 특별하게 남과 다른 특별하고 기발한 주장을 하는 것도 아니다. 그것은 천시天時의 운행과 시장 변화 및 사회심리에 대한 통찰력 있는 관찰과 이해, 분석 그리고 예측의 토대 위에서 비로소 가능하다. 범려는 오나라를 멸망시킨 뒤 정치를 버리고 상업 경영에 뛰어들어 계연의 계책을 활용함으로써 19년 만에 세 번에 걸쳐 천금의 재산을 모았다. 백규의 치생지술도 범려와 그 경험이 대체로 유사하다.

"백규는 세상의 변화를 살피는 것을 즐겼다. 그는 다른 사람이 저렴한 가격에 팔아치운 물건은 곧 사들이고, 다른 사람이 높은 가격에 사들인 물건은 곧 팔아치웠다. 곡물이 익어가는 계절에 그는 양곡을 사들이고 비단과 칠漆을 팔았으며 누에고치가 생산될 때 비단과 솜을 사들이고 양곡을 내다 팔았다. [가상의 별인] 태수太壽: 세성[25]가 묘卯: 동쪽에 있는 해에는 풍년이 들고, 그 이듬해는 수확이 좋지 못하며, 오午: 남쪽에 있는 해에는 가뭄이 나고, 그 이듬해에는 수확이 많다. 또한 유酉: 서쪽로 올 때는 풍년이 들고 이듬해에는 흉년이 들며, 자子: 북쪽에 올 때는 큰 가뭄이, 다음 해는 다시 수확이 좋아지는 법이다. 또한 홍수가 나는 해가 있으면 태음이 다시 묘卯 자리로 돌아오므로, 이때는 풍년이 들어 물건이 많아져 값이 내려 가므로 물건을 평소보다 두 배 정도 많이 사재기했다. 그는 수입을 늘리고자 하면 곧 낮은 등급의 곡물을 사들였고, 곡물의 비축을 늘리고자 하면 곧 높은 등급의 종자種子를 사들였다."

여기에 불변의 공식은 존재하지 않는다. 왜냐하면 모든 것은 때에 따라인시因時, 장소에 따라인지因地 그리고 사안에 따라인사因事 변화하기 때문이다. "사람들이 버리면 나는 취하고, 사람들이 취하면 나는 준다"는 것은 정확히 『손자병법』의 피실격허避實擊虛, 즉 "적의 주력을 피하고, 적의 약점을 공격한다"(「허실편」虛實篇)는 원칙과 동일한 원리다.

승부의 포인트

'세' '절' '시'

화식 활동은 작전 지휘의 용기로써 과감하게 결단을 내려야만 한다. 「화식열전」은 우수한 상인들이 인내하면서 기다리고 그러면서도 과단성 있는 결단을 내리는 장면을 자세하게 묘사하고 있다.

"백규는 음식을 탐하지 않았고 욕망의 향수를 절제하며 기호嗜好를 억제하고 극히 소박한 옷만 입으면서 매년 그를 위해 일하는 노예들과 동고동락했다. 하지만 재산을 움켜줄 시기가 오면 마치 맹수와 맹금猛禽이 먹이에 달려드는 것처럼 민첩했다.”能薄飲食, 忍嗜慾, 節衣服, 與用事僮仆同苦樂, 趣時若猛獸摯鳥之發

여기에서 ‘박’薄과 ‘인’忍 그리고 ‘절’節은 ‘취시’趣時의 필요한 준비이며, ‘발’發의 효과적인 보충이다. 발發은 결단이며, 인忍 역시 일종의 결단이다. 발發에는 용기를 필요로 하지만, 인忍은 더욱 큰 용기가 필요하다. 발發이 신속하고 사나운 것은 “준비가 없는 것을 공격하고, 생각하지 않는 곳에 나아가기” 때문이다.

백규는 마치 수풀 속에 숨어 있는 한 마리 맹수처럼 우선 추호의 미동도 없이 사냥감을 면밀히 관찰하다가 결정적 시기가 오면 일격에 공격해 치명타를 가한다. 맹수가 먹잇감을 사냥하거나 매가 새를 사냥하는 이러한 결단의 모습은 『손자병법』의 “병법의 요체는 속도이니 사람들이 미치지 못하는 곳에서 대비하지 않은 길을 따라 경계하지 않은 바를 공격한다”는 원칙과 동일하다.

“세찬 격류의 신속한 흐름이 돌을 떠내려가게 하니, 이것이 바로 세勢[26]다. 사나운 매가 높이 날아 새를 잡아채니, 이것이 바로 절節: 리듬이다. 그러므로 싸움을 잘하는 자는 그 세勢로써 사람을 압도하며, 그 리듬이 빠르고 힘이 있다. 그 세勢는 팽팽한 활시위와 같고, 그 절節은 화살을 쏘는 것과 같다.”(『손자병법』「세편」)

장사는 속도가 중요하다

손자나 오기 등 위대한 전략가들의 지휘 작전은 비록 방법론에 있어 서로 상이할 수 있지만 그 내용은 기본적으로 동일하다. 곧, 그 강조점이 모두 속도에 있다는 점이다. 만약 전쟁이 장기화된다면, 인력과 물자 그리고 자금 등의 자원 소모가 엄청나고 국가 재정은 고갈된다. 그러므로 용병用兵의 중요성은 속전속결에 있는 것이지, 오래 끄는 데 있지 않다. 이를 "병귀승, 불귀구"兵貴勝, 不貴久라 한다.

상업에 있어서도 속도는 순식간에 사라져버리는 기회를 창조하고 포착함으로써 사물의 질적 비약을 촉진시킨다. 그러면서 동시에 강력한 충격력을 만들어냄으로써 경쟁자에게 엄청난 심리적 타격을 가하게 된다. 결국 뛰어난 사업가는 속도를 통해 인력과 물력의 자원을 절약함으로써 경쟁자들이 아직 생각하지 못한 특수한 영역에서 압도적인 우세를 점하게 된다.

『손자병법』「작전편」作戰篇은 "용병과 전쟁은 마땅히 신속한 승리를 구할 것이지 전법의 교묘함과 졸렬을 따져서는 안 된다"고 했고, 「허실편」에서는 "공격에 방어하지 못하는 것은 적의 약점을 공격했기 때문이며, 후퇴에 추격하지 못하는 것은 속도가 빨라 미치지 못하기 때문이다"라 말하고 있다. 또 「구지편」九地篇은 "처음에는 처녀와 같이 조신해 적들이 문을 열고, 나중에는 달리는 토끼와 같이 민첩해 적들이 저항하지 못한다"라고 했다.

병가는 세勢를 강조하고, 상가는 시時를 중시한다. '시'時는 사업에 있어서 그 자체로 재부며 돈이다. 도주공 범려는 '때를 알아보는' '지시'知時의 전문가였기 때문에 능히 치국治國할 수 있었고 동시에 부를 쌓을 수 있었다. 그가 월왕 구천을 보좌하면서 '회계의 치욕'을 갚기 위해 자신이 군사 분야를 담당하고 한편으로 능신能臣 문종을 추천해 국정을 관장하도록 했다.

오나라 왕 부차夫差가 간신배 백비의 참언만 믿고 충신 오자서를 죽였을 때, 구천은 범려에게 오나라에 대한 공격의 때가 되었는가를 물었다. 하지만 그는 아직 시기가 성숙되지 못했다고 판단했다. 그 뒤 부차가 스스로 천하의 패자임을 과시하기 위해 북방으로 행차해 후방이 텅 비게 되었을 때, 범려는 이제 때가 왔다고 진언하여 마침내 오나라를 멸했다. 하지만 그 뒤 도주공은 관직을 버리고 화식 활동에 뛰어들어 그 탁월한 군사 능력과 '지시'의 눈으로써 천하에서 으뜸가는 부호가 되었던 것이다.

부하들과 동고동락하라

동고동락의 비밀

화식 활동에 있어 상인들은 마땅히 장군이 몸소 사졸들과 함께 동고동락하며 친히 전쟁에 나서는 것과 같아야 한다. 『손자병법』 「모공편」은 "장수란 국가의 보좌輔佐다. 보좌가 용의주도하면 국가는 반드시 강해지고, 보좌가 허술하면 국가도 반드시 허약해진다" 고 했고, "상하가 뜻을 같이하면 승리한다"고도 했다.

또 지도자가 마땅히 갖춰야 할 자질과 임용 기준과 관련해 『손자병법』은 "장자將者, 지智, 신信, 인仁, 용勇, 엄야嚴也"라고 말한다.

즉 장군이란 모름지기 지, 신, 인, 용, 엄을 갖추어야 한다는 것이다. 지智는 계략을 낼 수 있게 하고, 신信은 상벌을 내릴 수 있게 하며, 인仁은 사람들로 하여금 따르게 하고, 용勇은 과단성이 있게 하며, 엄嚴은 권위를 세울 수 있게 한다.

한편 이와 관련해 상업에 있어서는 백규의 '상재사품'商才四品론이 있다.[27]

지족여권변智足與權變

시장의 경쟁이란 기본적으로 무정한 것이다. 상업 상황의 변화 역시 쉽게 예측할 수 없다. 그러므로 상업 경영자는 반드시 시장 상황에 대한 분석과 시장의 정세에 대한 예측에 능해야 하고, 언제나 충분한 지혜와 많은 방책을 지님으로써 정확한 경영 전략 및 정책 결정을 수행해야 한다.

용족이결단勇足以決斷

시장의 정보는 항상 불확정성의 상태에 놓이게 된다. 그렇기 때문에 상업 경영과 이익 추구는 항상 위험이 존재할 수밖에 없다. 따라서 상인의 행동은 모름지기 과감해야 하고, 정책 결정에 용감해야 한다.

인능이취여仁能以取與

상인은 먼저 줌으로써 얻을 줄 알아야 한다. 무엇보다도 자기 옆에 있는 직원에게 관심을 베풀고 좋은 물질적 보상과 격려를 제공함으로써, 직원들이 적극성을 충분히 발휘하도록 만들어야 한다. 또한 고객과 소비자에게 합리적인 가격과 좋은 품질 및 서비스를 제공해야 한다. 이렇게 함으로써 상업 경영자는 장기적인 이익을 얻을 수 있게 된다.

강능유소수強能有所守

상인은 마땅히 강건한 의지가 있어야 한다. 또한 신용을 분명하게 지키고 규정을 엄수해야 한다. 아무리 재능이 출중한 경영자라도 상황이 언제나 좋을 수만은 없다. 오로지 의지가 강건하고 신뢰를 지키며 상업 규칙을 준수할 때만이 비로소 성공할 수 있다.

사람을 잘 선택하고 좋은 시기를 파악하라

인재 등용과 하늘의 때

『손자병법』「작전편」은 "병사들을 아는 장군은 백성의 생명을 책임지며, 국가 안위의 주인이다"라고 했고, 「세편」은 "전쟁을 잘하는 자는 자신에게 유리한 태세를 잘 이용하며, 다른 사람에게 책임을 떠넘기지 않는다. 그러므로 사람을 잘 임용해 유리한 상황을 만들어낸다"고 했다.

또 「지형편」에서는 "병사를 젖먹이처럼 보기 때문에 그들과 함께 깊은 골짜기로 들어갈 수 있으며, 병사를 사랑하는 아들처럼 보기 때문에 그들과 함께 죽음을 같이하는 것이다"라고 말한다. 모두 장군이 그 병사를 이해하고 그들을 신임하며 그들에게 가혹하게 책임을 묻지 않고 그들을 기용할 때, 비로소 전쟁의 승리를 거둘 수 있으며 가족을 지키고 국가를 보위할 수 있다는 의미다.

마찬가지로 「화식열전」은 범려에 대해 "천시에 맞춰 이익을 내는 데 뛰어났으며, 고용한 사람을 야박하게 대하지 않았다. 그러므로 경영에 뛰어난 자는 반드시 신뢰할 수 있는 사람을 잘 선택하고 좋은 시기를 파악할 줄 아는 법이다"라고 기술하고 있다.

한편 도간刀間에 대해서는 다음과 같이 묘사한다.

"제나라의 풍속은 노예를 하찮은 존재로서 비천하게 여겼지만, 오직 도간은 그들을 아끼고 중시했다. 교활하고 총명한 노예는 주인들이 골치 아프게 생각했지만 도간만이 그들을 받아들이고 또 이용했다. 그는 그들을 멀리 파견해 자기를 위한 고기잡이나 제염을 하도록 했고 또는 상업에 종사하게 해 이익을 얻도록 했다. 그러면서 노예들을 관리들과 교류하게 했고, 갈수록 그들에게 커다란 권한을 맡겼다. 마침내 그가 이러한 노예들의 힘으로 집안을 일으키고 치부해 재산이 수십만 금에 이르렀다. 그러므로 '차라리 관직을 받느니 도간의 노복이 되겠다'라는 속담은 도간이 노복 스스로 부를 쌓게 하면서 동시에 자신을 위해 모든 힘을 다하도록 만들었다는 뜻을 가지고 있다."

범려와 도간은 정확하게 사람을 파악하고 기용해 그들의 재능에 따라 각자에게 적절한 자리를 맡겼으며, 그들을 신임하고 존중함으로써 마침내 그들의 힘을 활용해 백만장자가 될 수 있었던 것이다. 병사들과 함께 동고동락하고 그들을 신임하며 대담하게 기용한 것은 대전략가들과 대상인들이 성공한 또 다른 성공 요인이었다.

중국 부호 열전

3

탐관과 재신財神

중국 역대 왕조마다 국가와 견줄 만한 재산을 자랑하는 권신權臣이 있었다. 그들은 권력과 탐욕으로 조정을 농단하면서 자신의 부를 무한대로 축적했다. 그러나 그들 중 대부분은 끝이 좋지 못했다. 그토록 탐욕스럽게 긁어모았던 엄청난 재산도 모조리 몰수되었다.

한편 정당한 방법으로 부를 쌓고, 또 그 부로써 사회에 기여했던 부자들도 존재했다. 그렇다고 해서 그들이 부를 쉽게 평화적으로 쌓은 것은 결코 아니다. 그들은 마치 전쟁에 임하듯 매 순간 불굴의 의지로 혼신의 힘을 다해 사업을 운영했다.

1 '재물의 신'이라 불린 중국의 부호들

백규, 재물의 신

전국시대 최고의 대부호

백규는 전국시대 위나라의 유명한 상인이다. 사람들은 그를 '천하 치생治生의 비조鼻祖'라면서 속칭 '인간 재신'이라 부른다. 후대의 송나라 진종은 그를 상성商聖으로 추존했다. 백규는 경제 전략가이자 이재가理財家로서 도주공 범려도 그에게 치부致富의 방법을 자문했다고 전해지고 있다.

전국시대에 들어서면서 사회는 극심한 변화를 겪게 되었고, 신흥 봉건지주제도 역시 각국에서 앞서거니 뒤서거니 하면서 확립되었다. 생산력의 신속한 제고에 따라 시장의 상품도 급속하게 증가했고, 사람들의 소비력도 급속히 확대되었다. 이에 따라 많은 거상이 출현하게 되었고, 백규도 그중의 한 사람이었다.

백규는 일찍이 위나라 혜왕의 대신이었다. 당시 위나라 수도인 대량大梁은 황하에 가까이 있어 항상 홍수의 피해를 받아야 했다.

백규는 뛰어난 치수 능력을 발휘해 대량의 수환水患을 막아냈다.

뒤에 위나라가 갈수록 부패해지자 백규는 위나라를 떠나 중산국과 제나라를 잇달아 방문했다. 이 두 나라 왕들이 모두 그에게 자기 나라에 남아 치국에 도움을 받고자 했지만 백규는 이를 완곡하게 거절했다. 그는 제나라를 떠난 뒤 진秦나라로 들어갔는데, 당시 진나라는 상앙의 변법을 시행하고 있었다. 백규는 상앙의 중농억상정책에 대해 강력히 반대하는 입장이었으므로 진나라에서 받아들여지지 않았다. 백규는 천하를 유력하면서 점점 정치에 대해 혐오감이 강해졌고, 마침내 관직을 버리고 상업에 종사하기로 결심했다.

본래 낙양洛陽은 일찍부터 상업이 발달했던 도시였다. 낙양 출신인 백규는 본래부터 상업에 뛰어난 눈을 지니고 있었는데, 그는 얼마 지나지 않아 전국시대 최고의 대부호가 되었다. 이 무렵 상업이 급속히 발전해 상인 집단이 대규모로 형성되었고, 그들 대부분은 공평한 매매와 정당한 경영을 실행했다. 하지만 일부는 희귀한 물건을 대량으로 매점매석하고 시장을 독점했다. 심지어 어떤 사람들은 고리대를 통해 폭리를 취했다.

그러므로 당시에 상인들을 두 종류로 분류해 훌륭한 상인들을 일러 성고誠賈나 염상廉商 또는 양상良商이라 했고, 반면 좋지 못한 상인들에 대해서는 간고奸賈나 탐고貪賈 또는 영상佞商이라고 지칭했다.

사람들이 버리면 가지고, 사람들이 가지면 준다

당시 상인들 대부분은 보석 장사를 특히 좋아했다. 대상大商 여불위呂不韋의 부친도 일찍이 보석 사업은 백배의 이익을 남긴다고 말한 바 있다. 하지만 백규는 당시 가장 돈을 많이 벌 수 있는 그 직종을 택하지 않고 대신 다른 길을 선택해 농부산품農副産品의 무역이라는 새로운 업종을 창조했다.

백규는 재능과 지혜가 출중하고 안목이 비범했다. 그는 당시 농업생산이 신속하게 발전하는 것을 목격하고 농부산품 무역이 장차 큰 이윤을 창출하는 업종이 될 것이라는 점을 이미 예측하고 있었다. 농부산품 경영이 비록 이윤율은 비교적 낮지만 교역량이 커서 큰 이윤을 얻을 것이기 때문이었다. 그리하여 백규는 농부산품과 수공업 원료 및 상품 사업을 선택했던 것이다.

한편 백규는 재산을 움켜줄 시기가 오면 마치 맹수와 맹금이 먹이에 달려드는 것처럼 민첩했다. 그래서 그는 언젠가 "나는 경영을 할 때는 이윤이나 강태공이 계책을 실행하는 것처럼 하고 손자와 오기가 작전하는 것처럼 하며 상앙이 법령을 집행하는 것처럼 한다"라고 말했다.

백규는 자기만의 독특한 상술을 지니고 있었다. 그는 자신의 경영원칙을 여덟 글자로 요약했다. 바로 "인기아취, 인취아여"人棄我取, 人取我予였다. 즉 "사람들이 버리면 나는 취하고, 사람들이 취하면 나는 준다"는 뜻이었다. 구체적으로 상품 공급이 수요를 넘어서서 아무도 구하지 않는 그 기회에 사들인 뒤, 수중에 있는 상품의 공급이 수요를 따르지 못해 가격이 크게 오르는 그 기회에 판매하는 것이었다.

어느 날 많은 상인이 모두 면화를 팔아넘겼다. 어떤 상인은 면화를 빨리 처분하려고 헐값으로 팔기도 했다. 백규는 이 광경을 지켜보고 부하에게 면화를 모두 사들이도록 했다. 사들인 면화가 너무 많아서 백규는 다른 상인의 창고를 빌려서 보관할 정도였다.

얼마 지나지 않아 면화를 모두 팔아넘긴 상인들은 이제 모피를 사들이느라 혈안이 되었다. 본래 그들은 누구에게서 들은 것인지 알 수 없었지만, 앞으로 모피가 많이 팔리게 될 것이고 겨울이 되면 사람들이 아마도 시장에서 살 수도 없을 것이라는 소문을 들었다. 당시 백규의 창고에는 때마침 좋은 모피가 보관되어 있었다. 이 소식을 들은 백규는 모피 가격이 더 오를 것을 기다리지 않고 모피를 몽땅 팔아 큰돈을 벌었다.

그 뒤 면화가 큰 흉년이 들었다. 그러자 면화를 손에 넣지 못하게 된 상인들이 면화를 찾느라 야단법석이 되었다. 이때 백규는 사들였던 면화를 모두 팔아 다시 큰돈을 벌었다. 백규의 "인기아취, 인취아여"의 경영 원칙은 일종의 상업경영의 지혜이며, 그것은 맹목적으로 시류에 편승하지 않는 것을 의미한다.

마치 맹수가 먹이에 달려들 듯

사마천의 시각에서 보자면, 성공한 상인들은 모두 때를 아는 사람들이었다. 벌려는 장소를 알고知地, 때를 알아 부를 쌓을 수 있었던 것이다. 범려는 이를 두고 이렇게 말했다.

"도지방이 천하의 중심으로서 각국 제후들과 사통팔달해 화물 교역의 요지라고 판단했다. 그래서 그곳의 산업을 경영해 물자를 비축하고, 적절한 때를 맞추어 변화를 도모했다. 그는 천시에 맞춰 이익을 내는 데 뛰어났으며, 고용한 사람을 야박하게 대하지 않았다. 그러므로 경영에 뛰어난 자는 반드시 신뢰할 수 있는 사람을 잘 선택하고 좋은 시기를 파악할 줄 아는 법이다."

백규의 '지시'는 주로 사물에 내재된 규율을 정확히 파악하는 데 있었다. 이로부터 시장 동향을 예측하고 자신의 정책 결정에 있어 맹목성을 감소시킴으로써 객관적으로 상품을 언제 매입하고 매도하는지를 파악했다. 백규는 상가에 있어서의 '지시'란 곧 '낙관시변'樂觀時變: 때의 변화를 즐겨 살핀다이라고 인식했는데, 이는 풍년과 흉년을 예측하는 데 근거해 경영 방침을 적시에 조정하는 것이었다.

백규는 초절정의 시기 포착 능력을 지니고 있었다. 그는 천문학과 기상학의 지식을 응용해 농업 풍흉의 규율을 알아냈으며 이러한 규율에 따라 교역을 진행했다. 풍년이 들어 가격이 저렴할 때 사들여서 흉년이 들어 가격이 등귀할 때 판매함으로써 커다란 이익을 얻었다.

이 밖에도 백규는 일단 기회가 오면 곧바로 신속하게 결정하고 과감하게 행동에 옮겨야 한다는 점을 강조했다. 사마천은 이러한 백규의 모습을 "재산을 움켜쥘 시기가 오면 마치 맹수와 맹금이 먹이에 달려드는 것처럼 민첩했다"라고 묘사하고 있다.

눈앞의 작은 이익을 넘어서라

백규는 '욕장천, 취하곡'欲長錢, 取下穀과 '장석두, 취상종'長石斗, 取上種에 모두 능했다. 전자는 수입을 늘리기 위해서라면 곧 낮은 등급의 곡물을 사들이는 것이고 후자는 곡물의 비축을 늘리기 위해서라면 곧 높은 등급의 종자를 사들이는 것을 말한다.

백규가 살던 당시에 곡물은 시장에서 가장 근본이 되는 상품이었고, 소비자의 대부분은 평민들이었다. 다만 일상생활에서 평민들의 요구는 그다지 높지 않았고 단지 배만 굶지 않으면 그만이었다. 그러므로 평민들은 돈을 아끼기 위해 값이 싸고 질이 약간 떨어지는 곡물을 샀다. 이러한 상황에서 상인의 입장에서 말하자면, 비축해야 할 곡물은 하등급의 곡물이었다.

하지만 백규는 그러한 보통 상인들의 좁은 이익관을 과감하게 뛰어넘어 '욕장전, 취하곡'의 상업 방침을 취했다. 백규는 판매 대상이 대부분 평민이었기 때문에 그들의 생활을 가혹하게 만들지 않기 위해 언제나 박리다매의 경영 책략을 채택하고 가격을 높이지 않았다. 대신 상품 유통 속도와 판매 속도를 빨리하는 방법으로 더욱 많은 이익을 얻었다.

이와 반대로 당시 대부분의 상인은 커다란 이익을 손에 넣기 위해 매점매석을 일삼고 일시에 가격을 높였다. 그러나 백규는 식량이 부족할 때 곡물 가격을 올리지 않았다. 그는 박리다매가 장기적으로 부를 쌓는 방법이라는 상인 경영의 기본 원칙을 견지하면서 눈앞의 이익만 추구하는 상인은 결코 큰돈을 벌지 못할 것이라고 지적했다.

또한 백규는 농민의 생산을 중시하고 그것을 자신의 상품 조달의 원천으로 삼았다. 그는 농민에게 우량 품종을 공급하면서 '장석두, 취상종'의 주장을 제기했다. 즉 자신에게 이윤을 얻게 하고 또 농민들의 곡물 생산이 증가할 수 있도록 지원함으로써 자신이 더욱 풍부한 공급처를 확보할 수 있도록 한 것이다. '장석두, 취상종'의 의미는 농민이 풍년을 바란다면 반드시 상등上等의 종자를 사들여야 한다는 것이다. 상등의 고급 종자를 사들여야만 곡물의 생산이 증가해 더 좋은 가격에 팔 수 있는 것이다.

백규는 자신의 상업 경영을 농업생산 발전의 토대 위에서 운용하고 상업을 통해 농업생산을 촉진하고 농업생산의 발전을 통해 상업 경영을 추진했다.

'인술' 경영

백규는 "곡물이 익어가는 계절에 양곡을 사들이고 비단과 칠漆을 팔았으며 누에고치가 생산될 때 비단과 솜을 사들이고 양곡을 내다 팔았다." 그는 수확의 계절이나 풍년이 되었을 때 농민들이 곡물을 대량으로 내다 팔게 되면 곡물을 사들이고, 이때 비단과 칠기 등을 비교적 부유한 농민들에게 판매했다. 반대로 경기가 좋지 않을 때는 양곡을 팔고 적체된 수공업 재료와 산품을 사들였다. 백규가 말하는 '준다予'는 것은 사람들에게 우대해 넘긴다는 의미다.

일부 간상奸商들은 물건이 넘칠 때 일부러 더욱 압박함으로써 가격을 최저치로 끌어내린 뒤 비로소 사들였다. 하지만 백규는 오히려 다른 사람보다 높은 가격에 사들였다. 시장에 물건이 귀해졌을 때 간상들은 매점매석했지만, 백규는 오히려 다른 사람보다 저렴한 가격에 판매해 사람들의 수요에 맞췄다.

백규의 이러한 경영방식은 자신의 경영 주도권을 보장할 뿐 아니라 이윤도 풍부하게 획득하도록 해주었다. 나아가 객관적으로 상품의 수요공급과 가격을 조정함으로써 일정 정도로 농민과 수공업자의 이익을 보장할 수 있었다. 이러한 방식을 가리켜 백규는 '인술'仁術이라고 불렀다.

백규는 일꾼들의 노동 효율과 그들의 정서 또는 심리 사이에 긴밀한 관련이 있다는 사실을 알고 있었다. 그러므로 그의 용인술用人術은 결코 강압과 이익에 의한 유도가 아니라 오히려 일꾼들과 더불어 한 덩어리가 되는 것이었다. 그것은 비단 그들의 적극성을 높일 뿐만 아니라 일꾼들과의 갈등도 해소해 주인과 일꾼의 관계를 더욱 화합할 수 있도록 만들었다.

그러나 그는 "변화에 시의적절하게 대처하는 지혜가 없거나 과감한 결단을 내릴 용기가 없거나 구매를 포기하는 인덕이 없거나 비축을 견지할 강단이 없는 사람은 비록 나의 방법을 배우려 한다고 해도 나는 결코 알려주지 않겠다"라고 단언함으로써 인재에 대한 분명한 기준을 제시했다. 그는 인재란 반드시 충분한 지혜로 임기응변에 능해야 하며, 충분한 용기로써 결단해야 하고, 더불어 인덕과 강단이 있어야 한다는 점을 강조했다.

한편 백규는 고난을 견딜 줄 아는 사람이었다. 거부가 되었지만 그는 축적한 재부를 확대재생산 분야에 투자하고 그 자신은 "음식을 탐하지 않았고 욕망의 향수를 절제하며 기호를 억제하고 극히 소박한 옷만 입으면서 일꾼들과 동고동락했다."

　백규의 이러한 상업 사상은 후세에 커다란 영향을 미쳤다. 근대의 유명한 중국 민족자본가인 영종경榮宗敬은 백규의 '인기아취'의 경영 원칙을 준수했으며, 저명한 화교 기업가인 진가경陳嘉庚은 '인기아취, 인쟁아피'人棄我取, 人爭我避의 경영 방침을 세웠는데, 이는 백규 사상을 계승해 더욱 발전시킨 것이었다.

범려, 명예로운 부자

차원이 다른 지혜로움

　범려는 초나라 사람으로 월나라에서 대부의 자리에 있으면서 와신상담의 주인공 월나라 구천을 보좌해 오나라에 복수하고 패업을 이루게 했다. 그러나 범려는 구천이 어려움은 같이할 수 있어도 즐거움을 같이할 수는 없으며 결국 공신을 살육할 인물이라는 것을 알고 있었다. 그리하여 그는 공직을 포기하고 상업을 하기로 결심해 조용히 자신의 재산을 수습한 뒤 이름도 바꾸고 가족과 노비를 데리고 배를 타고 떠났다.

　처음에 그는 상업이 발달한 제나라에 도착해 스스로 '치이자피' 鴟夷子皮¹라고 칭하며 해변을 경작하는 등 힘들게 노동해 얼마 지나지 않아 그 재산이 10만 금에 이르렀다. 제나라 사람들이 그의 현명함을 알아보고 재상으로 삼았다. 하지만 범려는 존귀한 명성을 오래 지니는 것은 상서롭지 못한 일이라고 여겨 재상의 인을 반납하고 모아둔 재산을 모두 나눠주고 두 번째로 관직을 버리고 떠났다.

범려는 상업 중심지인 도陶나라에 거주하면서 스스로 주공이라 했고, 사람들은 도주공陶朱公이라 불렀다. 범려 부자는 농업과 목축 그리고 상업을 결합해 또 커다란 재산을 모았다. 범려는 진정한 대상인으로서 적절한 시기에 적절한 사업 파트너를 선택해 상대방을 충분히 신뢰하고 어떤 문제가 생겨도 모든 책임을 떠넘기거나 비난하지 않았다.

이러한 그의 인격적 매력은 그가 일찍이 도량이 넓을 뿐만 아니라 위세 당당한 대정치가가 될 수 있는 자질이 있었던 것이다. 또 그가 정계에서 홀연 사라졌을 때도 여전히 천하를 구제하고 자신이 모은 재산을 자기와 교류가 없던 어려운 사람들에게 나누어줄 수 있었던 것이다. 그는 허명虛名을 분토糞土처럼 여겼고, 숨어서도 자신의 모습이 보일까 걱정했으니 이러한 그의 도덕 품격은 일반적인 부자들의 차원을 훨씬 뛰어넘는 것이었다.

다른 사람을 돕기 좋아하는 행적과 명리名利에 담백한 그의 풍모 그리고 관후인자寬厚仁慈한 그의 품격은 과연 무엇이 지혜로운 것이며 차원이 다른 인생의 비범한 선택이 무엇인지 여실히 보여준다.

진정으로 재물을 아끼는 길

범려가 도나라에 살고 있을 때 막내아들이 태어났다. 그 막내가 20세가 되었을 때 차남이 초나라에서 살인을 저질러 붙잡혔다. 그러자 범려가 말했다.

"살인을 저질렀으니 죽는 것은 당연하다. 그러나 천금을 가진 부자의 아들은 길거리에서 죽지 않는다고 한다."[2]

그는 막내아들에게 급히 황금 천 일鎰[3]을 헝겊 자루에 넣어 한 대의 마차에 싣도록 했다. 막 출발하려는데 갑자기 장남이 자기가 가겠다고 나섰다. 범려는 고개를 가로저었다. 그러자 장남이 불만을 터뜨렸다.

"집안에 장남이 있어 집안을 살피므로 그를 일러 가독家督이라 합니다. 그런데도 지금 막냇동생을 보내시는 것은 제가 무능하다고 생각하시기 때문입니다. 그렇다면 저는 죽고 말겠습니다."

어머니가 깜짝 놀라 범려에게 하소연했다.

"막내를 보낸다고 꼭 둘째를 살려온다고는 못할 것입니다. 그런데도 이 때문에 집안의 장손을 죽게 할 작정이십니까?"

범려는 하는 수 없이 장남을 보냈다. 그는 자기 친구인 초나라의 장생庄生에게 편지를 쓰는 한편 장남에게 단단히 일렀다.

"초나라에 가거든 가지고 간 황금을 장생에게 주고 모든 일을 그에게 맡겨라. 무슨 일이 있어도 내 말대로 해라."

장남은 따로 수백 금을 갖고 초나라로 떠났다. 그런데 장남이 막상 장생의 집에 도착해보니 그의 집은 변두리에 있었고 대문 앞까지 잡풀이 무성했다. 장남은 아버지의 편지를 전하면서 가지고 온 황금을 주었다. 그러자 장생이 말했다.

"초나라에 머물러 있지 말고 지금 곧장 집으로 돌아가시오. 또 설사 아우가 풀려나도 어떻게 풀려났는지 그 이유를 묻지 마시오."

그러나 장남은 초나라에 계속 머물면서 따로 갖고 온 황금을 초나라 실력자들에게 뿌리고 다녔다. 장생은 가난하게 살았으나 청빈함으로 왕을 비롯한 모든 신하의 존경을 받는 인물이었다. 범려에게도 황금을 받을 마음은 추호도 없었으며 일만 마치면 곧 되돌려주려고 작정하고 있었다. 그러나 범려의 장남은 '천하의 청렴한 장생도 돈 앞에서는 별수 없구나'라고 생각했다. 어느 날 장생이 궁에 들어가 왕에게 대화를 청했다. 장생을 신뢰하던 왕은 기꺼이 응했다.

"별이 움직이는 모양이 좋지 않습니다. 우리나라가 어려움을 당할까 두렵습니다."
"그렇다면 어떻게 해야겠소?"
"대왕께서 덕을 베푸셔야 할 줄로 아옵니다."

왕은 즉시 금, 은, 동을 모아둔 부고府庫를 봉인하게 했다. 그때 범려의 장남에게서 황금을 받은 한 대신이 장남에게 급히 말했다.

"여보게! 곧 사면이 있을 듯하네."
"왜 그렇습니까?"
"사면이 내리기 전에는 반드시 부고를 봉인하도록 되어 있네. 어젯밤 왕께서 봉인하도록 명령하셨네."

그러자 장남은 '대사면이 내리면 마땅히 동생이 석방된다. 쓸데 없이 그 많은 황금을 장생에게 주었구나'라고 생각해 곧장 장생에게 달려갔다. 장생이 그를 보고 깜짝 놀랐다.

"아니, 자네가 왜 지금까지 있는 것이오?"
"예. 그런데 동생이 사면되어 나오게 되었답니다. 그래서 작별 인사를 드리려고……."

장생은 황금을 돌려달라는 그의 마음을 알아채고는 "금은 안에 그대로 있소. 가져가고 싶으면 가져가시오"라고 했다. 그러자 장남은 재빨리 금을 찾아서 떠나버렸다. 새파란 아이에게 모욕을 당했다고 느낀 장생은 즉시 궁에 들어가 왕에게 말했다.

"엊그제 별이 불길하게 움직인다고 말씀드렸을 때, 왕께서는 급히 덕망을 베풀어 대처하려 하셨습니다. 그런데 요즘 이상한 소문이 돌고 있습니다. 지금 도나라의 부호인 범려의 아들이 사람을 죽이고 초나라 감옥에 갇혀 있습니다. 그래서 범려가 황금을 뿌리면서 대신들을 움직이고 있다고 합니다. 그런 까닭으로 시중에서는 사면이 범려의 아들을 살리려는 것이며 대왕께서 특별히 초나라 백성을 위해 덕망을 베푸시는 것이 아니라는 풍문이 떠돌고 있습니다."

그 말을 들은 왕은 노발대발했다.

"내가 아무리 그자 한 명을 위해 사면을 할 수 있겠소?"

왕은 당장 범려의 아들을 처형시키고 나서 사면령을 내렸다. 결국 장남은 동생의 시체를 안고 돌아왔다. 어머니와 모든 마을 사람이 슬퍼했으나 범려는 웃으며 말했다.

"이렇게 될 줄 알고 있었다. 큰아들이 동생을 위하지 않아서가 아니다. 그러나 큰아들은 어려서부터 나와 함께 갖은 고생을 다 해봤기 때문에 좀처럼 돈을 쓸 줄 모른다. 반대로 막내는 태어날 때부터 부유하게 어려움 없이 자랐기 때문에 돈 모으는 고통을 모르고 돈도 잘 쓴다. 내가 막내를 보내려 했던 것은 막내라면 거기 가서 돈을 크게 쓸 수 있을 것으로 여겼기 때문이다. 큰아들은 그렇게 하지 못한다. 그것이 결국 동생을 죽이게 된 원인이다! 하지만 어쩔 수 없는 일인 것을 어찌 슬퍼만 하랴! 나는 밤낮으로 둘째 애의 시신이 도착하기를 기다렸다."

범려는 19년 동안 천금의 재산을 세 번씩이나 모았으나 그중 두 번은 가난한 벗들과 일가친척에게 나누어주었다. 이른바 '부유해 그 덕을 행하기 좋아하는 사람'이었다. 그는 늙어서 자손들에게 재산을 나누어 관리했는데 자손들의 재산은 수만 금에 이르렀다. 범려는 세 번이나 옮기고도[4] 천하에 이름을 떨쳤다. 그가 멈추는 곳에서는 반드시 이름을 떨쳤다. 사마천은 범려를 극구 칭찬했다.

"범려는 세 번을 옮겨 살면서 모두 영광스러운 명성을 남겨 그 이름을 후세에 길이 남기었다. 신하와 군주가 능히 이러하니 그들을 드러내지 못하도록 할지라도 그것을 할 수 있겠는가?"

자공, 재물을 취하는 데는 도가 있다

공자의 제자 자공

자공子贛의 이름은 단목사이고, 자공은 자字다. 상인 집안에서 출생한 그는 중국 유상의 비조로 추앙되고 있다. 『논어』「선진」에서 공자는 뛰어난 제자인 안회와 자공을 비교해 "안회는 도덕적으로 거의 완전하지만 항상 가난했다. 그러나 자공은 운명을 받아들이지 않고 재산을 모았으며, 예측을 하면 항상 적중했다"고 술회했다.

사마천도 「화식열전」에 자공을 자세하게 기술했다.

"자공은 공자로부터 학문을 익힌 후 위나라에서 벼슬을 했다. 그는 물건을 비축해 조曹나라와 노나라 일대에서 물건을 비싸게 팔고 싼 물건을 사들이는 방법으로 상업해 공자의 우수한 70제자 중에서 그가 가장 부유하다고 할 수 있었다. 원헌原憲은 술지게미조차도 배불리 먹지 못하고 궁벽한 동네에 숨어 살았다. 그러나 자공은 수레와 말이 무리를 이루었고 비단 예물을 가지고 각국을 방문해 제후들의 연회를 받았다. 제후들은 그를 맞아 군신의 예가 아니라 평등한 예로써 대했다. 공자의 이름을 능히 천하에 떨칠 수 있었던 데에는 자공의 도움이 결정적인 역할을 했다. 이야말로 부자가 세력을 얻으면 명성과 지위가 더욱 빛난다는 것이 아니겠는가?"

공자의 유가사상은 전형적으로 의義를 중시하고 이利를 가벼이 여긴다. 『논어』「술이」에서 공자는 "만약 부富가 도道에 부합한다면 그것을 추구할 수 있다. 설사 나에게 말몰이꾼을 시켜도 할 것이다. 그러나 부가 도와 부합되지 않는다면 그것을 추구할 수 없다. 차라리 내가 좋아하는 것을 하겠다"라고 말했다. "부귀란 하늘의 뜻"이므로 그는 반복해서 "이利에 대해서는 거의 말하지 않는" 사상을 주창했다.

하지만 공자의 제자인 자공은 공자의 이러한 숙명론을 받아들이지 않았다. 그는 "물건을 비축해 조나라와 노나라 일대에서 물건을 비싸게 팔고 싼 물건을 사들이는 방법으로 상업을 경영함"으로써 공자의 제자 중에서 가장 부유한 사람이 되었다. '값이 쌀 때 사들이고 비쌀 때 판다'는 말은 『사기』「중니제자열전」仲尼弟子列傳에 '폐거'廢擧로 표현되어 있다. 「중니제자열전」은 자공이 시장 상황의 변화에 맞춰 물건값이 쌀 때 사들이고 비쌀 때 파는 방법으로 이익을 얻어 거부가 되었음을 기록했다.

세상 이치에 통달하다

자공은 자신의 상업 활동과 뛰어난 언변으로 많은 제후와 교류했으며 정치적 능력도 탁월했다. 『논어』「옹야」雍也를 보면, 계강자가 공자에게 자로와 자공 그리고 염구의 정치적 재능에 관해 묻는 장면이 나온다. 이에 공자는 세 사람이 모두 정치를 담당할 수 있지만 그들의 장점은 각기 다르다면서 구체적으로 자로는 과감果하고 자공은 달達했으며, 염구는 예술적藝이라고 답한다.

여기에서 이른바 '달'達이란 세상 이치, 즉 사리에 통달했다는 의미로서 어떤 사안을 처리할 때 흔들림 없이 전체적으로 전후좌우를 살펴 잘 해결한다는 뜻을 지닌다. 한마디로 정치적 임무를 수행하는 데 빠져서는 안 되는 요소다. 이에 비해 '과감함'이라든가 '예술적'인 측면은 정치적 임무 수행에 있어 어떤 한 부분을 구성하는 요소일 뿐으로 통달하고 있다는 달達에 비해서는 아무래도 한 수 아래일 수밖에 없다. 그리하여 자공은 노나라와 위나라에서 재상을 역임할 수 있었던 것이다. 그가 가는 곳마다 "제후들은 그를 맞아 군신의 예가 아니라 평등한 예로써 대했다."

한때 공자 일행이 진과 채 두 나라에 포위되어 위기에 빠져 있었다. 이때 자공이 초나라에 사신으로 가서 초나라 왕을 설득하여 초나라의 군대를 출동시켰다. 공자 일행은 비로소 곤경에서 벗어날 수 있었다.

공자, 제자 자공을 통해 뜻을 펼치다

본래 자공이 처음 공자를 만날 때만 해도 자신이 오히려 공자보다 낫다고 생각했다. 『논어』「강서」講瑞는 "자공이 처음 공자를 스승으로 모신 그해에 스스로 공자보다 낫다고 여겼다. 2년째에 스스로 공자와 같다고 여겼다. 그러나 3년이 되자 공자에 미치지 못함을 알았다. 처음 한두 해 동안에는 공자가 성인임을 알지 못했으나 3년 뒤에는 성인임을 알았다"라고 기록하고 있다. 자공은 공자의 학식이 헤아릴 수조차 없을 정도로 높다고 말했으며 공자를 성인이라 칭했다.

사실 당시에 자공의 명성은 대단히 높아 그가 오히려 공자보다 현명하다는 평가도 있었다. 노나라 대부인 손무孫武는 조정에서 공개적으로 자공이 공자보다 현명하다고 말한 바도 있었다. 이 말을 전해 들은 자공은 "비유해 말하자면, 내 학문 수준은 낮은 담장으로 둘러친 집이어서 누구든 볼 수 있지만, 공자 스승님의 학문 수준은 몇 길이 넘는 높다란 담장으로 둘러친 종묘와 같아서 들어갈 수도 없고 들어간다고 해도 볼 수가 없다. 더구나 능히 그 문을 찾아갈 수 있는 사람도 극히 적다. 그렇기 때문에 사람들이 정확하지 않은 말을 하게 된다"고 대답했다. 자공이 이처럼 대답했는데도 노나라의 다른 대신 진자금陳子禽은 자공에게 고개를 저으며 "스스로 겸손해서 한 말이오. 공자가 당신보다 무엇이 더 현명하다는 것이오?"라고 반문했다. 자공에 대해 이렇게 높은 평판이 존재한 것은 우연히 만들어진 것이 아니었고, 당시 자공의 명성과 사회적 지위 그리고 영향력은 그의 스승 공자에 비해서 결코 낮지 않았다.

하지만 자공은 스승 공자의 성인됨을 알고 그의 사상을 세상에 보급하는 일을 자신의 임무로 삼았다. 그리하여 그는 자신이 얻은 정치적 명예와 부富를 토대로 삼아 스승 공자의 사상을 널리 천하에 전파한 것이었다. 역으로 공자는 제자 자공의 이러한 경제적·정치적 지원을 통해 세상에 그의 뜻을 펼칠 수 있었다.

공자는 이利를 가벼이 여기고 상인을 천시했지만, 그의 이름을 천하에 떨치게 한 사람은 바로 그 부유함이 제후와 어깨를 나란히 했던 단목사, 자공이었다. 이러한 강렬한 대비는 실로 "공자는 안연을 현명하게 여겼고, 자공에 대해서는 비판했다"는 반고班固의 해석에 대한 가장 좋은 풍자였다.

"군자애재, 취지유도"君子愛財, 取之有道, 즉 "군자는 재물을 사랑하지만 그것을 취하는 데에 도가 있다"는 뜻이다. 이는 바로 자공이 남긴 유상의 기풍이었다. 공자는 자공을 아껴 그를 가리켜 '호련지기'瑚璉之器라 평했는데, "재능이 매우 뛰어나 큰 임무를 담당할 만한 인물"이라는 의미다.

당 현종은 자공을 '여후'黎候에 봉했으며 뒷날 송나라 도종은 '여공'黎公으로 한 단계 올렸고, 명나라 때 이르러 그를 기리는 사당도 지어졌다. 청나라 건륭제는 그를 '선현'先賢으로 봉했다.

여불위, 진귀한 물건을 취하라

투자의 핵심, 기화거거

여불위는 한나라 양책陽翟의 대상인이었다. 여러 나라를 왕래하며 값이 쌀 때 물건을 사놓았다가 시기를 보아 비쌀 때 파는 방법으로 천금의 재산을 모았다. 그는 여러 나라를 돌아다녀 견문이 넓었으며 모든 일에 대한 감식안이 비상했다.

진나라는 소왕 40년에 태자가 죽고 2년 후에 차남인 안국군安國君이 태자가 되었다. 안국군에게는 20여 명의 아들이 있었지만 총애를 받고 있었던 화양부인에게는 아들이 없었다. 그 20여 명의 아들 가운데 자초子楚라는 왕자가 있었다. 자초의 생모인 하희夏姬는 안국군의 사랑을 받지 못했다.

그래서 자초는 별 볼일 없는 존재로 취급되어 조나라에 인질로 보내졌다. 자초는 사랑받지 못하는 첩의 자식인 데다 인질의 몸이었기 때문에 매우 곤궁한 생활을 해야만 했다. 더구나 진나라가 조나라를 자주 공격했으므로 인질로 간 자초는 갈수록 조나라의 냉대를 받아야 했다.

여불위가 어느 날 장사 때문에 조나라 수도 한단에 갔다. 그런데 거기에서 인질로 온 자초를 만나게 되었다. 여불위는 자초를 보는 순간, "이것은 기화奇貨다. 구해놓고 보자! 옛말에도 '기화가거'奇貨可居라고 하지 않았는가!"라고 생각했다.[5] 자초를 본 여불위는 집에 돌아가 아버지에게 물었다.

"농사를 지으면 몇 배의 이익이 남습니까?"
"글쎄, 열 배쯤 남을까?"
"보물을 갖고 있으면 이익이 몇 배나 되겠습니까?"
"백 배는 되겠지."

"그러면 임금이 될 사람을 사두면 이익이 몇 배가 될까요?"

"그야 계산할 수 없을 정도겠지."

"농사를 지어서 얻는 이익이란 그저 추위에 떨지 않고 배를 곯지 않을 정도입니다. 그러나 장차 나라의 대권을 움켜쥘 왕을 키우게 된다면 그 혜택은 두고두고 남을 것입니다. 지금 조나라에는 진나라의 왕자가 인질로 와 있습니다. 저는 이 기화를 사놓겠습니다."

여불위는 말을 마치고 곧장 자초를 다시 찾아갔다. 이 무렵 자초는 매일 특별히 하는 일 없이 무료하게 시간만 보내고 있었다. 여불위가 큰절을 하면서 자초에게 바싹 다가서며 말했다.

"제가 이제부터 왕자님의 대문을 크게 해드리겠습니다."

자초는 힘없이 웃으며 말했다.

"먼저 당신의 대문을 크게 만들고 나서 나의 대문을 크게 할 수 있는 것이겠지요."

여불위는 차근차근 말했다.

"공자께서는 잘 모르시는 말씀입니다. 저의 대문은 공자의 대문이 커지는 것을 기다려야 합니다. 지금 진나라 왕은 연세가 많고 공자의 아버님 안국군은 태자로 계십니다. 안국군은 화양부인을 총애하고 있는데 그 부인에게는 후사가 없습니다. 그렇다면 후계를 정하는 데는 화양부인의 힘이 크게 작용할 것이 틀림없습니다. 공자는 20여 명의 형제 중 중간쯤 태어나신 분으로 아버님의 관심도 별로 없고 오랫동안 외국에서 인질 생활을 하고 계십니다. 안국군이 왕위에 오르게 되면 당연히 후계를 정해야 합니다. 그렇다면 항상 옆에 있는 큰 형님이나 다른 형제분에 비해 공자께서 훨씬 불리한 처지에 있습니다."

가만히 듣던 자초가 다시 물었다.

"사실 그렇게 될 것입니다. 어떻게 좋은 방도가 있겠습니까?"
"공자께서는 경제적 여유도 없습니다. 따라서 아버님에 대한 선물은 고사하고 찾아오는 손님들과 교제하는 일도 어렵습니다. 저도 별로 여유는 없습니다만, 이제부터 제가 가지고 있는 천금의 전 재산을 던져서라도 안국군과 화양부인에게 당신을 후계자로 삼으라는 공작을 시작하겠습니다."

잘 키운 인재는 헤아릴 수조차 없이 큰 이익이다

여불위는 500금을 자초에게 교제비로 나누어주고 나머지 500금으로는 조나라의 진귀한 물건들을 사서 진나라로 돌아갔다. 그는 즉시 화양부인을 가장 잘 움직일 수 있는 화양부인의 언니를 만났다. 그 언니는 여불위가 이전부터 몇 번 장사 관계로 만나 선물도 많이 바쳤던 사람이었다.[6] 여불위는 선물로 사온 물건을 모두 그들

자매에게 바치면서 넌지시 떠보았다.

"지금 진나라에 계신 자초 왕자님은 각국의 유명 인사들과 널리 접촉해 그 명성이 날로 높아가고 있는 총명한 분입니다. 그분은 항상 '화양부인을 하늘처럼 존경한다. 아버님과 부인을 사모해 밤낮으로 눈물을 흘린다'고 말씀하십니다."

이 말을 듣고 화양부인의 언니는 매우 기분이 좋았다. 여불위는 그녀에게 다음과 같이 화양부인께 말씀드리라고 일러두었다.

"듣건대 '색色으로 남을 섬기는 자는 색이 쇠하면 사랑도 잃는다'[7]고 합니다. 지금 당신은 태자의 사랑을 한몸에 받고 있지만 애석하게도 후사가 없습니다. 지금부터 총명하고 효심이 두터운 분을 골라 태자의 후계를 정하고 그를 양자로 삼아야 합니다. 그렇게 해야 태자가 살아계실 때는 물론이고 태자에게 만일의 일이 생겨도 양자가 왕위에 오르기 때문에 당신은 권세를 잃지 않고 살아갈 수 있는 것입니다. 이를 두고 영원한 이로움을 얻는다고 합니다. 젊을 때 발판을 튼튼히 해둬야 합니다. 색향色香이 쇠하고 총애를 잃은 뒤에는 이미 늦습니다. 자초는 총명한 분입니다. 그는 형제들의 순서로 보아도 그렇고 생모의 순위로 보더라도 후계자로 전혀 여기지 않을 것이므로 당신을 끝까지 섬길 것입니다. 그러니 자초를 후계자로 정해놓으면 당신은 평생 편안하게 살 수 있을 것입니다."

화양부인이 들으니 그럴듯했다. 얼마 후 화양부인은 태자에게 자초가 총명하며, 그와 교제하고 있는 많은 제후가 얼마나 그를 칭찬하고 있는지를 자세히 설명했다. 그러고는 눈물을 흘리며 말했다.

"저는 다행히도 태자님의 사랑을 한 몸에 받고 있지만 아들이 없습니다. 바라옵건대 자초를 후계자로 정해 저의 장래를 맡길 수 있도록 해주십시오."

안국군은 그 청을 받아들였다. 이후 안국군과 화양부인은 자초에게 많은 액수의 자금을 보내게 되었고 여불위에게 자초를 잘 돌봐주도록 부탁했다. 그리하여 자초의 명성은 제후들 사이에 갈수록 높아져갔다.

여불위의 말처럼, 농사를 지으면 열 배의 이익을 얻을 수 있다. 또 보물을 비축해두면 능히 백 배의 이익을 얻을 수 있다. 하지만 왕이 될 인물, 즉 '왕재'王才를 키워 '투자'하게 되면 그 이익이란 계산할 수 없을 정도가 된다. 여불위는 사람의 '그릇'과 '가능성'을 알아보는 '눈'이 있었던 것이다.

그는 그러한 투자 대상을 정확하게 찾아냈고, 그 투자 기회를 민첩하게 포착해 과감하게 실천했다. 즉 자신의 투자 대상이 진정으로 꽃을 피우도록 정확한 방법을 찾아냈다. 당시 투자 대상의 아버지인 태자와 태자가 총애하는 화양부인이 아들이 없다는 점을 교묘하게 활용하여 자신의 재산을 던져 결국 자신의 투자 대상이 권좌를 거머쥐도록 한 것이다. 이러한 인맥관계를 이용할 수 있다고 판단한 것이 여불위의 성공 요인이었다.

파과부 청

진시황도 반한 여류 상인

『사기』「화식열전」은 과부 청이라는 여성 상인도 기술하고 있는데, 여기에서 사마천의 '호기심' 의식이 다시 드러나고 있다. 사마천은 특히 비범하고 왕성한 생명력을 지니면서 아울러 재화才華가 출중한 인물을 매우 좋아했고, 따라서 그들의 삶을 사실적으로 기술해 역사에 길이 남겼다.

"오지과烏氏倮는 목축을 했는데, 기르는 가축이 많이 번식하게 되면 모두 판 뒤 화려하고 진기한 방직품을 구매해 몰래 국외의 융왕戎王에게 바쳤다. 그러면 융왕은 원가의 10배에 해당하는 가축을 그에게 기증해 보상했다. 이렇게 하여 그의 가축은 일일이 셀 수가 없고 골짜기를 계산의 단위로 삼았다. 진시황은 과倮에게 제후와 동등한 대접을 받도록 해 봄가을 두 번 귀족들과 함께 궁궐에 들어와 황제를 알현할 수 있도록 했다. 파巴지방에 사는 청淸이라는 과부는 그조상이 단사丹沙가 생산되는 광산을 발견해 몇 대에 걸쳐 그 이익을 독점해 재산이 너무 많아 계산할 수 없을 정도였다. 청은 한 사람의 과부에 불과했지만 조상이 남긴 가업을 능히 지킬 수 있었고 재산으로써 자신을 보호하고 다른 사람의 모욕이나 침범을 받지 않았다. 진시황은 그녀를 절조가 있는 정부貞婦로 여겨 그를 존경하고 빈객賓客으로 대우했으며, 그녀를 위해 여회청대女懷淸臺를 짓도록 했다. 오지과는 변방 시골 사람으로서 목장 주인이었고, 청淸은 궁벽한 시골 과부였지만 도리어 천자의 예우를 받아 이름을 천하에 떨쳤으니, 이는 실로 이들의 부유함에 기인한 것이 아니겠는가?"

우리가 감탄할 수밖에 없는 사실은 파과부 청이 남편을 잃은 불행한 인생 역정을 겪고 난 뒤, 그녀가 연약한 여자의 몸으로 결연하게 가정과 사업의 중책을 떠맡아 온 나라에서 그녀와 부를 겨룰 수 있는 사람이 없을 정도의 여중호걸이 되었다는 점이다.

파과부 청의 조상은 야금 광산업을 했던 상인이었다. 파과부 청의 가족은 생산을 장악하고 자원을 독점했기 때문에 자신들이 가격을 정해 판매했다. 시장을 조종해 세금 외의 생산 이윤과 상업 이윤을 모조리 자신들의 소득으로 만든 것이다. 파과부 청 자신은 재산을 모아 자신의 인격 존엄을 지켰고, 추호의 침범을 받지 않았다.

진시황도 그녀를 절조가 있는 정부로 여겨 그를 존경하고 빈객으로 대우했으며, 그녀를 위해 따로 여회청대를 짓도록 했다. 당시에 대臺를 쌓는다는 것은 고대 시대의 풍습으로서 공덕비를 세운다는 커다란 의미를 지니고 있었다. 그녀는 재산을 모음으로써 영원한 영예까지 얻었던 것이다.

촉 탁씨

중국 최초의 철강대왕

촉 탁卓씨는 중국 역사상 최초의 철강대왕鐵鋼大王이다. 서한 초기 염, 철, 주전籌錢이라는 세 가지 업종의 하방에 따라 상업자본의 가장 주요한 활동 방향도 이 세 가지 분야에 집중되었다.

염철업은 상공업이 결합되어 한편으로는 생산하고 다른 한편으로는 판매함으로써 자본의 회전 변화와 축적 확대의 속도가 대단히 빨랐다. 또 야금업이나 소금판매업을 하는 자 가운데 적지 않은 부자가 생겨났다. 당시 대야철상의 유명한 인물이 바로 임공의 탁씨다.

촉 탁씨의 선조는 본래 조趙나라 사람으로 야금업을 통해 부호가 되었다. 진나라 군대가 조나라를 멸망시키고 탁씨를 강제로 이주시켰다. 탁씨는 포로로 잡히고 약탈을 당해 부부 둘이서만 직접 수레를 끌며 새 이주지로 옮겨갔다. 이주한 사람들은 조금이라도 재물의 여유가 있으면 다투어 인솔하는 진나라 관리에게 뇌물을 바치고 최대한 가까운 곳에 살고자 간청하면서 가맹현葭萌縣에 거처했다.

그러나 탁씨는 "이곳 토지는 협소하고 척박하다. 문산汶山 아래에는 드넓은 비옥한 전야田野가 있고 땅속에는 토란이 자라나 능히 양식으로 할 수 있어서 무슨 일이 일어난다고 해도 죽을 때까지 전혀 굶지 않는다고 들었다. 그곳의 주민 중 많은 사람이 거리에서 일하고 있어 상업에 유리하다"고 말하면서 일부러 먼 곳으로 이주할 것을 요청했다.

탁씨는 사업 운영의 시각에서 멀리 임공지방으로 이주를 희망
했다. 서한 시대에 들어 야철업은 사영이 허용되었다. 철광을 발견
한 탁씨는 광산이 있는 지역에서 주조를 하고 뛰어난 경영 솜씨를
발휘해 불과 몇 년 만에 진과 탁 지역의 백성들을 모두 고용했고,
천여 명의 노비와 공인들이 광산과 작업장에서 일하게 되었다. 탁
씨는 야금업만이 아니라 주전도 했다.

사서들은 한 문제漢文帝 시기에 커다란 실정失政이 있었다고 기
록하고 있는데, 그것은 곧 촉군 구리광산의 수익권을 총신寵臣인
등통鄧通에게 하사한 사건을 가리킨다. 등통은 그 광산을 탁씨에게
세금을 납부한다는 조건으로 경영하게 해 탁씨는 화폐 주조와 구
리그릇을 만드는 영업권을 따내 탁왕손이 수만 금의 재산을 모으
게 되었고 등통전鄧通錢 역시 천하에 널리 퍼졌다.

임공지방은 구리와 철 자원이 풍부했는데, 탁씨만이 아니라 정
정程鄭 역시 유명한 철상鐵商으로 남월 소수민족과 무역했다. "정
정은 본래 산동에서 이주당한 포로로서 야금업을 했고 멀리 서남
이와 남월지역의 이민족異民族과 무역을 했다. 그의 재산은 탁씨에
견줄 만했는데, 탁씨와 정정은 모두 임공에 살았다."

정정은 야철과 동시에 구리를 주조해 당시 탁씨와 정정은 천하
의 구리와 철을 모두 차지했다는 소문이 널리 퍼졌다. 훗날 서한의
저명한 문인 사마상여의 장인 탁왕손卓王孫은 바로 촉 탁씨의 후손
이었다.

심만삼, 그의 재산은 국가와 겨눌 만했다

황후도 놀란 부

심만삼沈萬三의 본래 이름은 심부沈富로서 원나라 말엽 저장 성 주장周庄의 가난한 가정에서 태어났다. 심만삼의 부친 심우沈祐는 아들 심만삼과 함께 궁벽한 황무지에 불과했던 저우좡을 번성한 고장鎭으로 발전시켰다.[8]

심만삼 부자는 저우좡의 황무지를 성실하게 개간해 부를 쌓았고, 당시 소주蘇州의 부호였던 육씨陸氏는 심만삼이 재능이 있고 총명하며 신용할 수 있는 인물임을 알아보고 그의 모든 재산을 넘기면서 자신은 도사道士가 되었다. 특히 심만삼은 대운하 등 수로水路가 발달한 저우좡을 상품 무역과 유통 기지로 활용하면서 내지內地의 비단과 자기, 곡식 그리고 수공예품 등을 해외로 운송하고 해외의 상아, 코뿔소 뿔, 향료, 약재 등을 중국에 들여왔다. 그는 중국 최초의 국제무역상으로 손꼽힌다. 이렇게 하여 그는 강남 제1의 부호가 되었다.

세계 제국 원나라도 말기에 들어서면서 반란이 빈발했다. 장사성張士誠이라는 소금 장수는 반란을 일으켜 소주를 점령한 뒤 칭왕稱王하면서 세력을 키웠다. 이미 강남 부호로 부상해 있던 심만삼은 장사성에게 여러 차례 거금을 보냈고 군비도 적극적으로 지원했다. 장사성은 그를 크게 신임했고, 이러한 신임을 바탕으로 대외 무역과 부동산업에 대대적으로 투자해 나라에서 가장 큰 부호가 되었다.

그가 쌓은 재산 규모는 엄청나 황후조차도 "그의 재산은 국가와

도 겨눌 만하다"라고 말했을 정도였다.

난징의 성 3분의 1이 그의 주머니에서 나오다

그 뒤 주원장朱元璋이라는 새로운 패자가 출현해 마침내 원나라를 무너뜨리고 명나라를 건국하자 심만삼은 주원장에게 잘 보이기 위해 엄청난 거금을 내놓았다. 주원장이 난징의 도성을 다시 고쳐 쌓을 때는 전체 경비의 3분의 1을 심만삼이 부담했다.

그러나 주원장은 본래 사람을 믿지 않고 의심이 많았다. 그는 특히 상인을 싫어했다. 주원장은 상업을 억압해 농민이 비단과 면 그리고 명주와 무명 네 가지로 만든 옷을 입을 수 있으나 상인은 명주옷과 무명옷 두 가지만 입을 수 있도록 특별히 규정했다. 상인은 과거시험을 보거나 관리가 되는 데에도 많은 제한을 받았다. 모두 상인을 천시하고 상업을 억제하려는 뜻이었다.

주원장은 건국 이후 잇달아 강남 부호들을 숙청했다. 결국 심만삼의 사위와 손자도 사건에 연루되어 사형을 당하고 심만삼의 재산은 모조리 몰수되었다. 명나라 사람 음태산陰太山이 쓴 『매포여담』梅圃餘談은 이에 대해 "몰수된 재산은 20억 냥에 밭이 수천 경에 이르러, 이로 인해 명나라의 국고가 많이 불어났다"고 기록하고 있다.

호설암, 살아 있는 재물의 신

위험이 커야 이익도 크다

호설암의 본래 이름은 광용光墉이며, 자는 설암雪岩이다. 근대 중국을 대표하는 지성 노신魯迅은 "호설암이야말로 봉건사회의 마지막 위대한 상인이다"라고 일찍이 극찬한 바 있다. 호설암이 세상을 뜬 지 백 년이 지났지만 오늘날까지 많은 중국 경영자가 존경하는 인물이다.

호설암은 인재를 활용하고 적절히 정계와 강호江湖 세력을 이용했으며, 재물을 베풀어 인연 만들기를 즐겼다. 그리고 얄팍한 상혼으로 욕심을 부리지 않고 남을 속이지 않는 것으로 도덕성을 지켰다.

호설암은 살아 있을 때 이미 '살아 있는 재물의 신', 즉 '활재신' 活財神이란 말을 들었고 세상을 떠난 뒤에도 '상신'商神이라고 존숭되었다. 그는 황제에게서 상인으로서는 최고의 영예인 붉은 모자 紅頂를 하사받은 최초의 홍정상인紅頂商人이다.

그의 인생철학은 "불행이 다하면 행복이 찾아오고 즐거움이 다하면 슬픔이 찾아온다"는 것이었으며, "인仁에서 이익利을 구하는 자야말로 진정한 군자이고, 의義에서 재물을 구하는 자가 진정한 대장부다"라는 상경지도商經之道를 온몸으로 실천한 인물이었다.

그는 상인이라면 이득을 위해서는 칼날에 묻은 피도 핥을 수 있어야 한다고 말하면서도 몇 가지 원칙을 정했다. 법의 범위를 벗어난 검은돈을 경계했고 자신의 이익을 위해 남의 이익을 빼앗지 않으려 했으며, 신의와 양심을 저버리면서까지 돈을 벌고자 하지 않았다. 이익을 최우선으로 생각했지만 그 이익 뒤에는 반드시 재물을 베풀어 주위 사람들에게 혜택을 나누어주려 했으며 구두쇠가 되는 것을 늘 염려했다. 그는 어디까지나 명분을 중요시했고 신뢰를 중시했다. 그러면서도 변화에 기민하게 대응하고 융통성을 발휘했음을 『호설암 어록』에서 볼 수 있다.

"상인은 이익을 중시해야 하며, 이익이 있는 일이라면 칼날에 묻은 피를 핥는 것도 마다치 않아야 한다. 위험이 따르지 않는 사업은 누구든지 할 수 있지만 그만큼 성취도가 떨어진다. 위험이 많은 사업일수록 이윤이 많다. 나 호설암은 돈이 보이면 비록 자본을 날리는 한이 있더라도 과감하게 밀고 나갔다. 남에게 먹힐 바에야 차라리 나 자신에게 먹히는 것이 낫지 않는가!"

친구를 한 명 사귀면 길이 하나 늘어난다

호설암은 1823년 중국 안후이 성 지시績溪라는 곳에서 태어났다. 안후이 성은 역사적으로 상업이 발달한 지역이었다. 아버지가 죽고 집안이 어려워지자, 12세 어린 나이임에도 취업전선에 뛰어들어 항저우에 있는 금융기관인 신화전장新和錢庄에 들어가 3년 만에 정식 직원이 되었다.

그렇게 호설암의 나이가 막 20세를 넘기고 있을 때였다. 자주 가던 찻집에서 왕유령王有齡이라는 손윗사람을 알게 되었다. 왕유령은 푸저우 사람인데 아버지를 따라 저장에 왔다가 항저우에 머물고 있었다. 하지만 그 무렵 관직에 오르지 못한 왕유령의 아버지는 병을 얻어 목숨을 잃고 만다. 마땅히 갈 곳도 없는 처지인지라 왕유령은 계속해서 항저우에서 객지생활을 하고 있었다. 실업자 신세였다. 몰골도 초라하기 짝이 없었다.

청나라 시대에는 관직을 매수할 수 있었다. 이부吏部에서 발행하는 증서를 손에 쥐면 관원이 될 수 있는 자격을 얻는 것이다. 만약 결원이 생겨 그 자리에 앉고 싶다면 반드시 이부에 가서 보고해야 했는데, 이를 '투공'投供이라 불렀다. 호설암은 왕유령이 비범한 인물이라 여겼다.

호설암은 은자 500냥을 꺼내 손에 들었다. 원래 주인이 빚을 받아오라고 해서 생긴 돈이지만, 애초에 돌려받을 가능성이 거의 없었으니 빈손으로 가도 주인에게 큰 죄가 아닐 듯싶었다. 호설암은 그 돈을 전장에 내놓지 않고 그것을 밑천으로 큰 투자를 해야겠다고 생각하고 있던 터였다. 그때 마침 왕유령이란 인물이 눈앞에 나타났으니, 사람으로 돈을 벌어야 진정으로 큰돈을 벌 수 있을 것이라고 판단했다.

호설암이 왕유령을 만나 베이징에 '투공'하러 갈 수 있도록 돈을 주겠다고 하자, 왕유령은 매우 놀라며 손을 저어 거절했다. 이렇게 큰돈을 빌리는데 보증을 서줄 사람도 없었고 갚을 능력도 없었기 때문이다.

하지만 이내 호설암의 진심을 파악한 왕유령은 뜨거운 눈물을 흘리며 땅에 엎드려 절을 하려고 했다. 호설암은 그런 그를 일으켜 세웠다. 두 사람은 서로 사주를 적은 종이를 교환하고 의형제를 맺었다. 호설암은 번듯하게 술상을 차려 왕유령의 성공과 금의환향을 기원했다. 다음 날 왕유령은 북쪽으로 길을 나섰다.

하지만 이것은 분명히 공금횡령에 속하는 행위였다. 결국 그 사실이 발각되어 호설암은 전장에서 해고되었다. 다행히도 호설암 덕분에 왕유령은 중앙정부의 관리에게 줄을 대어 관직을 얻을 수 있었다. 얼마 지나지 않아 왕유령은 저장 성으로 전임되었고 계속 벼슬이 올라갔다. 호설암은 부강전장阜康錢庄을 열었고, 그의 사업은 더욱 번창했다.

얼마 뒤 호설암의 전장은 20여 개에 이르렀다. 또 왕유령의 적극적인 도움으로 저장 성의 군량미 운반과 병기 군납을 독점할 수 있었다. 이렇게 하여 호설암은 저장 성 제1의 거부가 되었다.

"친구를 한 명 사귀면 길이 하나 늘어나지만 적을 한 명 만들면 담장이 하나 더 생긴다. 장사를 하면서 상대에게 위협을 주게 되면 적대 관계가 만들어져 누구에게도 이익이 되지 않는 만큼 최대한 화해할 방법을 찾아내는 것이 손해를 보지 않는 현명한 행동이다. 상인이 갖춰야 할 능력은 사람을 제대로 쓸 줄 아는 것이다. 나는 쓸만한 구석이 있다면 다른 단점을 모두 덮어두고 기용했다. 내 성공의 비결은 남들이 감히 데려다 쓰지 못하는 인재를 과감히 받아들인 덕분이다."『호설암 어록』

명예와 이익은 동전의 양면이다

1862년 저장 성 순무巡撫로 재직하던 왕유령은 태평천국군의 사나운 공격에 패퇴하자 자결하고 말았다. 순식간에 호설암은 기댈 언덕을 잃고 위기에 빠졌다. 이때 홀연 나타난 인물이 좌종당左宗棠이었다. 좌종당은 왕유령의 후임으로 저장 순무에 임명되었다. 그러나 당시 좌종당이 이끄는 군대는 군량미를 보급받지 못한 지이미 5~6개월이 넘어가면서 굶어 죽는 자와 전쟁으로 인해 사망하는 자가 부지기수였다. 이때 호설암은 불과 3일 이내에 10만 석의 양식을 좌종당의 군대에 보내주는 능력과 신뢰를 보여주면서 좌종당의 확실한 신임을 얻었다.

좌종당의 지원하에 그는 상인 겸 관원의 신분으로 닝보와 상하이 등 항구의 통상업무도 담당하면서 외국군관에 의한 좌종당 군대의 신식 군사훈련을 지원했고, 서양식 총기와 대포로 무장할 수 있도록 물심양면으로 도왔다. 태평천국군을 저장 성에서 모두 소탕한 뒤 좌종당 군대가 거둬들인 모든 물자는 호설암의 전장에 맡겨졌고, 그는 이 자본을 바탕으로 무역활동을 확대시켰고 각 도시에 잇달아 점포를 내 그의 점포는 20여 개에 이르렀다.

그는 국가의 공식적인 공무에도 참여해 상하이 채운국采運局을 관장했고 푸젠 선정국船政局도 겸임했다. 상인이면서도 고위 관직을 겸하는 인물이 된 것이었다. 이때 그의 자산은 2,000만여 냥이었고, 금융을 독점하면서 시장을 마음대로 조종했다. 황제 총애의 상징인 붉은 모자와 황마고자黃麻褂를 하사받은 것도 이즈음이었다.

한편 호설암은 항저우에 거금 20만 냥을 투자해 호경여당胡慶餘堂이라는 약방을 설립했다. 그리고 이 약방을 베이징의 동인당同仁堂과 함께 중국을 대표하는 전통 제약회사로 키웠다. 그는 "약업은 생명과 관련된 것이므로 절대로 속이지 마라"면서 '속이지 마라'는 뜻의 '계기'戒欺라는 글자를 편액으로 만들어 걸도록 했고, 진심과 성의로 약을 제조해 신용을 지키겠다는 뜻으로 '진불이가'眞不二價라는 글자도 같이 걸도록 했다.

호경여당은 비록 역사는 짧았지만 동인당 같은 전통 있는 약방과 경쟁하기 위해 투자와 노력을 아끼지 않아 특히 탕제湯劑와 조편組片 분야에서 당시 세계 최고 수준에 이르렀다.

그 결과 벽온단僻縕丹이나 팔보홍령단八寶紅靈丹, 제갈행군산諸葛行軍散 같은 명약을 만드는 데 성공할 수 있었다. 태평천국의 난이 실패로 끝난 뒤 각지에 전염병이 돌자 호설암은 약을 무료로 제공했고, 서북지역으로 출정한 좌종당의 병사들이 풍토병으로 질병이 확산되자 약재를 대대적으로 지원했다.

평소 상업 경영에서 인재가 승패의 핵심이라는 원칙을 가지고 있던 호설암은 약방을 경영하는 최고 경영자를 공개 채용해 뽑았다. 거금을 던진 약방 설립과 최고 경영자의 공개 채용, 이 모두 당시로서는 생각할 수 없는 과감한 선택이었다.

"사람은 죽어서 이름을 남기고, 호랑이는 죽어서 가죽을 남긴다. 장사의 도리도 이와 같아서 명성을 떨치는 것이 중요하다. 이름을 얻지 못하면 고객을 끌어들일 수 없다. 명예와 이익은 동전의 양면이다. 우선 평판을 잘 쌓아야만 사업이 번창할 수 있고 거대한 부도 축적할 수 있다. 돈만 바라보고 다른 모든 것을 무시하는 사람은 결국 돌로 자기 발을 찍는 화를 자초하는 셈이다."『호설암 어록』

'의'에서 재물을 구하라

호설암은 이익을 높이는 데 끝나지 않고 수십만 구에 이르는 시체를 거두어주었고 굶주린 백성들에게 죽을 쒀서 나눠주는 구빈소를 설치했으며, 약국과 학교를 설립하고 무너진 고찰도 다시 수

축했다. 이뿐만 아니라 전란으로 움직이지 못했던 마차를 다시 통행할 수 있도록 보조했다. 이로 인하여 호설암의 명성은 천하에 널리 퍼져나갔고 그의 사업도 더욱 번성했다.

그 뒤 서북쪽 신장新疆지역이 불안해지자 조정은 좌종당에게 출정하도록 명하고는 식량조차 보급하지 못했다. 이때 호설암이 나서서 자신의 책임하에 서양에서 차관을 빌리고 대규모 약재를 보급하는 등 신장지역을 안정시키는 데 커다란 공을 세웠다. 그는 국가가 있어야 비로소 사업도 존재할 수 있다고 확신했다. 일본에 두 번 방문했을 때도 일본으로 몰래 빼돌려진 국보급 중국 문화재를 높은 가격을 치르고 다시 중국에 들여왔다.

호설암은 이외에도 각지에 극심한 가뭄이 발생하자 기꺼이 자금을 보냈다. 이렇게 그가 내놓은 재산만 해도 20만 냥의 백은에 이르렀다.

"작은 장사를 하려면 상황에 순응하면 되지만, 큰 장사를 하려면 먼저 나라의 이익을 생각해야 한다. 전체적인 상황이 호전되면 사업도 순탄해질 방법이 생긴다. 세상이 태평해지면 무슨 장사인들 못 하겠는가! 그때가 되면 내가 도와준 만큼 나라에서도 보답할 것이니 서로 도움을 주고받게 될 것이다." 『호설암 어록』

호설암의 최후

1882년 호설암은 상하이에 잠사蠶絲 공장을 설립했다. 당시 생사 가격이 계속 폭락하고 있었는데, 그는 이러한 현상이 중국 상인들 간의 과도한 경쟁으로 외국 상인에게 가격권을 빼앗겼기 때문이라고 판단했다. 그는 높은 가격으로 잠사를 대규모로 사들였고, 마침내 중국 상인과 외국 상인의 상업 전쟁이 벌어졌다. 처음에는 국내 비단을 독점적으로 매입한 호설암이 주도권을 쥐면서 서양 상인들은 몸이 달았다. 이제 호설암의 압승이 머지않은 듯 보였다.

이때 뜻밖의 상황이 전개되었다. 이탈리아에서 생사가 대풍년이 든 것이었다. 호설암과 서양 상인 간에 치열하게 벌어졌던 전쟁의 추는 급속히 기울게 되었고, 다음 해 여름 호설암은 결국 헐값으로 생사를 팔아야 했다. 이때 그는 무려 1,000만 냥의 손실을 보았고, 사방에서 예치금을 찾으려는 아우성으로 가득했다. 그해 11월 마침내 각지의 점포는 문을 닫고 집도 처분했으며 호경여당도 주인이 바뀌었다.

얼마 뒤 호설암도 세상을 떠났다. 빈손으로 일어나 재물을 한 손에 거머쥐었던 그는 그렇게 다시 빈손으로 이승을 떠나갔다.

"나는 빈손으로 사업을 일으켰고 마지막에도 빈손이었다. 잃은 것은 없다. 잃은 것이 없을 뿐 아니라 그동안 먹고 쓰고 움직인 것을 모두 번 것이다. 죽지만 않는다면 나는 언제든지 빈손으로 다시 사업을 일으킬 수 있다. '모사재인, 성사재천'謀事在人, 成事在天이라는 말이 있다. 사람들은 이 말의 의미를 일생의 성패가 오로지 어찌해 볼 수 없는 운명에 달려 있다는 뜻으로 이해한다. 그러나 나는 이 말을 완전히 바꿔 '뜻을 세우는 것은 나에게 달려 있고, 일을 이루는 것은 남에게 달려 있다'고 말하고 싶다." 『호설암 어록』

다국적 재벌 오병감과 광동십삼행

광동십삼행의 전성시대

오병감伍秉監의 선조는 청나라 강희제 초기 푸젠 성 취안저우泉州에서 광둥 성 광주로 이주해 무이산武夷山에서 차茶 사업을 했다. 당시 외국인과 비단·도자기 교역을 허가받은 소수의 중국 상인 중 하나였다.

오병감의 부친 오국영伍國瑩은 본래 광주의 최초 부자 반계潘啓의 집에서 장부 책임자로 일하다 반계와 함께 푸젠 성을 떠나 광주로 이주해 1783년 광둥에 이화행怡和行을 설립하고 상업에 나섰다. 오병감은 부친의 사업을 이어받아 사업을 크게 키웠다.

청나라의 유일한 대외무역창구였던 광동십삼행이란 실제로는 하나의 체계로서 정확히 열세 곳의 상점이 존재한 것은 아니다. 많을 때는 수십 곳의 가게가 번성했고, 적을 때는 네 곳만 있은 적도 있었다.

어쨌든 광동십삼행이 청나라의 대외무역 특권을 독점했기 때문에 모든 외국 상인이 차와 비단 등의 중국 물건을 구매하거나 서양 물건을 중국에 판매할 때는 반드시 이들 조직을 통해야 했다. 이렇게 하여 점차 광동십삼행은 안후이 성의 소금상인 및 산시 성의 진상과 어깨를 나란히 하는 거대한 상업 조직으로 성장했다.

오병감은 유럽 각국의 중요 고객들과 모두 긴밀한 관계를 맺어 이들 서양 상인들을 기반으로 한 무역으로 커다란 부를 쌓았다. 1834년 이전에 오병감과 영국 상인 및 미국 상인들 간에 매년 이뤄진 무역액은 백은 수백만 냥^{9}에 이르렀으며 그 자신이 동인도회사의 은행가로서 동시에 최대 채권자이기도 했다. 이때 그의 이름은 서양에도 널리 알려져 '세계 제1의 대부호'로 칭해지기도 했다.

오병감은 국내에 부동산과 차 농장, 점포 등을 보유했을 뿐만 아니라 바다 건너 미국의 철도와 증권 교역에 투자했으며 심지어 보험업무 등의 분야에도 관계했다. 사실상의 다국적 재벌이었다.

다국적 재벌, 오병감

당시 미국 보스턴 출신의 한 미국 상인이 오병감과 동업을 했다. 그는 오병감에게 은 7만 2천 냥의 빚을 졌다. 하지만 사업이 뜻대로 풀리지 않아 빚을 갚을 능력이 없어졌고 급기야 미국으로 돌아갈 수도 없게 되었다.

오병감이 이 사실을 알고는 사람을 시켜 차용증서를 가져오라고 하더니 미국 상인에게 "당신은 나의 첫 외국 친구요. 당신은 가장 성실했지만 운이 나빴을 뿐이오"라고 말하고는 그 증서를 찢어버렸다. 그러고는 그들 사이에 이미 증서는 없으니 언제든지 돌아가도 좋다고 말했다. 이러한 오병감의 통 큰 행동은 해외에서 그의 이름을 드날리게 했다.

사실 그의 재산은 엄청난 규모였다. 1834년에 자신들이 추계한 통계를 보면, 그의 재산은 은 2,600만 냥으로서 당시 세계 최고의 갑부였다. 주강珠江 강변에 지어진 그의 호화저택은 마치 소설 『홍루몽』에 나오는 주인공의 저택인 대관원大觀圓과 비길 만했다.

그러던 중 1840년 아편전쟁이 발발했다. 청나라 군대는 백전백

패, 궤멸 상태였다. 아니 애당초 싸울 의지조차 없었다. 할 수 없이 상인들인 광동십삼행이 팔을 걷어붙이고 중재에 나설 수밖에 없었다. 결국 청나라가 영국군에게 600만 냥의 거금을 배상하기로 했는데, 십삼행이 3분의 1을 지불하기로 했다. 이 중 오병감이 가장 많은 110만 냥을 갹출했다. 2년 뒤 아편전쟁에서 중국이 패전하고 배상금 300만 냥 중 오병감 혼자서 100만 냥을 기증했다. 실의에 빠진 오병감은 이해에 병으로 세상을 떠났다.

그가 세상을 떠난 뒤 한때 천하에 군림했던 광동십삼행은 점차 몰락하기 시작했다. 수많은 십삼행이 청나라 정부의 착취로 도산했고, 특히 외세의 강압에 밀려 중국의 여러 항구가 개항함에 따라 광동십삼행이 누렸던 무역 독점의 권한도 사라졌다. 더구나 제2차 아편전쟁 뒤 큰 화재가 발생해 한때 천하에 우뚝 섰던 광동십삼행 거리는 한순간에 한 줌의 재로 변해 버렸고, 그 뒤 두 번 다시 재기하지 못했다.

2 천하의 부귀영화를 탐한 중국의 탐관들

등통, 거지가 된 부호

등통, 하늘로 오르다

등통鄧通은 한 문제 때 총신으로서 딸만 셋 있는 집안의 막내아들로 태어나 황제의 사랑을 받았다. 등통은 어릴 적부터 학문에는 재주가 없고 단 한 가지, 배를 타고 고기 잡는 데에만 흥미가 많았다. 재산이 많은 부친은 그에게 관리가 될 기회를 주기 위해 서울 장안으로 올려보냈다. 장안에서 등통은 황실의 선박을 관리하는 황두랑黃頭郞이라는 벼슬을 얻었다.

등통을 아낀 한 문제는 좋은 황제였지만, 한 가지 단점은 귀신을 믿고 불로장생과 승천을 꿈꾼다는 점이었다. 어느 날 문제가 승천하는 꿈을 꾸는데, 아무리 애써도 하늘로 올라갈 수 없었다. 마음은 급한데 도무지 몸이 움직이지 않았다. 그런데 그때 어떤 사람이 자신의 몸을 밀어주는 것이 아닌가! 그 덕에 문제는 비로소 하늘로 올라갈 수 있었다. 뒤를 돌아보니 황두랑이 짧은 적삼을 걸치고 있는데, 등 뒤로 묶은 옷을 입고 있었다.

꿈에서 깬 황제는 꿈에서 본 사람을 찾기 위해 미앙궁 서쪽 연못 쪽으로 갔다. 그곳에서 등 뒤로 옷을 잡아맨 등통을 보고는 이름을 물으니 "하늘로 오르다"는 뜻의 '등통'登通으로 들렸다. 기분이 매우 좋아진 문제는 그를 불러 옆에 있게 했는데, 날이 갈수록 그를 총애했다.

하루는 유명한 관상가에게 등통의 관상을 보라 했는데, 그는 "등통의 운명은 굶어 죽는 것입니다"라고 말했다. 그러자 문제는 "등통을 부자로 만들 운명이 나에게 있거늘, 어떻게 그가 굶어 죽는다는 말이냐?"라면서 장안 부근에 있는 크고 작은 구리 광산을 등통에게 하사하고 주전업 독점권을 주었다. 이렇게 하여 등통은 순식간에 엄청난 부를 쌓을 수 있었다.

그때 문제는 심한 종기를 앓고 있었다. 황제의 총애에 감읍한 등통은 항상 그 종기를 입으로 빨아 고름을 빼냈다. 문제가 묻고 등통이 답했다.

"세상에서 누가 나를 가장 사랑하겠느냐?"
"그야 물론 황태자이시죠."

며칠 뒤 황태자가 문병을 왔을 때 문제는 황태자에게 자신의 종기를 입으로 빨아달라고 했다. 황태자가 입으로 빨면서도 낯빛은 좋지 못했다. 뒤에 등통이 항상 황제의 종기를 입으로 빨아준다는 말을 듣자 그는 크게 부끄러워하면서도 그를 미워하게 되었다.

몇 년 뒤 문제가 세상을 뜨고 황태자가 즉위했다. 바로 경제景帝였다. 경제는 우선 등통의 직위를 박탈하고 구리 광산을 비롯해 그의 모든 재산을 몰수했다. 등통은 한 푼도 지니지 않은 채 하루아침에 거지가 되었고, 마침내 거리에서 굶어 죽었다.

동현, 황제가 사랑한 남자

'단수'의 동성애

동현董賢은 서한西漢 애제哀帝 때의 총신으로서 엄청난 부를 쌓았다. 동현은 어사 동공董恭의 아들로서 태자의 사인舍人이었다. 그는 애제가 즉위한 뒤 낭관으로 승진했다. 애제는 상주문을 올리는 동현의 모습이 단아하고 준수하다고 느껴 그를 가까이에 있게 했다. 황제가 그를 하도 어여삐 여겼기에 그는 집에 가지 못하는 날이 많았다.

동현은 결혼한 가장이었다. 그래서 황제는 아예 동현의 처를 궁으로 옮겨 살도록 했다. 그러면서 동현의 누이도 비妃로 들여 황후 다음가는 높은 지위를 주었다. 그의 벼슬은 1천 호, 2천 호로 올라가다가 마침내 대사마까지 승진했다. 22세의 나이에 벌써 3공의 지위에 오른 것이었다. 모든 대신도 동현을 통해야만 황제에게 상주할 수 있었다.

동현은 막대한 부와 권세를 가진 것뿐만 아니라 '단수'斷袖라는 고사로도 유명하다. 동현의 준수한 용모를 사랑한 황제는 일종의 동성애 관계였다. 두 사람은 항상 같이 자고 같이 붙어 있었다. 어느 날 애제가 동현에게 팔베개를 해주고는 낮잠에 들었다. 한참 만에 애제가 먼저 잠에서 깨어 일어나려는데, 동현이 아직 곤히 자는 모습을 보고는 그가 베고 자는 자신의 소매袖를 잘라냈다. 그만큼 동현을 아낀 것이다. 이후 단수라는 말은 동성애를 가리키는 용어가 되었다.

동현은 이러한 애제의 총애 속에서 권력을 농단하고 일약 국가 최고의 거부로 부상했다. 그러나 애제가 죽은 뒤 왕망의 탄핵을 받고 모든 직위에서 파면되었으며, 그날로 동현은 자결했다.

발호장군 양기

천하의 모든 권력이 양씨 가문에 모이다

양기梁冀는 동한東漢 순제順帝 시대의 외척으로서 두 누이가 모두 황후였다. 양기의 아버지 양상梁商이 죽자 순제는 양기를 대장군에 임명했다. 순제가 세상을 떠나고 강보에 싸인 두 살 충제沖帝가 뒤를 이었지만 곧 죽고 말았다. 그러자 양기는 질제質帝를 옹립했는데, 질제는 어렸지만 총명해 양기의 방자함과 잔학함을 잘 알고 있었다.

한번은 조정회의 때 양기를 뚫어져라 바라보면서 "이 사람은 전횡 발호한 장군이다!"라고 말했다. 이 말을 들은 양기는 질제를 대단히 증오해 내시를 시켜 독살하게 했다. 질제가 세상을 뜨자 그는 환제桓帝를 옹립했다.

양기는 겨우 글자를 쓸 정도로 학문이 없었으나 활쏘기나 격구 그리고 사냥에 뛰어났고, 기마와 투계를 좋아했다. 양기가 국정을 한 손에 농단할 때 양씨 일가들이 관직과 작위를 모조리 장악했다. 양씨 일가 중 일곱 명이 제후로 봉해졌고, 황후가 세 명, 귀인이 여섯 명, 대장군이 두 명, 식읍을 보유하고 군君이 된 여자가 일곱 명, 공주와 결혼한 사람이 세 명, 기타 17명이 고위 관직을 차지했다.

환제는 양기를 특별 대우해 칼을 차고 입궁할 수 있게 했고 황제를 알현할 때 이름을 말하지 않아도 되며, 다른 공경대신들과 차이를 두어 별도의 좌석에 앉도록 했다. 그리고 10일에 한 번씩만 입조하도록 했다. 모든 정사가 그의 동의를 거치지 않고서는 결정될 수 없었고, 궁중의 모든 시종과 호위무사도 그가 친히 배치했다.

한 마리 토끼로 수십 명이 죽다

양기의 저택은 침실이 비밀 통로를 통해 모두 내실로 이어졌고, 각 방끼리도 서로 통했다. 어마어마하게 큰 기둥과 높다란 담장은 화려한 조각으로 꾸미고 모두 구리로 도금했다. 크고 작은 창문을 모두 꽃무늬로 장식했고 궁정양식의 청색 연환무늬와 구름이 맴도는 신령스러운 무늬로 꾸몄다. 누각들은 사통팔달 서로 이어졌고, 건물 사이에는 긴 다리가 공중에 높이 솟아 가로질렀으며 호수의 물 위로는 돌다리가 놓였다.

그는 또 집안에 원림園林을 꾸미도록 했는데, 그 길이가 10리에 이르렀고 아홉 개의 산언덕이 있었다. 그 안에는 온갖 진귀한 새와 동물이 뛰어놀았다. 멀리 서방에서 온 한혈명마汗血名馬도 있었다.

황가의 원림보다 오히려 더 화려했다.

또 그는 허난 성에 각지의 공장工匠들을 불러 모아 몇 년에 걸쳐 수십 리에 이르는 토원兎苑을 조성했다. 그러면서 각지에 문서를 하달해 토끼를 올려보내도록 했다. 이 토끼들은 털을 깎아 각각 기호를 표시했는데, 만약 이 토끼를 범하는 사람은 모두 처형하도록 했다. 언젠가 서역에서 온 한 호인胡人 장사꾼이 실수로 토끼 한 마리를 죽이게 되었다. 그런데 서로 죄를 전가시키는 바람에 이 사건으로 처형당한 사람만도 십여 명이나 되었다.

양기는 도성 서쪽에 별도로 저택을 짓게 하고 각지의 간사한 자들을 전문적으로 끌어모았고, 때로는 무고한 양민들을 붙잡아 와서 모두 노비로 삼았다. 그들의 숫자는 수천 명에 이르렀다.

끝없는 악행

양기의 전횡은 갈수록 극심해지고 잔학한 살육도 그치지 않았다. 158년 태사령 진수가 일식 등의 재이災異가 대장군 양기의 책임이라고 진술했다. 이 사실을 알아낸 양기는 진수를 체포하여 악랄한 고문을 가했다. 결국 진수는 옥사하고 말았다.

비빈 처소의 책임자인 등향의 처 선宣이 등맹鄧猛이라는 딸을 낳았다. 등향이 죽은 뒤 선은 양기의 처 손수孫壽의 삼촌인 양기梁紀에게 시집갔다. 그런데 손수는 등맹을 비빈으로 추천해 황제의 총애를 받도록 했고, 등맹은 귀인에 봉해졌다. 양기는 등맹을 수양딸로 삼아 자기 세력을 공고히 하고자 생각하고 등맹의 성을 양梁씨로 바꿨다.

당시 맹의 형부 병존邴尊은 의랑議郎 벼슬을 하고 있었는데, 양기는 혹시 병존이 맹의 어머니 선宣의 마음을 변하게 할까 두려워 자객을 보내 병존을 죽였다. 얼마 뒤 맹의 어머니도 죽이려 했다. 맹의 어머니 집은 중상시中常侍 원사袁赦의 이웃집이었는데, 양기가 보낸 자객이 원사의 집 지붕 위로 올라가 맹의 어머니 집으로 들어가고자 했다. 이 모습을 원사가 발견하고 곧장 북을 울려 부하를 맹의 어머니에게 보내 이 사실을 알렸다. 맹의 어머니는 곧바로 환제를 찾아가 이 일을 알렸다. 환제는 대로했다. 마침내 환제는 중상시 다섯 명과 함께 양기를 주살할 계획을 세웠다.

양기도 위험을 감지하고 부하를 궁에 보내 사전에 제압하고자 했지만 그들은 체포되었다. 환제는 곧바로 상서들을 소집해 양기의 죄상을 밝히고 무사 천여 명을 동원해 양기의 집을 포위하도록 했다. 양기와 그의 아내는 스스로 목숨을 끊었다. 이때 양기는 물론 처가의 내외 친족친척들 수십 명이 모두 체포되어 남녀노소 불문하고 모조리 처형되었고, 그 시체는 거리에 내걸렸다. 양기의 부하들도 모두 파면되었는데, 그 수가 수백 명이나 되어 순식간에 조정이 텅 빌 정도였다.

양기의 재산은 모조리 몰수되었는데, 무려 30억 냥에 달했다. 몰수한 재산으로 나라의 국고가 충실해졌다. 조정은 백성들의 조세를 반으로 감면하도록 했고, 양기의 임원林苑도 개방해 빈민들에게 그곳에서 살도록 했다.

석숭, 당신의 재산이 당신을 해친다

석숭과 왕개의 사치 경쟁

석숭石崇은 서진西晉의 개국공신 석순石荀의 아들로 태어났다. 그는 가황후賈皇后의 외조카인 가밀賈謐에게 아부해 최고의 권세와 엄청난 부를 누렸다.

석숭이 형주자사로 재직할 때 남만교위南蠻校尉와 응양장군鷹揚將軍을 겸하면서 멀리서 원정 오는 상인들을 강탈해 재산을 긁어모았다. 석숭의 재산은 화려하게 장식된 방에 수없이 이어졌고 뒤쪽의 방에는 아름다운 자수로 꾸민 비단옷을 입고 온몸에 진주와 보석으로 치장한 수백 명의 첩이 살았다. 천하의 모든 악기로 내는 아름다운 음악소리는 모두 그의 귀에 들어왔고, 지상에서 나는 작은 진귀한 산해진미가 그의 주방으로 들어갔다.

석숭과 진 무제의 장인인 왕개王愷 간에 벌어진 사치 경쟁은 볼 만했다. 왕개가 식사 후 설탕물로 그릇을 닦자 석숭은 양초로 불을 땠다. 왕개가 40리에 달하는 보랏빛 포布를 자리에 깔자 석숭은 50리에 달하는 면綿을 깔았다.

언젠가는 진 무제가 몰래 왕개를 도와 두 척尺이나 되는 산호수를 하사했는데, 가지가 무성하고 사방으로 뻗어 나가는 모양이 장관을 이루었다. 왕개가 산호수를 석숭에게 가져가 보여주자 석숭은 구경을 마친 뒤 철로 만든 공을 슬쩍 던져 산호수를 깨뜨렸다. 왕개가 안절부절 어쩔 줄 몰라 하니 석숭은 하인에게 집 안에 있는 산호수를 모두 가져오도록 했다. 왕개가 보니 높이가 3~4척 되는 산호수가 많았고 그 모양들도 휘황찬란했다. 왕개가 가져온 산호수 같은 것은 아주 많았다. 왕개는 아예 할 말을 잊었다. 그 뒤 조왕 사마윤司馬遹이 정변을 일으켜 가황후를 죽이고 가밀도 죽였다. 석숭은 가밀과 가깝다는 이유로 파직되었다.

당시 석숭에게는 그가 아끼는 녹주綠珠라는 애첩이 있었다. 그런데 사마윤의 참모 손수孫秀가 녹주를 탐내 그녀를 손에 넣으려고 부하를 보내어 데려오도록 했다. 손수의 부하가 집에 당도하자 석숭은 수십 명의 첩을 나오게 했다. 모두 아름다운 패옥으로 치장한 미녀들이었다. 석숭의 말을 시작으로 그와 손수의 부하가 설전을 벌였다.

"이 중에서 마음에 들면 얼마든 데려가시오."
"여러 명 필요 없고 녹주 한 명만 필요하오."
"녹주는 내가 아끼는 애첩이다. 너희는 갖지 못할 것이다!"
"아무쪼록 학식이 높으신 어른께서 재삼재사 다시 신중하게 판단해보십시오."

손수의 부하의 요구를 석숭은 단칼에 거절했다. 부하가 돌아가 보고하자 손수는 사마윤에게 석숭을 죽이라고 권했다. 이 소식을 전해 들은 석숭은 자신이 먼저 손을 써서 반란을 일으켜 사마윤과 손수를 처치하려고 결심했다. 그러나 손수가 이를 알아채고 황제의 명을 받아 사신을 파견해 석숭을 체포하려 했다. 이때 석숭은 누각에서 잔치를 벌이고 있었는데 느닷없이 들이닥치는 사신을 보고는 녹주와 마지막 대화를 나눴다.

"너를 위해 오늘 나는 화를 입는구나!"
"당신 앞에서 죽음으로써 당신에게 보답하겠습니다."

녹주는 누각에서 몸을 던져 스스로 목숨을 끊었다.

석숭은 붙잡혀 가면서도 "내가 멀리 유배되는 것밖에 없으리라!"고 말했다. 그러나 그를 태운 수레가 사형장에 이르자 비로소 상황을 파악하고는 탄식했다. 사신이 그런 석숭을 힐난했다.

"이 어리석은 자들이 내 재산을 노리는구나!"
"당신의 재산이 당신을 해치는 걸 알면서 왜 진작 그것들을 나눠주지 않았소?"

석숭은 더 이상 아무 말도 하지 못한 채 죽었다. 석숭의 어머니를 비롯해 형제와 처첩, 자식 등 50명이 모조리 참수당했다. 그의 나이 52세였다. 그의 재산도 모두 몰수되었는데, 그의 집안에는 물방앗간만 해도 30여 곳이나 되었고, 노비는 800명에 이르렀다.

무삼사, 측천무후의 조카

아부에 뛰어난 무삼사

무삼사武三思는 측천무후 무측천의 조카다. 그는 이씨 황족들의 반란 계획을 진압하고 그 일당을 모조리 숙청함으로써 무측천의 칭제稱帝를 위한 길을 닦았다. 무삼사는 특히 아부에 뛰어났다. 자신의 관직과 이득을 위해서라면 무슨 일이든 했다.

측천무후는 미소년을 아주 좋아해 남총男寵으로 유명하다. 최초의 남총은 설회의薛懷義였다. 설회의는 본래 성이 풍馮, 이름은 소보小寶였고 낙양에서 약을 팔고 있었는데, 고종의 딸 천금千金 공주가 측천에게 소개했다. 천금 공주는 그 공으로 측천의 양녀가 되었다. 측천은 그가 궁중 출입을 쉽게 할 수 있도록 삭발을 시켜 중으로 꾸미고 신분도 높여 이름을 설회의로 바꾸도록 했다.

설회의는 측천의 총애를 받아 길가에서 말을 마음대로 타면서 수많은 행인을 다치게 했지만 아무도 불만을 표시하지 못했다. 설회의가 말을 타고 궁을 나갈 때면 무삼사는 무측천의 또 한 명의 친척인 무승사武承嗣와 함께 한 명이 말안장을 잡으면 한 명은 말고삐를 쥐고 곁에서 같이 호위했다. 그러면서 "설 선생님, 조심하세요! 설 선생님, 조심하세요!"라고 계속 말하기를 오히려 노복보다 더 공손했다.

뒤에 설회의가 총애를 잃고 피살된 후 장창종張昌宗과 장역지張易之 두 형제[10]가 측천의 다음 남총이 되었다. 무삼사는 무승사와 함께 전과 똑같이 두 형제에게 갖은 아부를 다했다. 장씨 형제가 말을 타면 그들은 각각 안장과 고삐를 잡고, 마차를 타면 말고삐와 채찍을 쥐고서 따랐다. 그러면서 장역지를 오랑五郎, 장종창을 육랑六郎이라고 부르며 아첨했다.

음란한 삼각관계

측천무후가 죽은 뒤 무삼사의 권세는 꺾이기는커녕 오히려 더욱 강성해졌다. 왜냐하면 무삼사가 측천무후가 타계한 뒤에도 권세를 계속 이어가기 위해 훗날 이씨 황가로 복위한 중종 이현李顯을 점찍어 놓고 그와 이미 사돈 관계를 맺고 있었기 때문이다. 더구나 이현이 무능혼용無能昏庸했기 때문에 무삼사는 황궁에 수시로 드나들면서 권세를 마음대로 휘둘렀다.

무측천이 재위에 있을 때 상관완上官婉이라는 여인을 총애했다. 상관완은 원래 당 고종 때 중신이던 상관의上官儀의 손녀로서 상관의가 무측천을 폐하라고 간언했다가 미움을 받아 처형된 뒤 궁중의 노비로 전락했다. 하지만 그녀는 매우 총명하고 용모가 뛰어나 측천은 마치 비서처럼 곁에 두고서 각종 정무에 대한 논의에 참여시켰다. 측천이 죽은 뒤 이현은 그녀를 비妃로 들이고 법령을 관장하도록 했다. 상관완은 낭만적인 성격으로 일찍이 장창종과도 애매한 관계였는데, 무삼사와도 관계가 깊어졌다.

상관완은 자신의 세력을 넓히기 위해 무삼사를 평소 정치 야욕이 컸던 이현의 부인 위후韋后에게 소개했다. 위후는 제2의 측천무후가 될 야심을 지니고 있던 여자로서 장막 뒤에서 정사를 주무르고 있었다. 이들 세 명은 한 패거리가 되었다. 더구나 세 사람 간에 음란한 관계가 형성되어 그 사실을 궁중에서 모르는 이가 없었다. 자기의 두 여자를 빼앗긴 이현만 알지 못하고 있었다.

그러나 이현은 무삼사를 자기의 은인이자 심복으로 생각해 하루라도 무삼사가 보이지 않으면 곧장 위후와 함께 무삼사 집으로 찾아갔다. 무삼사 집에서 위후와 무삼사가 서로 희롱하며 애교를 부려도 이현은 개의치 않았다. 도리어 위후와 무삼사가 윷놀이를 하면 자기가 중간에서 말을 옮겨주는 역할을 했다.

무삼사와 위후 그리고 상관완 세 명은 장간지를 비롯해 자신들의 전횡에 비판적인 다섯 명의 중신을 추방하고 잔혹한 형벌을 가해 죽게 했다. 이렇게 10여 년 동안 국정을 농단한 무삼사는 매관과 뇌물을 받고 벌을 깎아주는 방식으로 재산을 늘려 국가와 견줄 만한 규모를 자랑했다.

황태자 이중준李重俊은 무삼사가 궁중에서 온갖 음행을 일삼고 이현을 기만하면서 전권을 휘두르며 전횡하며 상관완과 짜고 조서를 조작하며 여전히 무씨武氏를 추존하는 것을 잘 알고 있었다. 그는 무삼사와 위후에게 불만을 지닌 대신들을 규합하고 기병 천명과 보병 300명을 동원해 무삼사의 집을 습격한 뒤 무삼사와 그의 아들을 죽였다.

가사도, 귀뚜라미를 사랑한 간신 재상

망국의 원흉

가사도賈似道는 남송이종南宋理宗 때의 간신이며 졸장 중의 졸장으로서 망국의 원흉이었다. 몽골이 침략해오자 황제는 우승상이던 가사도에게 출정을 명령했다. 하지만 군사에 대해서는 아는 것이 하나도 없었던 가사도는 화의를 청할 생각만 했다. 그래서 몰래 몽골군과 만나 송 조정이 원에게 진공進貢할 것이라고 귀띔했으나 몽골의 홀필열忽必烈 장군은 이 정보를 거부했다. 그 뒤 몽골의 대한大汗 몽가蒙哥가 전사했는데, 가사도는 홀필열이 얼른 귀국해 재위를 노리고 있다는 사실을 알고서 홀필열과 화약을 맺고 신하를 칭하며 매년 20만 냥의 은과 20만 필의 비단을 바치겠다고 약속했다.

그렇게 비밀화약을 맺은 뒤 가사도는 장군들과 회의를 하여 몽골군이 철수하는 틈을 타 공격했다. 이때 몽골군 170여 명을 살상했는데, 가사도는 이를 "일찍이 없었던 전공"으로 과대 포장하고 이 승전 첩보를 조정에 보냈다. 물론 몽골군이 철수한 진짜 이유는 전혀 밝히지 않았다.

이 첩보를 들은 황제는 너무나 오랜만에 들어보는 승전보인지라 기분이 좋았다. 그는 가사도를 크게 찬양하면서 문무백관들에게 가사도의 '개선'을 공손히 맞으라고 명했다. 그 뒤 황제는 승상을 파직시키고 가사도에게 모든 전권을 주었다. 이후 가사도는 갖은 농간을 부리며 국가 재정에 맞먹는 재산을 착복했다.

황제의 수염에 뛰어오른 귀뚜라미

1267년, 몽골군이 상양襄陽을 포위했다. 바야흐로 변방이 백척간두에 달려 있다는 문서가 계속 도달했지만 가사도는 자기의 놀이와 향락이 우선이고 국사는 그다음이었다. 그는 올라오는 모든 문서를 가로채고 일체 조정에 올리지 않았다.

가사도가 가장 좋아한 건 귀뚜라미였다. 그는 귀뚜라미에 관한 한 최고의 전문가였다. 세계 최초의 귀뚜라미 전문서적인 『촉직경』促織經을 펴내기도 했다. 사람들은 그를 가리켜 '가충'賈蟲, 즉

'가씨 벌레'라 불렀다. 그는 귀뚜라미 싸움을 무척 좋아해 어전회의 때도 귀뚜라미를 품에 품고 다녔다. 이 때문에 어전회의 중 귀뚜라미 소리가 들리고 소매에서 귀뚜라미가 튀어나오기도 했다. 심지어 어떤 때는 귀뚜라미가 황제의 수염에 뛰어오르기도 했다.

도종度宗이 죽고 몽골은 이미 악주鄂州를 점령했다. 온 조정이 가사도에게 출정 압박을 가하자 가사도도 할 수 없이 출정했다. 그는 몽골의 승상 백안伯顔에게 선물을 바치면서 땅을 떼어주고 배상금을 바치겠다고 간청했으나 백안은 끝내 거부했다. 그는 저항할 생각은 전혀 하지도 않고 자신이 지휘하는 13만 대군을 버리고 몇몇 부하들과 함께 작은 배로 도망쳤다. 결국 송나라 군사들은 지금의 안후이 성 정가주丁家洲에서 대패했고, 사상자와 도망친 병사의 수는 부지기수였다. 몽골군은 순식간에 송나라의 수도 임안을 포위했다.

그러자 조정은 가사도를 파면시키라는 원성이 높았다. 조정 실권을 쥔 사태謝太 황후도 별수 없이 가사도를 파면했다. 이에 조정 내외에서 다시 가사도를 처형시키라는 요구가 빗발쳤다. 황후는 가사도를 멀리 광둥지방으로 유배를 보냈다.

이때 일찍이 가사도에게 가족이 화를 입었던 정호신이라는 현위縣尉가 가족의 복수를 위해 일부러 자신이 가사도를 수행해 유배지에 가겠노라고 자원했다. 유배지로 가는 도중에 정호신은 여러 차례에 걸쳐 가사도에게 스스로 목숨을 끊으라고 강박했지만 가사도는 구차하게라도 살고자 했다. 그렇지만 계속 정호신이 압박을 가하자 가사도는 약을 마시고 죽고자 했다. 그러나 죽지는 않고 구토만 했을 뿐이었다. 마침내 정호신은 그를 변소에 데려가 죽였다.

유근, 능지처참된 간신

'팔호'의 우두머리 환관

유근劉瑾은 명대 천계제天啓帝 무종武宗 때 환관이었다. 그는 산시 성 출신이며 여섯 살 때 궁중 태감에게 맡겨져 키워졌다. 성장하면서 점점 지위가 높아져 효종 때 태감으로 올라 태자를 모시게 되었다. 1505년 효종이 세상을 떠나자 태자가 재위를 이으니 그가 곧 무종이다. 유근은 당시 10여 세에 불과한 황제를 모시면서 국정을 농단했다.

유근을 비롯해 마영성馬永成, 고봉高鳳 등 일곱 명의 태감은 무종의 총애를 받아 '팔호'八虎라고 불렸다. 유근은 이 '팔호' 중의 우두머리였다. 이들은 경성의 정예 수비대까지 장악하면서 전권을 휘둘렀다. 반면 대신들은 조정 업무에서 모두 배제되었다. 그러자 대신들은 잇달아 간언을 올렸고 마침내 무종도 마음이 움직여 유근을 강남으로 유배시키기로 결정했다.

그러나 대신들은 이 기회에 화근덩어리 유근을 처형시켜야 한다고 의견을 모으고 모든 대신이 다음 날 함께 모여 황제에게 유근을 죽이라고 간언하려는 계획을 세웠다. 그러나 이부상서 초방焦芳이 밤에 유근을 찾아가 그 계획을 폭로했다. 매우 놀란 유근은 다른 일곱 태감과 함께 황제를 찾아가 눈물을 흘리며 간청했다. 무종은 유근이 자신에게 충성을 다했던 것을 생각해 그들을 사면했다.

그러면서 그에게 사례감司禮監 직책을 주었다.

이 사례감은 매우 중요한 내궁 관서였다. 명나라 때 백관이 황제에게 상서하게 되면 먼저 내각에 보내져 내각 대신들이 의견 처리를 한 다음 황제에게 올려지고, 황제는 빨간색의 붓으로 재가했다. 그런데 어떤 황제는 정무가 귀찮아 사례감에게 대필하도록 함으로써 사례감이 국정을 농단할 수 있었다. 게다가 사례감은 황제의 뜻을 하달하는 직책이었기 때문에 태감이 황제 대신 대필을 하고 이를 내각으로 하여금 기초하게 하거나 태감이 구두로 관련된 대신들에게 황제의 뜻을 전달했다.

이 제도는 환관들이 황제의 뜻을 왜곡시킬 수 있도록 만들었고, 사례감의 주관主管이었던 유근의 전횡과 발호는 바로 이 제도에 힘입은 바 컸다. 물론 유근은 전권을 손에 넣자 자신을 반대하던 대신들을 모조리 숙청했다.

'서 있는 황제'와 '앉아 있는 황제'

사람들은 유근을 '서 있는 황제'立皇帝라고 불렀고, 반면 황제 무종은 '앉아 있는 황제'坐皇帝라 했다. 유근은 사냥매로 토끼 사냥을 하는 등 놀기 좋아하는 무종을 공놀이나 말타기 그리고 매사냥에 심취하도록 했고, 가장 흥이 날 때를 기다려 정사를 청했다. 무종은 항상 귀찮은 듯 "왜 모든 일마다 나를 찾느냐? 너희는 놀고만 지내느냐?"라고 말했다. 유근은 몹시 미안한 표정을 지으며 물러갔으나 속으로는 쾌재를 불렀다.

그렇게 하여 국정은 모조리 그의 손에 넘어왔다. 각지 관리들이 서울로 올라오게 되면 모두 그에게 뇌물을 바쳐야 했다. 이름하여 '접견의 예禮'였다. 뇌물은 바쳤다 하면 백은 천 냥이요 어떤 때는 5천 냥도 있었다. 돈이 부족해 서울 부호에게 빌려서 뇌물을 바친다고 해서 사람들은 '경채'京債라 부르기도 했다.

또 유근은 특무 비밀조직인 내행장內行場을 설치해 관료들과 백성들을 감시, 탄압하고 공포 분위기를 조성함으로써 전권專權을 행사했다. 이 시기에 "자기와 생각과 의견이 같은 무리는 편들고, 자기편이 아니면 공격하다"는 '당동벌이'黨同伐異가 극심했다.

그의 국정 농단은 조정의 극심한 혼란을 초래했고, 천하의 모든 뇌물을 독점하는 그의 탐욕은 끝이 없었다. 이는 결국 조정을 크게 동요시켰다. 관리들이 그에게 뇌물을 바치려면 백성들을 착취해야 했기 때문에 궁지에 몰린 백성들은 결국 반란을 일으킬 수밖에 없었던 것이다.

1510년, 결국은 무능하기 짝이 없던 무종의 귀에도 유근의 죄상이 들리게 되었다. 매우 놀란 무종이 직접 유근의 집을 수색하니 놀랍게도 옥새와 옥대玉帶까지 나왔다. 심지어 유근이 평소 사용하던 부채 속에는 두 자루의 비수도 있었다. 무종은 대노했다. 그리고 당장 그를 체포하도록 했다. 그는 능지처참 되었다. 그것도 무려 3,357차례 칼로 도려내는 극형이었다. 처음에 가슴부터 열 차례 칼을 대는 '10도刀'부터 시작되었고, 그가 혼절할 것을 대비해 그가 깨어나면 다시 칼을 댔다. 이렇게 하여 이틀째 되던 날 그는 숨졌다. 그가 숨진 후에도 극형은 계속 이어져 3,357차례 칼질을 했다. 갈기갈기 잘린 그의 살점은 그에게 피해를 본 사람들에게 헐값에 팔아 사람들이 먹기도 했다.

『아시아 월스트리트 저널』은 2001년 유근을 1000년 이래 세계에서 가장 부유한 50명 중 한 명으로 뽑았다. 뇌물로 이룬 그의 재산은 무려 황금 250만 냥과 백은 5천만여 냥에 이르렀다. 훗날 이자성李自成이 베이징에 진공할 때 명나라 조정의 1년 재정수입은 고작 백은 20만 킬로그램에 불과했다.

엄숭, 희대의 아부꾼

국장 농단의 주범

엄숭嚴嵩은 명대 만력제 때의 유명한 권신이자 간상으로서, 20여 년 동안 국정을 농단했다. 엄숭에 대해 『명사』明史는 그를 간신 편에 수록하면서 "가진 재주는 없으며, 유일한 능력은 아부를 잘하는 것이다"라고 기록되어 있다. 권모술수를 부리고 뇌물만 탐하는 탐관오리의 전형으로서 고관대작과 개인의 부귀만을 꾀했다.

당시 황제 세종은 도교에 심취해 불로장생에 몰두하면서 정사에는 도무지 관심이 없었다. 그리하여 조정의 모든 사무는 신하들에게 맡겨 처리토록 했는데, 특히 예부상서 하언夏言이 총애를 받았다.

하언은 엄숭의 동향으로서 엄숭은 그에게 온갖 아부를 떨었다. 하루는 엄숭이 집안에서 잔치를 벌였다. 하언에게도 특별히 초청장을 보냈고 하언은 오겠다는 대답도 전해왔다. 그러나 정작 잔치에 나타나지 않아 엄숭은 내내 그를 기다렸다. 그렇게 기다리다가 엄숭이 하언의 집을 찾아가 보니 문지기는 주인어른이 출타 중이라고 대답했다. 엄숭은 자리를 가득 채운 손님들과 식어버린 음식 앞에서 크게 탄식을 하더니 혼자 음식을 먹었다. 이 사건으로 엄숭은 하언에게 마음속으로 깊은 한을 품게 되었다.

그 뒤 엄숭의 지위는 점점 높아졌고 세종의 신임도 얻었다. 하언은 세종이 도교에 심취하는 것을 반대해 자주 직언했고, 세종은 그 때문에 점점 하언을 멀리하게 되었다. 엄숭의 지위는 계속 올라 태자의 태부가 되었다. 그때 황제에게 하언을 축출하라고 몇 번이나 권하니 황제는 마지못해 하언을 축출했다. 이제 국정은 엄숭이 독단하게 되었다. 그러나 조정중신들이 세상을 떠나자 세종은 다시 하언을 기용했다.

당시 북방 달단족이 중원을 침략했는데, 이 기회를 노려 엄숭은 황제의 근시近侍들을 매수해 하언이 뇌물을 받았고 조정에 보고도 하지 않았으며 변방의 장군과 함께 반란을 일으키려 했다고 모함했다. 황제는 엄숭의 말을 곧이곧대로 믿고 하언을 참수했다. 세종은 여전히 도교에만 몰두해 정사에는 전혀 생각이 없었고, 모든 정무는 엄숭이 재결했다. 당시 엄숭과 도사 그리고 좌우 근시 외에는 아무도 세종을 만날 수 없었다.

돌아갈 집조차 없게 되다

엄숭이 나이가 들자 엄숭의 아들 엄세번嚴世蕃이 관직에 올라 국정을 농단했다. 엄세번의 방자함이 얼마나 심했던지 당시 시중에서는 "황제는 엄숭 없이 살 수 없고, 엄숭은 아들 없이 살 수 없다

네"라는 말이 떠돌았다.

엄숭 부자가 국정을 장악한 지 20여 년, 모든 천하 사람이 그들을 원망했다. 엄씨 부자는 심지어 집안의 보물 창고에서 "조정이 나보다 부자가 아니다!"라며 크게 웃었다. 수많은 대신이 엄 부자를 탄핵했고, 마침내 세종은 그들을 잡아들였다. 그리고 엄세번을 참수했다. 엄숭의 재산은 모조리 몰수되었고, 그는 이제 돌아갈 집도 없었다. 그로부터 2년 뒤 엄숭은 병사했다.

화신, 18세기 세계 최고의 부호

유능하고 청렴했던 젊은 시절

화신和珅은 청대 최대의 탐관으로서 건륭제의 총신이자 청 왕조 최대의 탐관이었다. 건륭제 사후 청나라 조정은 화신의 집을 수색했는데, 그의 집에서 무려 백은 8억 냥이 나왔다. 이는 자그마치 당시 청나라 10년 재정수입에 해당하는 것이었다. 그런 그도 젊은 시절에는 매우 청렴한 관리였다.

화신은 만주족 출신으로서 어머니는 그가 3세 때 그의 동생을 낳다가 난산難産으로 세상을 떠났고 아버지는 그가 9세 때 사망했다. 과거에 합격해 관직에 나간 뒤 23세 되던 해에 포목창고 관리를 담당하는 관리가 되었는데, 성실하게 직무를 수행해 포목 비축량을 크게 늘렸다. 이때 뒷날 그가 엄청난 재산을 모을 이재理財를 배울 수 있었다.

그 뒤 화신은 건륭제 의장대 시위侍衛로 자리를 옮겼다. 어느 날 건륭제가 야외로 나가려고 시종관들에게 의장을 준비하도록 했다. 그런데 가마를 덮은 황룡산개黃龍傘蓋가 제대로 준비되지 않자 화를 냈다.

"이는 누구의 잘못인가?"

황제가 화를 내니 좌우 신하들이 모두 사색이 되었다. 이때 한 젊은 교위 하나가 나서며 말했다.

"담당자는 책임을 변명하지 않는 법입니다."

이는 『논어』「계씨편」季氏篇에 나오는 내용을 비유적으로 답한 것이었다.[11] 내심 탄복을 금하지 못한 건륭제가 그 젊은 교위를 불러 이름을 물었다. 바로 화신이었다. 외모도 준수했고 말솜씨도 또렷해 건륭제의 마음에 무척 들었다. 건륭제는 다른 문제들도 물어보았는데 답변이 마치 물 흐르듯 유창했다. 더구나 화신의 용모는 건륭이 황제가 되기 전에 연모했던 연귀비年貴妃와 너무 닮았었다. 성격이 낭만적이었던 건륭의 마음에 들지 않을 수 없었다.

화신이 처음부터 부정부패한 관리는 아니었다. 오히려 뇌물을 주어도 거절하는 청렴한 관리로 명성이 높았다. 그러나 대학사 이시요李侍堯의 부패 사건을 조사하는 책임을 지고 처리하는 과정에서 그 부정 재산을 몰래 착복했다. 그런데 적발되기는커녕 오히려 그 사건을 잘 처리했다고 공훈을 인정받아 황제에게서 상금을 하사받고 칭찬도 들었다. 더구나 그 뒤 큰아들과 건륭제의 친딸 화효공주가 결혼하게 되어 그야말로 지체 높은 황친국척皇親國戚이 되었다.

최고의 권신

건륭제는 화신과 하루도 떨어질 줄 몰랐다. 만주어와 중국어에 몽골어와 티베트어 등 4개 언어에 능통했고 사서삼경에도 정통했으며 『삼국지연의』며 『춘추』와 『홍루몽』까지 두루 섭렵한 그였다. 그는 주희의 철학까지 독파했다. 또 시인인 건륭제와 더불어 시를 지을 수 있었다. 그뿐 아니었다.

하루는 건륭제가 『맹자』를 읽는데, 날이 어두워서 주注가 잘 보이지 않자 화신에게 등불을 가져와 비춰보라고 했다. 화신이 어느 구절이냐 묻고는 그 책의 모든 주를 외워서 건륭에게 말해주었다. 황제가 강남을 순행할 때 엄청난 자금이 소요되었다. 하지만 이때마다 돈을 만드는 데 귀신인 화신의 능력이 특별히 발휘되어 경향 각지에서 자금을 조달할 수 있었기 때문에 건륭은 별 어려움 없이 강남 순행을 다닐 수 있었다. 건륭에게 그만한 신하가 따로 존재할 수 없었다.

어쨌든 황제와 사돈이 된 화신의 권력은 그야말로 최고의 권신이 되었다. 한림원 대학사로서, 군기대신으로서 조정 대권을 한 손에 거머쥔 화신은 특히 자신을 탄핵한 바 있던 문관들을 혐오했다. 결국 많은 문관에게 명나라를 추종해 청나라를 비방했다는 혐의를 씌워 사형시켰다. 이를 자기가 쓴 문장 때문에 화를 당했다 하여 '문자옥'文字獄이라 한다.

그는 젊은 시절 청렴했던 자신의 이미지를 벗어던지고 공공연하게 재산을 긁어모으는 데 혈안이 되어 뇌물을 받는 것은 물론이고 드러내놓고 횡령하거나 대낮에 빼앗기도 했다. 지방 관리들의 상납품은 화신의 손을 거쳐 황제에게 올라갔는데 그는 그중 진귀한 것들을 가로챘다.

그는 전국의 모든 상인을 자신에게 굴복하게 했고, 말을 듣지 않으면 폭력배들을 동원해 멸문시켰다. 저장 성의 부호 증씨曾氏는 화신에게 경비를 바치기를 거부했다가 집에 강도가 들이닥쳐 하룻밤 사이에 모든 가족이 몰살당하고 전 재산을 강탈당했다. 겉으로는 강도를 당했다고 소문이 났지만 사실은 모두 화신의 손에 들어갔다.

15년 동안 국가가 쓰고도 남을 그의 재산

화신은 18세기 당시 세계 최고의 부자였다. 같은 시대 독일의 저명한 금융가 로스차일드Amschel Mayer Rothschild보다 재산이 더 많았다. 화신 스스로 대상인이기도 했다. 수백 곳에 달하는 전당포와 은호를 보유했고, 영국의 동인도회사나 청나라의 대외무역 독점 기관인 광동십삼행과 교역하기도 했다. 하지만 건륭제가 화신의 부정을 밝히지 않는 데다가 사람들은 화신이 두려워서 고발하지 못했기 때문에 단 한 번도 부정이 드러나지 않았다. 화신의 비위를 맞추느라 조정 안팎의 관리들은 백성들에게서 수탈해온 진귀한 보물들을 앞다투어 그에게 갖다 바쳤다. 건륭제는 재위 60년 만에 태자 영염永琰에게 황제 자리를 양위했는데, 그가 바로 가경제다. 그러나 건륭은 비록 양위는 했지만 완전히 물러난 것이 아니었다. 그는 화신을 가경제와 자신의 중간에 있게 하고서 섭정했다. 이 무렵 건륭제의 말소리는 매우 작고 더듬거려서 화신만이 알아들을 정도였다. 모든 국정은 사실 화신이 농단했고, 가경제는 그저 허수아비였을 뿐이었다. 사람들은 화신을 '이황제'二皇帝라 불렀다.

마침내 건륭제가 붕어하자 가경제는 즉시 화신의 20조 대죄를 선포하고 그의 집을 압수 수색하도록 명했다. 그의 집에서 백은 8억 냥을 압수했는데, 당시 청 왕조 1년 세수는 고작 7~8천만 냥에 지나지 않았다. 청나라 조정의 10년 세수입에 해당하는 액수였다. 화신의 재물은 이후 국고로 옮겨졌으며, 민간에서는 "화신이 거꾸러지니 가경황제의 배가 부르구나"라는 말이 퍼졌다.

국법을 담당하는 정의廷議가 능지처참을 청했으나 화효 공주의 시아버지이고 선조先朝의 대신이었던 점이 참작되어 자진自盡하도록 윤허되었다. 정월 18일, 마침내 흰 노끈이 보내지고 화신은 자진했다. 아들은 화효 공주의 남편이었기 때문에 면죄되었다.

건륭제 이후 청나라가 쇠락한 데에는 화신의 엄청난 부정부패가 커다란 요인 중의 하나로 꼽힌다. 당시 이미 화신뿐만 아니라 관료층의 부패는 점차 만연되고 있던 상황이었다. 건륭 말기에는 백련교가 크게 발흥해 사회 혼란이 조성되기도 했다. 건륭은 강희의 위민爲民 전통을 충실하게 이어받아 세금 징수를 최소화했지만, 이러한 세수 제한은 급속하게 증가하는 인구와 영토에 대처하기 위한 국가 재정의 확충을 오히려 축소시키는 역작용을 발생시켰다. 건륭제 이후 청나라는 급속하게 기울었다.

소덕장, 최후의 환관

부자가 되는 유일한 길, 환관

소덕장小德張의 집안은 가난했다. 아버지는 고기를 잡는 어부였다. 그가 열두 살 되던 해 가뭄이 들어 집에 먹을 것이 하나도 없었다. 그는 형과 함께 부자 할머니 집으로 세배하러 갔다. 무엇이라도 얻어먹기 위해서였다. 북풍한설이 휘몰아치고 옷은 남루해 춥기 그지없었다. 할머니 집에 당도해보니 집 앞에 호화로운 마차가 서 있었다. 그 마차를 넋 놓고 바라보고 있는데, 그 집 아들이 나와서 "꺼져! 너희 집은 평생 가봤자 이런 마차 살 수도 없다!"고 소리쳤다. 어린 형제는 너무 자존심이 상하고 화가 나서 곧장 집으로 돌아왔다.

집으로 돌아와 어머니에게 자초지종을 말하고는 어떻게 해야 돈을 벌어 호화로운 마차를 살 수 있겠느냐고 물었다. 당시 소덕장의 고향에 환관 출신으로 태감의 자리에 오른 이연영李蓮英이라는 인물이 있었다. 어머니는 슬픈 얼굴로 대답했다.

> "가난한 집이 돈을 벌 수 있는 건 황제의 시종이 되는 수밖에 없단다. 환관이 되는 거지."

어머니는 어떻게 환관이 될 수 있는지도 간단히 말했다. 말하는 사람은 무심코 말했으나 듣는 사람은 열심이었다. 그날 밤 소덕장은 잠을 이룰 수 없었다. '어떻게 해서라도 호화로운 마차를 사고야 말 테다. 그리고 반드시 그 할머니 집보다 열배 백배 잘살 것이다.' 그러나 아무리 궁리해보아도 뾰족한 방법이 없었다. 몸을 이리 뒤척이고 저리 뒤척여 봐도 도무지 좋은 생각이 떠오르지 않았다. 그러다가 결국 어머니 말대로 환관이 되는 길밖에 없다고 결론지었다.

소덕장은 몰래 부엌으로 나왔다. 그리고 부엌칼을 들어 자기 '물건'을 잘랐다. 피가 낭자했다. 어린 소년은 고통을 견디지 못하고 혼절하고 말았다. 어머니가 이 모습을 보고 혼이 나갔다. 자기가 아들에게 그런 말을 해준 게 너무 후회막급이었다. 어쨌든 서둘러 응급 처치를 해 간신히 목숨을 건질 수 있었다. 소덕장은 6일 만에 깨어났다.

기왕 이렇게 된 바에야 별수 없이 환관의 길을 걸어야 했다. 마침 이 무렵 궁중에 한 태감이 죽는 바람에 환관으로 들어갈 수 있었다. 그는 환관이 될 수 있는 열다섯 살이 아직 되지 않았기 때문에 3년을 기다려 정식으로 환관이 되었다.

황후의 마음에 들고자

소덕장이 처음 일하게 된 곳은 차 작업장茶坊이었다. 그러나 그곳을 총 관리하는 책임자 환관은 성격이 괴팍한 데다 툭하면 구타했다. 그러나 그런 일보다도 정작 소덕장을 절망시킨 것은 만약 그곳에서 계속 일하게 된다면 황제나 황후, 태후는커녕 태감도 구경할 수 없고 평생 자기 상사만 쳐다봐야 하는 운명이었다. 그렇게 되면 자기가 그토록 오매불망 바라마지 않던 부자가 될 가능성은 애당초 없었다. 소덕장은 궁리 끝에 상사의 말에 사사건건 일부러 어긋나게 굴어 쫓겨나는 길을 택했다.

결국 그가 의도한 바대로 쫓겨난 뒤 경극을 하는 곳으로 옮기게 되었다. 경극은 고된 훈련이 필요한 곳으로 사람들이 가장 기피하고 있었다. 하지만 소덕장은 그곳에서 경극을 익히는 데 몰두했다. 그러던 중 때마침 당시 실권자이던 자희慈禧 태후가 구경 와서 그를 칭찬하고 상금도 내렸다. 가능성을 본 그는 하루에 세 시간만 자면서 모든 힘을 다해 창唱과 기예 그리고 무술동작을 하나하나 배우는 데 혼신의 힘을 다했고, 마침내 자희 태후의 마음에 들게 되었다.

소덕장이라는 이름도 자희 태후가 지어준 것이었다. 자희 태후가 소덕장을 불러 몇 가지 문제를 물었는데, 소덕장의 대답은 매우 명쾌하고 조리가 분명했다. 이에 자희 태후의 총애는 더욱 깊어졌다. 마침내 그가 22세 되던 해 후궁태감회사後宮太監回事로 승진했다.

당시 대총관은 고향사람인 이연영이었다. 그는 이미 40년을 총관으로 일하고 있던, 소덕장이 지향하는 인물이었다. 그는 이연영을 먼발치에서 보면서 그가 말하는 법부터 걸음걸이며 조그만 동작 하나하나를 모두 배워나갔다. 다만 소덕장이 이연영과 달랐던 점은 그가 더욱 융통성 있었고 더욱 심지가 깊었다는 것이었다. 성공의 길은 이로부터 열렸다.

자희 태후가 세상을 떠난 뒤 소덕장의 기민한 지모와 결단력이 발휘되었다. 결국 융유 태후가 실권을 쥐게 되었고, 소덕장은 꿈에도 바라던 대총관의 자리에 올랐다. 소덕장은 엄청난 규모의 자금이 지출된 자희 태후의 장례를 관장하면서 그중 적지 않은 돈을 손에 넣었다.

소덕장은 융유 태후에게 은 10만 냥을 하사받았다. 그뿐만 아니라 저택도 하사받았다. 무려 몇백 간이나 되는 저택이었다. 그의 저택은 '극락사 총관부'極樂寺 總管府라고 칭해졌다. 하늘을 찌를 듯한 그의 권력을 상징하고 있었다. 융유 태후를 만나려면 먼저 그의 '윤허'가 있어야 했다.

신해혁명 발발 후 이미 천하의 판도는 기울었다. 융유 태후가 조정 중신을 소집해 어전회의를 열었지만 혁명군을 진압해야 한다는 주장과 퇴위해야 한다는 주장이 서로 팽팽히 맞서 쉽사리 결론이 나지 않았다.

당시 내각 총리대신 위안스카이袁世凱는 야심이 큰 인물로서 스스로 황제로 칭하고자 했다. 위안스카이는 혁명군과 우호적 자세를 취하면서 동시에 청 조정에 압력을 가했다. 쑨원이 임시 대총통을 맡고 있을 때 위안스카이가 공화주의를 옹호하기만 한다면 청황제를 퇴위시키고 위안스카이를 총통으로 옹립하겠다고 표시했다. 그리하여 위안스카이는 소덕장을 만나 거액을 주면서 융유 태후에게 압박과 동시에 퇴위하면 평생 안전하고 평안하게 지낼 수 있도록 보증할 것이라고 권하도록 했다.

마침내 청 조정은 위안스카이의 조건을 받아들였고, 1912년 2월 12일 청 황제 푸이는 퇴위 조서를 전국에 반포했다. 위안스카이는 소덕장에게 톈진에 집을 얻어주었다.

네 명의 아내를 둔 최후의 환관

궁중 생활에 염증을 느낀 소덕장도 25년에 걸친 궁중 생활을 접고 민간으로 나왔다. 톈진의 영국 조계지에 거처를 잡은 그는 네 명의 부인을 들였다. 나이가 들수록 여인에 흥미가 많아졌다. 그는 베이징과 고향에 엄청난 규모의 토지를 보유하고 있었을 뿐만 아니라 톈진에 건물 12채가 있었고, 베이징에도 호화주택을 보유하고 있었다. 또 베이징 중심가에 10여만 냥의 자금을 들여 커다란 전당포 두 곳을 열었고, 20여만 냥을 투자해 주단綢緞 가게도 냈다.

그는 물 한 잔 마셔도 시종을 불러 물을 가져오도록 했다. 그러나 보통 사람들은 그를 만날 수 없었다. 청 왕조의 황족이 사람을 시켜 자신을 암살하지 않을까 항상 걱정했던 그는 곁에 환관 출신 측근만 두고서 저택 깊은 곳에서 물질적으로는 부유했지만 정신적으로는 평생을 무료하게 보냈다. 남성은 일체 집안으로 들어올 수 없었으며, 대문은 항상 자신이 여닫았고 손수 요리했다. 그는 1957년 4월 19일 81세를 일기로 세상을 떠났다.

부_富로 읽는 중국의 역사

4

제국의 흥망, 부의 성쇠

중국은 전란과 정치적 불안 없이 20~30년 정도만 유지되어도 반드시 국가가 흥성했다. 그만큼 생산과 교역, 시장 그리고 상업 정신이 이미 준비되고 갖춰진 국가였다. 비록 최근세사에서 중국의 어두운 측면이 돌출되어 드러나게 되었지만, 오늘 중국이 보여주는 '굴기'의 모습은 역사상 축적되어온 저력의 현현顯現이며, 필연적인 추세이고 결과이기도 하다. 다만 앞의 '전란과 정치적 불안이 없이'라는 전제가 자못 의미심장하다. 거꾸로 역대 중국은 전란과 정치적 불안이 내내 심각했다는 반증인 셈이다. 결국 여하히 평화와 정치적 안정을 성취해나갈 수 있는지가 중국 발전의 관건이 될 것이다.

1 사마천의 「화식열전」

'현인'이 된 상인

「화식열전」, 부에 관한 바이블이 되다

2천 년 전 사마천은 실로 풍부하고 심오하며 체계적인 정책 주장을 갖추고 있으면서도 동시에 다양한 분야의 이론을 논증하면서, 거시 범주의 '부국론'富國論과 '인지론'因之論 그리고 미시 범주에 있어서의 '치생론'治生論을 「화식열전」이라는 하나의 학설체계에 담아냈다.

이 「화식열전」이야말로 장기적인 중농억상정책의 억압 속에서도 인간 본성과 중국이 지닌 천혜의 상업 환경을 천재적으로 결합시켜 백성들에게 상업 활동의 정당성을 확인하게 해주고 누구든지 기회를 잡고 노력을 다해 부를 쌓을 수 있다고 '선동'하는 바이블이었다.

사마천이 살고 있던 한나라 초기, 아직 진나라의 억상정책은 견고했다. 이렇듯 사회 전체적으로 상인을 천시하는 분위기에서도 사마천은 오히려 상인의 경제적·사회적 역할을 간파했다.

『주서』周書는 "상인이 무역하지 않으면 3보寶의 왕래가 끊긴다"고 지적하면서, 상업을 농업·공업·임업과 함께 "백성들이 입고 먹는 것의 원천이다"라고 천명한다. 사마천이 「화식열전」의 서두에 이러한 말을 인용한 것은 상업의 중요성을 논증하기 위함이었다. 사마천이 살던 시기에 각지에서 생산되는 상품은 백성들의 생활에 필요한 것이든 아니면 사치품이든 모두 반드시 상업으로 '통'通해야 했다. 따라서 이러한 사회에서 상업은 일종의 직업으로서 급속한 속도로 발달했다.

비록 법령으로 상인을 천시하는 정치적 압박이 존재했지만, 상인은 이미 부귀해져 있었다. 이러한 시기에 사마천은 용감하게 화식가들에 대한 열전을 기술했고, 거기에서 상인 존재의 역사성과 합리성을 강조해낸 것이었다.

화식가의 조건

「화식열전」의 대표자로 선택되는 데는 엄격한 제한이 있었다. 『사기』「태사공자서」는 "벼슬이 없는 일반 백성들이 국가의 법에 저촉되지 않고 또 백성들의 생활에 해를 주지 않았으며, 매매는 시기에 따라 결정했다. 이렇게 그의 재부는 증가했고, 총명한 사람 역시 취할 바가 있다고 여겼다. 이에 「화식열전」 69편을 짓는다"고 기술하고 있다.

사마천에게 있어 진정한 화식가란 마땅히 평민 출신이어야 했다. 「화식열전」이 앞부분에서 기술하고 있는 강태공, 관중, 계연 등은 모두 경제 재략을 지닌 정치가로서 진정한 의미에서의 '화식가'는 아니었다. 그들이 장려했던 상업 발전의 사상과 조치는 어느 한 개인의 영리가 아니라, 정치적 이익을 출발점으로 삼아 부국강병을 이루는 것에 최종 목표를 두었다. 상업은 단지 목표에 도달하는 보조 수단에 불과했다.[1]

「화식열전」에서 처음 소개하는 진정한 상인은 바로 도주공 범려다. 정치 세계에서 벗어난 범려는 거만巨萬의 부호가 되었는데, 쌓인 그 부를 바탕으로 덕을 베풀어 후세 상인들의 모범이 되었다.

사마천이 이러한 인물을 「화식열전」의 처음에 기술한 목적은 "당세의 현인賢人들이 부귀하게 된 내력을 간략하게 기술하는 것은 후세의 사람들이 고찰해 선택할 수 있게 하기 위함이었다."

「화식열전」에서 언급되고 있는 화식가는 당시의 수많은 화식가 중에서도 대단히 뛰어난 군계일학의 상인이다. 그들이 상업 경쟁 중 탁월할 수 있었던 것은 반드시 남보다 뛰어난 점이 있었기 때문이다.

특히 사마천은 놀라운 사업적 두뇌를 가진 화식가들을 매우 높이 평가했다. 그는 "나는 경영을 할 때는 이윤이나 강태공이 계책을 실행하는 것처럼 하고 손자와 오기가 작전하는 것처럼 하며 상앙이 법령을 집행하는 것처럼 한다"는 백규의 말을 인용해 경영관리의 이치에 통달한 화식가들을 높이 평가했다.

촉의 탁씨는 원래 대단히 운이 좋지 않았다. 조국이 망하고 변경 지방에 집단 이주당해야 했는데, 집안 형편도 지독히 가난해 부부가 직접 수레를 끌 정도였다. 그러나 그는 뛰어난 야철 기술을 지니고 있었다. 사람들은 뇌물까지 바치면서 자신들과 가까운 지역에 그를 모시고자 했다. 하지만 탁씨는 일부러 먼 임공지방으로 이주하기를 희망했다. 그곳에서 광산을 개발하고 주조업에 종사하면서 뛰어난 경영 솜씨를 발휘해 마침내 어떤 제후보다도 부유하게 되었다. 탁씨의 부유는 그의 비범한 상업적 분석 및 예측 능력에서 비롯된 것이다. 사마천의 눈에, 사업 현장에서의 그들이 전쟁터에서 계책을 내고 천 리 밖의 승리를 결정하는 모사謀士와 지자智者들에 비해 전혀 뒤지지 않았다.

진정한 부민론자

당시에는 사마천만이 진정한 부민론자富民論者였다. 그는 인간이 부를 추구하는 것을 불변의 진리로 보았다. 그는 "부란 인간의 타고난 성정性情이다. 그러므로 배우지 않아도 모두 바라는 바이다"라고 말한다. 그는 또 "조정에서 모든 힘을 다해 계책을 내고 입론立論하며 건의建議하는 현인들과 죽음으로써 신의를 지키면서 동굴 속에 은거하는 선비들의 목적은 도대체 무엇인가? 모두 재부를 위한 것이다"라고 기술하고 있다.

그는 부를 추구하는 욕망을 "귀와 눈에 좋은 소리와 색깔을 모두 즐기려 하고, 입으로는 각종 맛있는 고기를 끝까지 맛보려 하는" 것처럼 인간의 본성에 속하며, 이러한 본성은 어떠한 외부적 힘으로도 결코 없앨 수 없는 것이라고 역설한다.

여기에서 "천하 사람들이 즐겁게 오고 가는 것은 모두 이익 때문이며, 천하 사람들이 어지럽게 오고 가는 것도 모두 이익 때문이다"라는 그의 유명한 결론이 나오게 된다. 사마천은 나아가 이러한 천성적 욕망에 대해 인위적으로 그것의 생장生長과 발전을 억제해서는 안 되며, 마땅히 그 세勢에 따라 인도함으로써 적극적으로 전진시켜야 한다고 주장한다. 그러므로 사마천은 비록 "농업이 본本이고 공상은 말末이다"라는 개념을 여전히 사용하고 있지만, 오히려 상공업을 멸시하지 않고 반대로 상공업의 발전을 인간이 부유로 가는 하나의 중요한 길이라고 인식하고 있음을 알 수 있다.[2]

사마천은 과감하게 기상천외의 비범한 관점을 제기한다. 즉 그러한 화식가들에게 '현인'이라는 영예로운 명칭을 부여한 것이다. 그러면서 그는 "예의란 유有에서 생겨나고 무無에서 폐절된다"라고 단언한다.

그러나 그는 불법이나 부도덕한 수단으로 폭리를 취하는 것에는 반대한다. 그는 도굴, 도박 등을 일삼는 간부奸富를 비판한다. 사마천이 찬양하는 화식가들은 모두 부유하면서도 덕이 있는 인물들이었다. 그들은 자신의 지혜와 노동으로써 부를 이루었고, 재산을 쌓아감에 있어 도道가 있었으며, 그것을 쓰는 데 도度가 있었으므로 "정치에 해를 끼치지 아니했고, 백성에 방해되지 아니했다."

그들은 사치와 욕망을 극단적으로 추구하는 무리가 아니었고, 백성의 고혈을 짜내는 탐관오리도 아니었으며, 인의를 널리 시행하고 이利를 중시하면서도 의義를 더욱 중시하는 사람들이었다. 범려는 만관萬貫의 재산을 "가난한 친구들과 멀리 사는 친척들에게 나누어주었고," 완宛지역의 공씨孔氏는 "제후들과 교류함으로써 통상무역을 통해 커다란 이익을 얻었고, 유한공자遊閑公子로서 사람들에게 아낌없이 나누어주어 큰 명성을 얻었다." 공씨의 이러한 우아하고도 대범한 태도는 사람들의 찬양과 존경을 받았고, 사람마다 그것을 본받으려 했다.

이야말로 사마천이 말하는 "부자가 세력을 얻게 되면, 그 명성과 지위가 더욱 빛나게 된다"는 것이다. 사마천은 "군자가 부유하게 되면 즐겨 덕을 행한다"면서 극구 찬양했다. 그러나 "오랫동안 빈천하면서도 계속해 인의를 떠드는" 사람들에게는 가차 없이 조소를 보냈다.[3]

한 무제 때 최고봉에 오른 억상정책

빈부의 도는 줄 수도 뺏을 수도 없다

사마천은 도가道家의 '청정무위'와 '여민휴식'與民休息의 경제사상에 의거해 인간들의 영리추구 활동을 자유롭게 발전시켜야 한다고 주장했다. 이때 여민휴식이란 장기간의 국가동란을 겪은 후에 민력民力을 보강함으로써 경제를 부흥시킨다는 의미다.

그리하여 그는 "빈부지도, 막지여탈"貧富之道, 莫之予奪: 빈부의 도는 줄 수도 뺏을 수도 없다을 천명한다. 그는 인간의 영리 추구 활동이란 본래부터 자체적으로 내재된 규율을 지니며, 재부 증식을 존중하는 객관적 규율이 있을 때만이 비로소 국가가 부강해질 수 있다고 지적한다.

그러면서 그는 한나라 초기 '문경지치'文景之治를 그 구체적인 사례로 제시한다.

"한나라가 흥기해 이미 70여 년이 지났을 때, 국가는 태평무사해 홍수나 가뭄도 없었고, 백성들은 모두 자급자족을 할 수 있었다. 각 군과 현의 곡식 창고는 꽉 차 있었고, 국가 창고에는 많은 재화가 보관되어 있었다."

그는 한나라 초기의 '무위' 경제정책이 경제 성장에 가져온 긍정적 효과를 설명하고 이로부터 국가가 강대하고 인민이 부유해지는 좋은 결과가 나타났다는 점을 드러내준다.

한나라 초기 국가가 장기적으로 시행한 '휴양생식'의 거시경제 정책은 생산력의 회복과 부의 축적에 매우 유효한 긍정적 영향을 미쳤다. 이러한 정책은 황로黃老 사상에 의한 방임주의 정책으로서 국가 경제의 회복과 발전에 매우 효과적인 역할을 수행한 바 있었다. 한 고조와 한 혜제부터 문경지치 시기에 시행한 요역 및 과세에 대한 경감 조치와 여민휴식의 재정 정책은 한나라 중기의 번영을 가능하게 만든 토대였다.[4]

즉 한 문제 때 백성들에 대한 전조세田租稅를 완전히 면제하고 변경에 대한 출병도 최소화했다. 또한 궁실 내 거기車騎 의복을 증가시키지 않으면서 휘장에도 문양을 넣지 않도록 했으며, 지방의 특산공물도 바치지 않도록 했다. 이렇게 황실에서 지출을 절제하고 검소하게 했기 때문에 귀족 관료들도 감히 사치할 수 없었고, 이에 따라 백성들의 부담은 많이 감소했다. 이것은 이른바 휴양생식정책 또는 여민휴식정책이 가져온 결과였다. '문경지치'는 실로 중국 역사상 경제 성장 수준이 최고조에 올라간 성세로서 한 무제

의 성공적인 흉노 토벌은 이러한 경제력의 바탕 위에서 가능한 것이었다.[5]

그러나 한 무제가 재위를 계승한 이래 잦은 흉노 정벌과 각종 수리水利 및 토목 사업과 궁중의 호화생활로 인해 70여 년 계속되어온 휴양생식정책으로 이뤄놓은 재부는 모두 탕진되어 국고가 텅텅 빌 정도가 되었다.

이에 한 무제는 동중서, 장탕, 상홍양 등의 건의를 받아들여 점차 국가의 거시 경제정책을 바꿔 간섭주의를 실행했다. 특히 속죄금 확대, 염철의 국영화, 평균 균수와 화폐 통제 등 재정 확대정책을 대폭 강화했다. 상인들을 겨냥해 산상거算商車를 부과하고 고민告緡을 시행했는데 산상거는 상인들의 수레에 매긴 세금이고 고민은 포상금제도를 말한다. 당시에는 세금을 사실대로 신고하지 않다가 발각될 경우 전 재산을 몰수하고 1년 동안 국경 변경에서 병역을 수행케 했는데, 신고하지 않은 자를 밀고하는 사람에게 몰수재산의 반을 주었다. 민緡이란 동전을 꿰는 데 사용한 끈으로 끈에 꿴 1,000전의 동전을 1민이라 했다.

한 무제를 비판하다

객관적으로 보자면, 한 무제는 이러한 정책을 통해 국가 재정을 충실하게 만들어 국력 강화의 기본인 흔들림 없는 물적 토대를 형성했다. 하지만 이는 동시에 일련의 부정적 측면도 초래하게 되었다. 사마천은 국가가 추진한 재정확대정책이 "해내海內가 텅텅 비도록 고갈되고 인구가 반감했으며" "대농부大農府 창고에 비축해놓은 금전도 모두 써버렸고 세금도 모두 군사비에 사용되어 병사들을 뒷받침할 수가 없게 되었다"고 기술하고 있다. 사마천은 이러한 현상에 대해 "사물과 형세의 변화가 상호 작용해 이러한 결과를 불러왔다"事勢之流, 相激使然라고 적확하게 설명하고 있다.

한 무제 시기의 많은 재정정책 중 사마천이 가장 반대한 것은 바로 상공업 발전을 억제하는 산민算緡·고민정책이었다. 사마천은 그 정책의 결과로 "중간 이상의 상인 대부분이 파산했으며, 백성들은 맛있는 음식과 좋은 의복만 찾고 향락을 추구해 두 번 다시 전답을 사들여 생업을 경영하지 않았다"고 신랄하게 비판했다. 부를 추구하는 인간의 적극성이 억제받게 됨에 따라 어느 누구도 소유하고 있는 재산을 확대 재생산에 사용하지 않으려 했고, 이는 사회생산의 발전에 커다란 장애 요인이 되었다는 것이다.

그는 또 한 무제가 상홍양桑弘羊 등 이른바 '흥리지신'興利之臣을 기용해 염철의 국영화와 균수정책 그리고 평준정책을 강행한 조치에 대해서도 비판의 칼날을 거두지 않았다. 즉 그러한 정책들은 결국 경제 발전의 객관적인 규율을 위반하고 그것이 "백성들의 생활에 해를 주지 않고, 시기에 따라 매매를 결정해 재부가 증가하는" 경제 자유주의와 배치된다는 것이었다. 특히 "관리들에게 시장에서 장사시키며 물건을 팔아 이익을 도모하는" 관영 상업은 백성과 이익을 다투는 가장 나쁜 정책의 극명한 사례라고 신랄하게 비판한다.

한 무제는 나아가 왕실과 군대를 포함한 정부 각 부문이 필요로 하는 각종 공업 물품을 독점해 생산 관리하는 관공업제도를 전면적으로 시행했다. 만약 이들 방대한 물품이 정상적인 상업 과정을 통해 시장에서 매매된다면 이는 반드시 상공업의 발전에 있어 강력한 자극제가 될 것이었다. 하지만 염철의 전매와 아울러 이들 관공업제도의 시행은 필연적으로 상인을 철저히 배제시켜 상업 발전을 가로막았다. 이렇게 하여 한 무제 시기에 억상정책은 체계화되어 그 최고봉에 이르렀다. 이후 중국 역사상 추진되었던 억상정책이란 한 무제 시기의 이러한 기초 위에서 약간의 조정을 가했을 뿐이었다.[6]

결국 사마천은 국가가 자연자원을 독점하고 상공업 생산을 독점해 국가의 '이익을 내는' 행태를 극력 반대했고, 그러한 행태들이야말로 사회 혼란의 근원이라고 주장했다. 물론 사마천이 한 무제의 모든 치적을 부정하는 것은 아니었다. 사마천은 「태사공자서」에서 한 무제 당시의 상황에 대해 "한나라 건국 이래 성명聖明한 천자가 있어 상서로운 징조를 얻음으로써 봉선대전封禪大典을 진행하고 역법을 고치며 복식의 색깔을 바꾸고 천명을 받아 온 세상에 청화淸和한 기운이 가득 차 있습니다. 풍속이 우리와 같지 않은 해외의 종족들도 여러 차례 통역을 거쳐 변경으로 와서 조공하고 신하가 되겠다고 하는 자들이 부지기수로 많습니다"라고 기술한다.

이는 일찍이 전례가 없던 전성기의 모습이었다. 사마천은 이 점을 과소평가하지 않고, 정확히 기술하고 있다. 다만 그는 한 무제의 욕심이 과하고 사업을 너무 많이 벌이는 행태를 비판한 것이며, 이는 한 무제의 공적을 탐하고 민력을 과도하게 낭비하는 측면에 대한 비판이다. 여기에서 덕치를 주창하고 백성들의 바람을 따라야 한다는 사마천의 시각이 분명하게 드러나며, 아울러 문제와 경제 시기의 무위 정치에 대한 선호가 나타나 있다.

서민들이 부자에 이르는 길

서민도 부자가 될 수 있을까

"국군國君의 부富를 물으면 토지를 세어서 산택山澤에서 나는 것을 가지고 대답한다. 대부大夫의 부를 물으면 읍재가 있고 백성의 힘으로 먹기 때문에 제기나 의복은 빌지 않는다고 대답한다. 선비士의 부를 물으면 수레의 수를 가지고 대답하고, 서인庶人의 부를 물으면 가축의 수를 가지고 대답한다."

『예기』禮記 「곡례」曲禮 하下편에 나와 있는 글이다. 고대 시대의 사회 재부는 등급에 따라 점유했다. 고대 중국의 정전제 아래에서 백성이 소유할 수 있는 사유재산은 가축뿐이었다. 부귀는 출신과 혈통으로 결정되었다. 그것은 태어나면서 결정되는 것이었지 선택의 대상이 아니었다.

맹자는 정전제를 찬양했다. 특히 주 문왕의 '노인을 잘 모시는' '인정'을 찬양했다. 즉 주 문왕은 농부 한 가구 여덟 명이 닭 다섯 마리 돼지 두 마리를 기르게 해 노인이 고기를 먹지 못하는 상황을 피할 수 있게 했다는 것이다. 농부의 입장에서는 이 정도가 매우 좋은 상황이므로 '인정'으로 평가해 칭송했던 것이다.

왜 더 이상의 가축은 키우지 못했을까? 한마디로 생산 수준의 한계로 가축을 더 키우는 것은 농경과 방직 등에 해롭기 때문이었다. 그러나 이 정도의 가축을 보유했다고 해서 결코 부유하다고는 할 수 없다.

당시 백성이 부자가 될 가능성은 처음부터 존재할 수 없었다. 백성이라는 등급은 농부 외에도 공인과 상인을 포함한다. 다만 그들의 등급 지위는 농부보다도 낮다. 춘추시대까지 공상 계층은 관부에서 관리했고, 직업 선택의 자유와 거주 이전의 자유가 없었다. 그들의 등급 지위는 매우 낮았고, 노비와 거의 같은 처지였다. 이러한 서민들도 당연히 부자가 될 수 없었다. 결국 춘추시대 이전의 고대 시대에서는 서민들이란 근본적으로 부자가 될 수 없었던 것이다.

대상인의 등장

춘추시대에 들어서자 급속한 사회 변화가 발생했다. 왕법王法은 해이해지고 예법은 실추되었으며, 기존의 통치 질서는 크게 동요해 이윽고 붕괴의 조짐을 보이게 되었다. 등급의 한계 역시 수많은 틈이 생기게 되었다. 갈수록 많은 서민이 그 틈 밖으로 튀어나와 적극적으로 자기가 종사하는 공업, 농업 또는 상업을 발전시켰다. 사회의 제2차, 제3차 대분업이 갈수록 강화되어 그에 따라 시장은 강대하게 성장했다. 상인은 이미 많은 사회적 재부를 점유하게 되었고, 점차 하나의 계급을 형성했다. 전국시대에 이르게 되면, 대

상인은 이미 여러 곳에서 목격되었다.[7]

『사기』의 「화식열전」에 가장 먼저 소개되는 범려는 전국시대 초기 인물로서 이후 거부의 상공업자들은 점점 더 많아져 「화식열전」에 기록된 인물도 갈수록 많아졌다. 전국시대 250여 년 동안 소개된 화식가는 다섯 명인데, 진나라 통일부터 『사기』가 완성된 130년 동안 소개된 인물은 열여섯 명이다.

"그들은 모두 작읍爵邑이나 봉록이 없었던 사람들로서 불법적 수단으로 치부하지도 않았다. 모두 물자 유통의 원리를 예측할 줄 알았으며 정확하게 형세를 판단하고 투자의 방향을 결정해 시기의 수요에 맞춰 이익을 얻었다. 그들은 말업인 상공업 경영을 통해 재산을 모았으며 동시에 토지에 투자함으로써 재산을 지켰다. 또 과감하고 강압적인 각종 수단을 활용해 재물을 모으고 그런 연후에 왕후王侯와 교통해 정령政令으로 보호하면서 다양한 상황에 능히 대처할 수 있었으므로 기술할 가치가 있다."

'작읍과 봉록이 없는' 사람은 곧 '포의 필부의 사람'이다. '법을 농단하거나 간악한 짓을 하지 않은 것'은 곧 '정치에 해가 되지 않고 백성을 방해하지 않는 것'이다. 즉 '물자 유통의 원리를 예측할 줄 알았으며, 정확하게 형세를 판단하고 투자의 방향을 결정해 시기의 수요에 맞춰 이익을 얻었다'는 것은 곧 '때맞춰 이익을 얻고 재산을 모았다'는 의미이다. 이렇게 하여 「화식열전」은 완전히 「태사공자서」의 기준을 반영하고 있다. 태사공은 이러한 포의 필부의 부자가 "충분히 기술할 가치가 있다"라고 평가했다.

　그러나 한나라 경제와 무제 시기에 이르면, 많은 대상인은 "봉군封君과 더불어 즐거움을 누린다" 정도를 넘어서 그 즐거움이 오히려 봉군보다 더했다. 「평준서」는 무제 시기에 "부상이나 대상인 중에는 이 틈에 재물을 독점하고 빈민들을 부리면서 물자를 수송하는 수레는 수백 대에 달했다. 그들은 싼 물건을 사들여 비싸게 팔았으며 진기한 물자를 비축해 제후들조차 머리를 숙이고 그들에게 도움을 청했다"고 묘사한다.

　이러한 상황은 이미 부상이나 대상인들의 세력이 왕후들을 앞섰고 부는 더욱 귀해졌다는 사실을 분명히 알려준다.

　사마천이 살던 시대 이전에 서민들은 근본적으로 부자가 될 수 없었다. 그런데 이제 서민도 부자가 될 수 있다는 사실은 역사 이래 일대 대사건이었다. 사마천이 『사기』를 저술한 목적은 바로 "고금의 변화에 통하기 위해"서였다. 이러한 일대 사회적 변화에 대해 그의 횃불과도 같은 안광이 그것을 놓칠 리가 없었다. 「화식열전」에서 그는 화식의 대가들만이 아니라 화식과 재부 등의 문제도 논술했다. 「화식열전」은 이렇게 말한다.

　"사람은 모두 풍요로운 아름다운 생활을 바라며, 각지의 특산품들을 필요로 하고 좋아한다. 이는 곧 농공상우의 생산과 교환을 통해 이뤄진다. 생산 발전과 교환의 확대는 화식을 융성하게 만든다. 화식 활동에 있어 경영에 뛰어난 사람은 이익을 얻어 부를 이룰 수 있으며, 이로부터 풍요롭고 아름다운 생활을 향유할 수 있게 되고, 그

즐거움이 봉군에 비견된다. 부란 풍요롭고 아름다운 생활을 향유할 수 있는 가장 중요한 조건이다. 풍요롭고 아름다운 생활을 향유하는 것은 인간의 본능적 요구이며, 따라서 부 역시 인간의 본능적 요구다."

사도가 아닌 정도를 걸어라

사마천은 "부란 인간의 성정이며, 배우지 않아도 모두 바라는 것이다"라고 말했다. 여기에서 '인간'이란 네모난 발과 둥근 머리를 지닌 모든 사람을 가리키며 신분이 다르더라도 차별하지 않는다. 서민도 인간으로서 그들이 풍요롭고 아름다운 생활을 바라는 바는 지극히 정상적인 일로서 결코 억압해서는 안 되는 것이다.

서민이 부자가 되기 위해 어떠한 방법이 있는가? 「화식열전」은 여러 화식가를 차례로 기술한 뒤 "그들은 모두 작읍이나 봉록이 없었던 사람들이며 또한 불법적 수단으로서 부를 쌓지도 않았고 모두 물자 유통의 원리를 예측할 줄 알았으며 정확하게 형세를 판단하고 면밀하게 투자의 방향을 결정해 시기의 수요에 맞춰 이익을 얻었다"라고 지적한다.

여기에서 부를 쌓는 방법에는 첫째, 작읍이나 봉록이 있는 경우, 둘째, 불법적 수단으로 부를 이루는 경우, 셋째, "물자 유통의 원리를 예측할 줄 알았으며 정확하게 형세를 판단하고 투자의 방향을 결정해 시기의 수요에 맞춰 이익을 얻은 경우"임을 알 수 있다. 여기에서 서민들이 부를 쌓는 길은 오직 세 번째의 방법밖에 없었다.

「화식열전」은 당시 "가난한 상황에서 재부를 추구할 때, 농사가 공업工보다 못하고, 공업은 상업商에 미치지 못한다. 아낙네들이 방직물에 자수로 아름다운 문양을 만들어 얻는 수입은 시장에서 문에 기대어 장사하는 수입만 못하다"는 속담을 인용한다.

"시장에서 문에 기대어 장사하는"것은 시장에 조그맣게 자리를 잡고 소규모 영업을 하는 범주를 말한다. 이 방법은 고금을 막론하고 사도邪道가 아니라 정도正道다. 사마천은 이 길을 통해 부를 쌓은 '불법을 저지르지 않은' 서민들을 위해 열전을 기술했다. 그들을 찬양하고 '현인'이라는 영예로운 호칭을 붙임으로써 '후세 사람들이 고찰해 선택할 수 있고' '총명한 사람들이 취할 바 있도록' 하고자 한 것이다.

2 한·당·송, 중국의 번영시대

로마와 한나라

엄밀한 법률 VS 통일된 문화

4세기 지구의 동쪽에는 한나라가 있었고, 서쪽에는 로마가 군림하고 있었다. 천하를 양분하던 두 제국이 몰락하면서 양 대륙은 혼돈으로 빠져들었다. 그러나 중국은 남북조 시대의 혼란을 극복하고 수나라와 당나라로 인해 오히려 이전보다 더욱 훌륭하게 복구되었다. 반면 로마는 멸망한 뒤 두 번 다시 재기하지 못했다.

사실 한나라 시대부터 당나라와 송나라 시대에 이르기까지 중국은 세계에서 가장 번영을 구가하는 국가였다. 한나라의 GDP는 당시 세계의 18퍼센트를 점했고, 당나라는 26퍼센트를 차지했다. 송나라 시대에는 무려 60퍼센트에 이르렀다. 세계 4대 발명인 종이, 화약, 나침반 그리고 인쇄술이 모두 이 시기 중국에서 만들어졌다.

기록에 따르면, 당 왕조와 접촉한 국가는 모두 48개국이었다. 그

중 조공을 바친 나라는 29개국, 영토를 바친 나라는 6개국, 귀부歸
附한 나라는 5개국, 평화와 전쟁의 관계가 일정하지 않거나 배반과
귀부가 분명하지 않은 나라는 4개국이었고, 이 밖에도 사신을 초
빙하고 문안하는 빙문聘問 국가가 2개국, 유학을 온 나라가 1개국,
화친한 나라가 1개국이었다.

또 당나라는 모든 종교를 육성하거나 제지하지 않았다. 그리하
여 불교를 비롯해 경교, 조로아스터교 그리고 마니교도 장안에 사
원을 세웠고, 당 조정은 이 종교의 정장로正長老들에게 차별 없이
관위와 관직을 내렸다.

이처럼 중국은 문화적 귀속성과 지리적 응집력이 로마보다 훨
씬 우월했기 때문에 중국은 옛 제국의 전통을 의연하게 유지 발전
시킬 수 있었다. 중국은 히말라야 산맥, 티베트 고원, 중앙아시아
의 광대한 사막과 초원, 황량한 시베리아와 만주 벌판 그리고 태평
양으로 둘러싸여 있다. 오랫동안 세계의 동서를 이어주던 유일한
통로는 실크로드 외에 존재하지 않았다. 따라서 중국은 오랫동안
다른 세계로부터 완벽하게 분리, 격리되었던 것이다.

로마는 끊임없는 정복 전쟁과 정복지에서 획득한 전리품으로
운용되던 도시국가이기도 했다. 그들은 시민과 여성 그리고 토지
를 손에 넣기 위해 인근 민족과 부단하게 전쟁을 벌였다. 그들은
정복한 민족에게 빼앗은 곡물이나 가축 등의 전리품을 갖고 희희
낙락하며 도시로 돌아왔다. 개선식은 여기에서 유래되었고, 그 후
로마가 이룬 융성의 주요 요인이 되었다.

로마는 임기 1년의 집정관 제도를 제정했는데, 그 지도자들은

항상 그들의 임기 내에 성취한 업적을 내세워 다시 선출되는 것을 꿈꾸었다. 그들의 야심은 한시도 감퇴하지 않았다. 그들은 원로원을 설득해 인민들에게 전쟁을 제의하도록 만들고, 원로원에게 날마다 새로운 적을 만들어 보여주었다. 로마는 상업 활동도 거의 하지 않고 공예품도 거의 생산되지 않는 도시로서 약탈이 개인을 부유하게 하는 유일한 수단이었다. 전쟁은 대부분 인민의 뜻에 들어맞았다. 전리품은 병사들과 가난한 시민들에게도 현명하게 분배되었다.[8]

로마제국은 이러한 이익의 추구로 수백 년에 걸쳐 대외 정복을 수행했으며, 이러한 정복은 도시 국가의 경제적 이익 최대화의 요구와 소수 귀족의 개인적 정치 야심을 실현하는 데 철저히 복속되었다. 또한 로마의 공화체제는 로마제국의 대외 정복에 합법적 기초를 제공했다.

이에 반해 한나라 이후 중국 역대 왕조는 공맹孔孟의 도道를 신봉하는 유학자 또는 사대부들이 시종 지배계급의 핵심 역량으로 기능했고, 정치적 관리와 문화 전파라는 두 가지 임무를 모두 수행했다. 그들의 가장 큰 정치적 특징은 자신의 정치적 포부를 펼치는 것이었다.

한편 로마제국이 의존했던 것은 통일된 문화가 아니라 엄밀하게 정비된 법률체계였다. 로마는 당시 가장 선진적인 행성行省제도로 피정복지역에 대한 통치를 진행했지만, 각 지역에 파견된 행성 장관은 중국의 사대부와 같이 정치적 관리와 문화 전파라는 이중의 임무를 수행하지 않았다. 그들의 임무는 단지 지역의 안전과 질서 유지 그리고 세금 징수에 그쳤다.

로마제국 후기에 이르러 그들은 정치적 관리 경험 및 사상문화 분야의 빈약한 약점을 기독교로부터 도움받고자 했다. 이렇게 하여 유럽 중세기에 봉건제도를 대표하는 기사와 기독교 정신을 대표하는 사제가 2대 핵심 요소로 등장하기에 이르렀다.

실크로드의 번영

중앙아시아와 유럽을 만나다

한 무제는 흉노를 격퇴하기 위해 일찍이 흉노에게 쫓겨 서역으로 이주한 월지국月氏國과 함께 흉노를 포위 공격하고자 했다. 그는 이를 위해 월지국에 보낼 사신을 모집했다. 장건張騫이 이에 응해 100여 명을 데리고 떠났다. 그러나 장건은 그만 중도에 흉노에게 포로가 되어 11년 동안 억류었지만 끝내 탈출해 대월지국에 당도했다. 하지만 대월지국은 이주한 지 오래되어 이미 흉노 공격에 마음이 없었다. 장건은 서역에서 얻은 처와 시종 한 명만을 데리고 귀국했다.

장건은 한 무제를 만나 서역제국이 한나라와 교역을 갈망하고 있음을 전했고, 서역에 커다란 호기심을 느낀 한 무제는 장건에게 만 마리가 넘는 말과 양 그리고 엄청난 양의 비단을 주어 다시 서역에 파견했다. 서역의 많은 나라가 한나라에 귀부했고, 이 무렵부터 서역 각국도 장안에 사절을 보냈다. 이렇게 하여 한나라와 서역의 교역은 갈수록 빈번해졌고, 한나라는 서역도호부를 설치했다.

당시 한 무제가 파견한 사절은 로마령인 이집트 알렉산드리아 항까지 당도했다. 이는 한나라가 공식적으로 파견한 사절이 당도한 가장 먼 국가였다.

장건이 서역을 개척한 이래 중국과 중앙아시아 및 유럽의 상업 왕래는 신속하게 증가했고, 이 실크로드를 통해 중국의 각종 비단과 견사제품이 끊임없이 중앙아시아와 유럽으로 흘러들어갔다. 당시 그리스와 로마인들은 중국을 '세레스'Seres라 불렀는데, 'Ser'는 '사'絲, 즉 비단을 뜻하는 말로서 곧 중국을 의미했다.

이후 반초班超가 다시 서역길을 열어 30년 동안 서역을 경영했다. 반초는 감영甘英을 로마에 파견했는데, 감영은 로마령인 페르시아 만걸프 만까지 당도했다. 로마도 처음으로 답례로 사신을 파견해 한나라 낙양에 도착했다. 이로써 실크로드가 완성된 형태로 열리게 되었다.

본래 독일의 지리학자 리히트호펜이 명명한 실크로드絲綢之路는 전체길이 7,000킬로미터에 이른다. 중국 한·당 시대 수도인 장안에서 시작해 하서회랑河西回廊을 가로질러 타클라마칸 사막의 남북변을 따라 파미르 고원, 중앙아시아 초원, 이란 고원을 지나 지중해 동안과 북안에 이르는 길이다.

당시 비단은 훗날의 도자기처럼 동아시아의 강성한 문명의 상징이었고, 중앙아시아와 유럽 각국의 왕과 귀족들은 페니키아의 염료로 물들인 중국 비단을 입고 집에서 도자기 제품을 사용하는 것이 부유함의 상징이었다.

반면 서역에서 포도를 비롯해 호두·당근·후추·호박·석류 등

이 들어오면서 중국의 식료품도 풍요로워졌다. 어느 왕조보다 부유했던 당 왕조 시대에 호화 외국 사치품과 각종 진귀한 보물을 숭상하는 풍조가 확산되었다. 여기에는 황족이 앞장서고 귀족들이 그 뒤를 따랐다.

당 왕조 중엽부터 전란이 빈발하자 차츰 실크로드가 막히게 되고 대신 해상 실크로드가 발달하기 시작했다.

송대 이후에 이르러 중국 남부의 개발과 경제 중심의 이동에 따라 광저우, 취안저우, 항저우 등지에서 출발하는 해상 항로가 날로 발달해 멀리 아랍 해와 아프리카 동해안까지 도달했다. 이렇게 하여 해상 실크로드가 열렸다.

국가는 부유했지만 백성은 가난했다

백성을 사랑하지 않고 창고를 사랑하다

수나라를 건국한 수 문제隋文帝 양견楊堅은 588년 대군을 몰아 불과 석 달 만에 남조의 진나라를 멸하고 장장 300여 년에 걸친 남북조 분열시대를 종식시켰다.[9]

진나라가 약했다기보다 수나라가 너무 강했기 때문이었다. 수나라는 이어 서역의 토욕혼도 격파했고, 북방의 강적 돌궐도 수나라에 스스로 몸을 굽혀 칭신稱臣했다. 실로 수나라의 강대함은 특별하게 두드러졌다. 그러나 이렇게 하늘을 찌를 듯했던 수나라도 통일을 이룬 뒤 불과 29년 만에 순식간에 붕괴되고 말았다.

수나라의 강성함은 인구에서도 그대로 드러난다. 남북조 당시 진나라는 50만 호에 인구 200만 명에 불과했지만, 수나라는 890만 호에 4,600만 명의 인구에 이르렀다. 실로 수나라는 부유한 국가였다. 뒷날 당 태종은 수나라 양견 말년에 식량이 50년 동안 먹을 수 있을 정도로 충분했다고 말한 바 있었다.[10]

식량 비축은 수 문제 때부터의 전통이었는데, 수 문제 14년에 큰 가뭄이 들어 수많은 백성이 굶어 죽는 상황이 발생했다. 당시 나라의 창고는 넘치도록 비축되어 있었지만, 수 문제는 그것을 백성들에게 내주지 않았다. 당 태종은 "수 문제는 백성을 사랑하지 않고 창고를 사랑했으며, 수 양제는 이러한 엄청난 재부를 믿고 사치하고 방탕해 끝내 멸망했다"고 평했다.

결국 수 문제는 국가의 재부와 함께 사회 모순도 동시에 축적시켜 나갔다. 수 양제는 수 문제가 남긴 재부를 계승하면서 동시에 사회 모순도 계승해 그의 사치와 방탕은 모순에 기름을 부어 마침내 멸망에 이르게 된 것이다.

수 양제가 건설한 남북 대운하는 중국의 남부와 북부를 연결하는 대업적으로서 역사적으로 크게 공헌했지만 스스로 몰락의 주요한 요인으로 작용했다.

대운하 외에도 용문에서 상락上洛까지 무려 1,000킬로미터에 이르는 군사 참호를 건설한 것을 비롯해 낙양성을 증축하고 장성을 수축하는 등 대공사를 끊임없이 벌였다. 수백만 명의 장정들이 징발되었고, 이 과정에서 대규모 사망자가 발생했다. 여기에 무려 113만 3,800여 명에 이르는 대군을 이끌고 고구려 원정에 나섰으나 정작 전선에 도착한 병사는 겨우 35만 명이었고 그중 살아서 돌아온 자는 겨우 2천여 명이었다. 이후 두 차례 더 고구려를 침공했으나 여전히 참패를 면하지 못했다. 그리고 그 와중에 각지에서 반란이 속출했고 마침내 나라가 무너지고 말았다.

장안, 세계에서 가장 번성한 도시

한류의 기원을 찾아서

장안長安은 주나라의 도읍이 된 이래 진나라를 거쳐 한나라, 수나라 그리고 당나라의 도읍이었다. 특히 장안을 중심으로 번성을 구가한 한나라와 당나라 시대에 중국은 역사상 가장 강성한 시기로 평가된다.

회홀족을 비롯해 토번인, 쿠차국, 남조인南詔人, 신라, 일본 등 각국에서 온 사신과 상인 그리고 유학생 등 장안을 왕래하고 거주하던 외국인이 대단히 많았다. 또 당시 신라, 일본, 대식국, 파키스탄, 이란 그리고 아프리카의 여러 나라와 동로마 제국까지도 우호교류 관계를 맺고 있었다. 신라와 일본은 견당사遣唐使를 파견했는데, 한 번 파견할 때마다 그 일행은 수백 명에 이르렀다.

수나라 때 건설한 대운하도 장안의 번성에 기여했다. 운하 개통으로 남북의 물자가 끊이지 않고 집결되었다. 이렇게 하여 천하의 양식과 각종 물자가 낙양을 거쳐 모두 장안에 모여들었다. 장안은 실크로드의 기점이기도 해 서역의 물자도 흘러들어왔다. 황, 녹, 청의 당삼채唐三彩 도자기가 화려하게 발달했고, 상업지역 주변에는 '저'邸를 설치해 상인들이 모여들고 물자를 진열, 보관했으며 이곳에서 교역과 도소매를 경영했다.

특히 수도 장안은 세계적인 도회지로서 세계 각국에서 온 사신들과 상인들의 왕래가 끊이지 않았다. 장안만이 아니라 낙양·광주·복주·양주 등의 도시들도 융성을 자랑했다. 실크로드를 통한 대외 무역 역시 사상 최고의 번성기를 구가했다. 중국이 오늘날 보여주고 있는 국제적 개방성과 융합성은 당나라 때부터 물려받은 자산으로 볼 수 있다.

당나라는 장안에 신라관을 설치해 신라에서 온 손님들을 묵게 했다. 이때 당 왕조는 신라의 가무단을 초청해 수도 장안에 살게 하면서 한민족의 뛰어난 가무를 즐기기도 했다. 오늘의 '한류'韓流는 갑자기 생겨난 것이 아니라 당시부터 존재했던 것이다.

명군과 혼군이 한 몸에 반영된 당 현종

개원성세를 연 현종

당나라 여제女帝 측천무후 만년, 나라 정세는 어지러웠지만 당 현종 즉위로 혼란 국면은 안정되었다. 장기간에 걸친 궁정 정변으로 중앙집권은 쇠퇴해졌고 관리들은 부패했으며 변경에서 이민족과의 충돌도 잦아졌다. 특히 하북과 농서지방의 반란은 당 왕조의 안전을 심각하게 위협하고 있었다. 토지겸병도 심해졌고 농민들은 집단적으로 유랑했다. 이러한 상황에서 즉위한 당 현종은 먼저 자기 자신부터 규율을 지키고 현명한 신하를 등용했으며 백성에게 관심을 쏟고 치국에 열정을 바쳤다.

당 현종은 요숭姚崇을 비롯해 송경宋璟, 한휴, 장구령 등 현신賢臣을 등용했다. 요숭은 재상이 되기 전 현종에게 언로를 개방하고 상벌을 분명히 하며 변경의 전공을 탐하지 말 것, 황제의 친족 및 공신과 환관의 전횡을 금할 것 등 열 가지 사항의 개선을 요구했다. 현종은 이를 지키겠다고 약속했고, 이로부터 개원 시정의 기본 방침이 다져졌다. 요숭의 뒤를 이은 송경은 강직하고 아부를 멀리하며 반드시 법을 지키는 철골鐵骨의 신하였다. 이들 현상賢相들은 서로 협력해 부역을 감소시키고 형벌을 간략화했으며 백성을 풍요롭게 했다.

현종은 이 밖에도 관료제도를 정예화하고 정돈해 불필요한 관직을 폐지하고 쓸모없는 관리 수천 명을 파면했다. 그러면서 평가제도를 정비해 업무 성적이 좋지 않은 관리는 도태시켰다. 이렇게 하여 국가 재정도 절약되고 행정 효율도 높아졌다.

경제 분야에서는 수리사업을 크게 발전시켰고, 대규모로 개간사업을 일으켰으며 황하의 식량운반 방식을 개혁하는 등 농업생산의 발전을 중시했다. 군사적 측면에서도 모병제를 실시하고 군마를 증가시켰으며 변경의 둔전을 개척하고 변경정책을 완화해 변경 상황을 안정시켰다. 현종 자신도 절약하고 검소해 궁녀들을 집에 돌려보냈다.

이렇게 하여 이른바 개원성세開元盛世를 열었다. 당 태종 때 360만 호였던 인구도 이 시기에 이르러 900만 호에 이르렀다. 두보는 그의 시 「억석」憶昔에서 이런 개원성세를 실감나게 묘사했다.

개원의 전성기를 생각하니

소읍에도 만 호의 사람이 살고

해마다 풍년이 들어

관공서나 개인 창고가 모두 가득 찼었네.

憶昔開元全盛日　　小邑猶藏萬家室

稻米流脂粟米白　　公私倉廩俱豊實

바야흐로 당 왕조의 극성기였다.

그가 있기 때문에 천하는 살쪘다

이처럼 당나라 현종은 원래 '개원지치'라고 불리는 선정을 베풀었던 황제다. 현종 21년에 한휴韓休라는 사람이 재상이 되었다. 그런데 한휴는 매우 곧은 성격의 인물이었다. 현종은 가끔 지나친 쾌락을 즐길 때면 스스로 마음이 찔려 좌우를 돌아보면서 한휴가 있는지 살폈다.

"지금 이 사실을 한휴가 아느냐, 모르느냐?"

언제나 이 말이 끝나기가 무섭게 곧바로 한휴의 상소가 들어오는 것이었다. 지나치게 한휴를 신경 쓰는 현종의 모습을 보고 어느 날 많은 신하가 한휴를 은근히 비방했다. 이때 현종의 대답이 명쾌하다.

"한휴가 재상이 되고 난 뒤 폐하의 옥체가 쇠약해지셨습니다."

"비록 짐은 쇠약해졌지만, 천하는 한휴 때문에 살쪘다."

명나라 말기 저명한 사상가인 왕부지는 개원 시기의 성세를 가리켜 한나라와 송나라가 도저히 미치지 못한 정도라고 평했다. 하지만 당 현종 말기에 이르러 이미 부패는 심해졌다. 전체 인구 5,291만 명 중 세금을 내지 않는 사람 수가 자그마치 4,470만 명에 이르렀다. 이에 따라 국가 재정은 기울고 사회의 재부는 대지주와 대귀족에게 독점되는 한편 농민들의 부담은 도리어 갈수록 무거워졌다. 토지 겸병은 극심해지고 농민들은 파산하고 도탄에 빠져 반란이 속출했고 마침내 당나라는 무너졌다.

솟아오른 용은 후회한다

개원 중엽 이후 당 현종은 정치적으로 점차 내리막길을 걸었다. 겸허하고 신중하며 국정에 몰두하던 그가 갈수록 안일을 탐하고 자만해 향락에 빠지고 국정을 멀리했다. 현능한 인물을 멀리하고 친족만 기용했으며 간언을 물리치고 백성들의 고통에는 눈 감았다. 쓸모없는 관리를 없애기는커녕 나라에는 온통 무능한 관리들로 가득 찼다. 후궁도 4만여 명이나 두었다.

황제가 투계와 경마에 빠지게 되니 시중에서는 "자식을 낳아 공부시킬 필요가 없다네. 투계 경마가 독서를 이기니"라는 민요가 불렸다. 매년 생일잔치를 크게 열었으며 항상 연회를 베풀고 백관에게 연일 큰 상을 내렸다. 또 토목사업을 크게 벌이고 화청궁^{華淸}

宮 등 궁전을 화려하게 지었다.

허명에 대한 집착도 높아져 그에 대한 칭호는 '개원천지대보성문신무증도효덕황제'開元天地大寶聖文神武證道孝德皇帝로 늘어나 더 이상 보탤 수 없을 정도가 되었다. 나아가 군사적 분야의 전공도 탐하면서 걸핏하면 무력을 사용해 결국 변경에서 무수한 젊은이가 목숨을 잃어야 했고, 이민족에게도 엄청난 재난을 안겨주었다. 필연적으로 국가 재정도 궁핍해졌고 농촌의 토지도 황폐화되었다.[11] 두보는 이 시대의 비극적 풍경을 한탄했다.

"귀족의 집에서는 진수성찬 향기가 끊임없지만, 길가에는 얼어 죽은 시체가 널려 있네."朱門酒肉臭, 路有凍死骨.

현종은 특히 만년에 이르러 양귀비[12]를 총애하고 간신 이림보[13]와 양귀비의 친척 오빠 양국충을 중용했는데 이는 정치 부패의 큰 요인으로 작용했다. 양귀비의 가족들은 모두 부귀영화를 누려 세 명의 언니는 국부인國夫人이라는 높은 지위를 얻었고, 양국충은 무려 40여 개의 요직을 겸했다. 수많은 관리가 양귀비에게 접근해 진귀한 선물을 바치고 고위 관직을 얻었다. 당대의 시인 백거이白居易는 「장한가」長恨歌라는 시를 지어 당 현종과 양귀비를 풍자했다.

꽃 같은 얼굴, 귀밑머리에 흔들리는 금비여
부용의 장막 속에서 봄밤을 어떻게 지냈느냐.

짧은 봄밤이 한스럽고 해가 중천에 떠야 일어난다.

봄에는 봄놀이 밤에는 밤놀이

후궁에 미인 3천 있으나 총애는 한 몸에 있다.

금옥에서 화장하고 요염하게 밤을 기다리니

옥루에서 주연이 끝나면 취해서 봄에 화합하리라.

雲鬢花顔金步搖	芙蓉帳暖度春宵
春宵苦短日高起	從此君王不早朝
承歡侍宴無閑暇	春從春遊夜專夜
後宮佳麗三千人	三千寵愛在一身
金屋粧成嬌侍夜	玉樓宴罷醉和春

유주 절도사 안녹산은 스스로 양귀비의 양자가 되어 당 현종의
두터운 신임을 얻었다. 하지만 그가 통솔하는 정예병사는 이미 당
왕조 중앙정부의 병력을 능가하고 있었다. 마침내 755년 안녹산은
반란을 일으켰다.

당 현종은 양귀비와 함께 궁을 빠져나와 도망쳤지만 행군 도중
사병들이 양국충을 쏘아 죽이고 이어 황제에게 양귀비를 죽이라
고 요구했다. 일찍이 현종은 양귀비의 손을 꼭 잡고 하늘에 맹세한
적이 있다. "하늘에서는 비익조比翼鳥가 되고, 땅에서는 연리지連理
枝가 될지어다." 비익조란 암수가 한 몸인 전설적인 새이고, 연리
지는 뿌리는 하나이지만 두 가지가 합쳐 하나가 된 나무를 가리킨
다. 살아서도 죽어서도 영원히 함께하자는 것이었다.

그러나 현종은 양귀비가 스스로 목을 매 죽어가는 모습을 눈물

흘리며 바라만 보고 있어야 했다. 757년 현종은 황제의 자리에서 물러나 궁에 연금되었고, 그로부터 5년 뒤 아무도 돌보지 않는 가운데 회한과 비분 속에서 병마에 지쳐 외롭게 세상을 떠났다.

당 현종과 같이 명군明君과 혼군昏君 그리고 역사상의 현군과 역사의 죄인이라는 두 가지 전형이 한 몸에 집중된 제왕은 중국 역사에 매우 드문 현상이다. 당 현종은 이렇게 사라졌고, 당 왕조도 쇠락해져서 두 번 다시 재기하지 못했다.

문화제국 송나라의 번성

최고조에 달한 물질문명

전통적인 중국의 물질문명은 송나라 시기에 이르러 최고 수준에 도달했다. 송나라 시대에 기술 혁신, 상품 생산, 정치사상, 통치구조 그리고 지배층 문화 등에서 당시 세계의 어느 나라보다 앞서 있었다. 가히 동양의 르네상스 시대라 불릴 만했다. 한나라 시대의 인구는 6천만 명이었고, 당나라 전성기의 인구는 5~6천만 명으로 추정되는데, 송나라 초기에는 1억 명에 이르렀다. 또 송나라 수도 카이펑開封은 로마보다 세 배나 컸다.

송나라 시대에 야금업과 방직업을 비롯해 조선업, 화약 및 군사무기 제조, 제지와 인쇄업이 특히 발전했고, 소금 생산과 운수 그리고 대외 무역도 전례 없이 번성했다. 북송 시대 사람으로서 고려에 사신 일행으로 다녀온 서긍徐兢이 쓴 『선화봉사고려도경』宣和奉使高麗圖經은 송 휘종 선화宣和 연간에 고려 사절로 파견되었던 배가 길이 40장丈: 1장은 3.07미터, 깊이 9장, 폭 7장 5척으로 마치 산악山岳과도 같은 규모였다고 기록하고 있다. 한편 화약은 송대에 이르러 무기의 중요한 부분을 점하게 되었는데, 14세기에 아랍을 거쳐 유럽에 전해졌다. 그리하여 1305년 유럽에서 최초의 화약이 제조되었으며 15세기에는 화약을 이용한 대포를 발사하는 데 성공했다.

1005년 북송 진종 때 요나라와 맺은 '전연의 맹약'澶淵之盟은 비록 북송으로서는 매년 요나라에 세폐 10만 냥과 비단 20만 필을 바치는 굴욕적인 맹약이기는 했지만, 국제정치라는 장기적 관점으로 보면 지정학적 산물로서 일종의 세력균형이라 할 수 있었다. 이 조약은 100여 년 동안 전쟁을 피하면서 중국에서 남북 경제문화의 민간 교류를 촉진시키는 중요한 역할을 담당했다.

사실 송나라는 요나라뿐만 아니라 금나라와 서하에게 이른바 세폐歲幣 관계라는 일종의 조공을 했다. 이러한 세폐제도는 실제로 한 고조 유방이 흉노의 무력적인 압박을 피하고자 비단繒, 솜絮, 금은 제공을 약속한 데서 시작되었다. 그 이후 중국의 역대왕조는 북방의 유목 국가에 대해 수세적 위치에 몰릴 때마다 이 정책을 활용했다.

특히 이러한 정책을 자주 시행한 것은 요, 서하, 금, 몽골과 대치했던 북송과 남송 시대였다. 북송에서는 '전연의 맹약'에 따라 요나라와 화평을 맺고 국경을 획정함과 동시에 세폐로 매년 은 10만 냥, 비단 20만 필을, 서하에는 1006년 비단과 민전緡錢 각 400만 관을 주기로 약속했으나, 그 후의 정세 악화로 요나라에는 은 20만 냥, 비단 30만 필, 서하에는 은 5만 냥, 비단 3만 필, 차 3만 근을 제공할 수밖에 없었다.

한편 금나라와 대치한 남송은 1141년 국경을 획정할 때 비단과 은 각 25만을 주기로 하고 화의를 맺었다. 이처럼 다량의 금과 은 그리고 비단과 차가 증여의 형식으로 북방국가로 들어갔는데, 이는 무역이라는 형태로 다시 중국으로 환류되는 양도 적지 않았으므로 남방과 북방 간에 일종의 경제적인 공서관계共棲關係가 유지된 것이라고도 할 수 있었다.[14]

남송 제국이 멸망한 지 32년 뒤 마르코 폴로는 임안을 여행한 뒤 "의심할 여지 없이 세계에서 가장 아름답고 고귀한 도시이다"라고 묘사했다. 그는 "매일 비단을 싣고 수도로 올라가는 마차가 천 대였고, 조정에서 관리들에게 하사하는 비단은 한 번에 6만여 필이었다"라고 기록했다. 이뿐만 아니라 그는 중국 도시마다 상점이 즐비하고 농촌에도 수많은 시장이 들어선 모습에 감탄했다. 당시 임안의 인구는 100만 명을 넘었는데, 이는 당시 유럽에서 가장 큰 도시의 인구가 고작 수만 명이었던 사실에 비춰보면 엄청난 수준이었다.

송나라는 넘쳐나는 풍부한 생산력으로써 북방의 요나라와 금나라에 경제적 대가를 지불하고 평화를 유지할 수 있었다. 그러나 만주족이 세운 금나라의 공격에 밀려 남쪽으로 쫓겨 내려갔으며, 끝내 몽골족이 세운 원나라에 멸망당했다.

풍속을 바꾸고 법도를 세운다

왕안석의 신법

"하늘의 변화를 두려워하지 말고, 과거의 관습에 얽매이지 말며, 사람들의 비난을 두려워 않겠다."天變不足畏, 祖宗不足法, 人言不足恤.

송나라의 유명한 개혁정치가 왕안석王安石, 1021~86의 말이다. '왕안석의 신법新法'으로 잘 알려진 그는 22세 때 진사시험에 합격하고 이로부터 십여 년 동안 지방행정 직무에 종사했다. 그 뒤 신종 때 중앙의 부재상과 재상을 역임하면서 '신학'新學을 주장하고 변법을 시행했다.

송나라는 960년에 건국되어 1069년에 왕안석의 신법이 시행되었다. 송나라는 고급관료와 대토지소유 지주들이 마음대로 토지를 겸병하는 바람에 이들이 소유한 토지는 인종 시대에 이미 70~80퍼센트를 점하게 되었다. 더구나 관리의 수는 갈수록 급증해 건국 이후 100년도 안 되어 두 배로 증가했다. 이들은 세금과 병역을 면제받았지만 백성들의 세금은 갈수록 많아졌다. 게다가 북방의 강국인 금나라의 침략을 방어하기 위해 매년 군비는 엄청나게 소요되어 급기야 군비는 무려 전체 재정수입의 6분의 5를 점할 정도가 되었다.

특히 송나라는 병사의 수가 너무 많았다. 80만 명의 금군禁軍: 정규군에 다시 60만 명의 상군廂軍: 지방군이 더해져 총 140만 명의 군대를 유지해야 했다. 이 규모는 중국 역사상 가장 많은 병력으로서 이로 인한 재정 부담은 지대했다. 여기에 송나라는 토지겸병과 관리들의 상업 경영을 금지하지 않았기에 빈부격차는 갈수록 벌어졌고 재정은 고갈되었다.

이러한 상황에서 왕안석은 황제에게 '풍속을 바꾸고 법도를 세우는' 개혁정책을 건의해 마침내 부국강병을 기치로 한 변법이 시행되기에 이르렀다. 변법의 가장 큰 목표는 대관료지주의 독점과 토지겸병을 억제하는 데 있었다.

그러나 왕안석은 개혁과정 중에 봉건적 관료지주 집단과 격렬한 투쟁을 벌여야 했고, 그들의 반대에 부딪혀 결국은 실패로 돌아가고 말았다. 중국 관료주의의 재정과 조세 징수를 오랫동안 연구해온 저명한 역사가 황런위黃仁宇는 왕안석의 개혁이란 한 마디로 재정상의 조세수입을 대규모로 상업화하려는 것이었다고 판단한다. 이는 현대 국가들이 모두 따르는 원칙이지만 다만 이것이 시대를 무려 천 년이나 앞서나간 개혁정책이었기 때문에 실패했다는 결론을 내린다.

천 년의 고독

왕안석은 걸출한 계획경제학자로서 변법으로 중앙재정 확대를 도모했다. 그는 시역법市易法으로 중소 상인에게, 청묘법靑苗法으로 농민에게 국가가 장기 저리로 자금을 공급했다. 대상인과 지주에게 부가 편중되는 것을 방지하기 위한 조치였다. 또 그는 정부가 지방의 물자를 사들여 다른 지방에 팔아 유통과 가격의 안정을 꾀하는 균수법均輸法을 시행했다. 정부가 시장을 대신했다.

이렇게 하여 결국 왕안석의 신법은 중앙정부만 이익을 보도록 만든 방안으로서 농민과 상인, 지방정부 누구도 이득을 볼 수 없고 오히려 손해를 보는 개혁안이었다. 그렇기 때문에 실패는 필연적이기도 했다.

원래 왕안석의 신법 개혁은 국가 재원을 확충해 당시 금나라와 서하의 군사적 위협에서 송나라를 방어하기 위한 목적으로 만든 것이다. 이 신법은 고급관료 및 대상인 그리고 대지주의 경제적 특권을 제한했으며, 특히 백성들에 대한 무차별적인 약탈과 착취에 제한을 가했다. 그리하여 이 개혁정책은 수구파의 완강한 저항과 반대에 부딪혀야 했다. 사실 왕안석의 개혁정책은 그 기반이 황제의 신임 이외의 다른 것은 전혀 존재하지 않는 허약한 것이었다. 더욱이 왕안석이 믿고 개혁정책의 추진을 맡겼던 인물들이 대부분 무능하고 심지어 사리사욕에 빠져 일을 그르치기도 했다.

결국 끝까지 왕안석의 개혁정책에 외롭게 버팀목이 되어주었던 신종이 세상을 떠나자 곧바로 사마광을 위시한 수구파의 재집권으로 이어졌고, 그리하여 신법은 모조리 폐기되기에 이르렀다.

3 세계 중심 국가, 중국이 쇠퇴했던 까닭

쇠락하는 중국

왜 중국은 유럽에 추월당했는가

미국의 저명한 경제사가인 포이어워커Albert Feuerwerker는 이렇게 말했다.

> "1000~1500년까지 농업 생산성, 산업 기술, 상업의 복합성, 도시의 부富 또는 세련된 관료제나 문화적 수준을 포함한 생활수준 등 모든 측면에서 유럽은 중국보다 뒤떨어졌다."

15세기 세계 최강의 함대는 명나라 영락제 때 정화鄭和가 이끌던 함대였다. 정화의 항해에는 거선 62척에 총 2만 7,800여 명이 승선하고 있었다. 배의 크기는 길이 150미터, 폭은 62미터로서 8천 톤에 이르는 세계 최대의 크기였다. 이에 비해 바스코 다가마Vasco da Gama가 케이프타운을 발견할 때 사용된 배는 고작 120톤이었고, 콜럼버스가 신대륙 탐험 때 승선했던 배는 250톤에 지나지 않았다.

그러나 이러한 항해는 오로지 다른 국가들과 우호적인 조공관계를 맺는 데 만족했을 뿐, 더 이상의 발전은 없었다. 화약도 일찍이 11세기 중국 송나라에서 발명했지만, 중국은 주로 불꽃놀이 등 과시적인 축제용으로 사용했을 뿐 본격적인 전쟁 무기로 발전시키지 못했다. 우리는 흔히 몽골군이 말만 타고 유럽을 휩쓴 것으로 알지만, 유럽 각국은 이미 당시에 몽골군이 퍼붓는 화약 무기에 속수무책으로 혼비백산 도망쳐야 했다. 하지만 결국 이 화약을 본격적인 전쟁무기로 발전시킨 것은 서양이었고, 이 화약으로 만든 서양의 대포 앞에서 중국은 무릎을 꿇어야 했다.

그렇다면 왜 앞서갔던 중국이 유럽에 추월당하게 되었는가? 잘 알려진 바와 같이 세계 근대화를 앞당긴 인쇄술, 화약 그리고 나침반은 모두 중국에서 발명되었다. 그러나 이러한 놀라운 발명들은 발명 그 자체에 머무르면서 생산과 결합한 확대 발전을 가져오지 못했다. 반면 서구에서는 발명이 곧바로 생산과 연결되어 산업혁명을 일으켰다.

중국에서 발명과 생산의 결합을 가로막은 가장 큰 요인은 사회계급의 위계질서였다. 이러한 질서하에서 지속적으로 이뤄진 이윤과 무역에 대한 철저한 경시, 통제만을 고집하는 지배층의 고집, 노동을 경시하는 사대부의 자부심, 개인의 투자를 도외시한 법률, 관료들의 관습적인 수탈 등은 중국의 근대화를 가로막은 중요한 요인이었다. 자본주의란 자본 축적과 이윤 추구가 발전의 원동력이다. 그러나 중국에서는 관료들이 대부분의 이윤을 착취함으로써 자본 축적의 기회가 원천적으로 봉쇄되었다.

한편 동양에서는 중국이라는 존재가 처음부터 우뚝 홀로 선 채 경쟁이 배제된 상태였기 때문에 국가 간의 경쟁에 토대를 둔 발전의 동력이 취약했다. 중국을 중심으로 하는 동아시아는 태평양, 히말라야 산맥, 티베트 고원, 중앙아시아의 광활한 사막으로 둘러싸여 천연적으로 다른 세계와 완벽하게 분리되어 있었다.

중국의 국내 시장은 유럽의 모든 나라를 합한 만큼 거대했고, 물자가 풍부한 나라로서 완벽한 자급자족 체제를 구축하고 있었다. 그리하여 대외적 팽창의 동인動因이 매우 약했다. 이러한 조건에서 중국은 강력한 경쟁자가 존재하지 않았고, 조공이나 책봉관계로 이뤄진 주변 제국들만 존재했을 뿐이다.

이에 반해 유럽은 영국, 독일, 프랑스, 에스파냐, 네덜란드, 포르투갈 등 국가도 많고 민족도 많은 상황에서 치열한 생존 경쟁이 전개되었다. 국내 시장이 협소하고 물질적 자원이 빈약했던 이들은 국가 생존을 위해 필사적인 경쟁을 벌이고 해외에 진출해야 했던 것이다.

명나라의 쇄국정책

명나라 시대에 들어서면서 쇄국정책을 시행했다. 북쪽으로는 장성을 다시 수축했고, 남쪽으로는 해운海運을 금했다. 송나라 시대까지 중국은 전 세계를 대상으로 한 무역이 대단히 발달한 국가였고, 원나라 시대에 세계 2대 항구는 이집트의 알렉산드리아 항과 해상 실크로드의 출발지였던 중국 남부의 취안저우항 두 곳이었다. 그러나 명대 이후 한 척의 배도 항해할 수 없었고 한 톨의 쌀도 국경을 넘지 못했다. 조선업은 명대 초기까지 대단히 번성해 정화의 원정遠征을 뒷받침했으나, 명 영종 이후 관선官船의 제조는 엄격하게 금지되었고 조선업은 돌이킬 수 없는 쇠락의 길을 걸어야 했다.

중국의 도시화 비율은 송나라 시대에 이르러 22퍼센트였다. 당시 전 세계에서 인구 100만 명을 넘는 도시는 송나라의 개봉과 임안항저우이었다. 당시 서양에서 가장 큰 도시는 10만 명 규모였다. 그러나 송나라 시대 이후 중국의 도시화 비율은 지속적으로 하강해 청나라 말기에 겨우 6.5퍼센트였다. 개혁개방이 시작된 1978년의 현대 중국에서도 도시화율은 18퍼센트에 지나지 않아 송나라 시대에 미치지 못했다. 이렇게 하여 중국은 14세기부터 19세기까지 1인당 GDP 성장률이 제로였다. 중국의 4대 발명품 중 종이를 제외한 나머지 3대 발명품은 모두 송나라 시대에 이뤄졌다.

중국의 저명한 재정경제학자인 우샤오보吳曉波는 이 시기 중국의 정체를 식량과 마포麻布의 두 가지 물자와 연결시켜 설명한다. 그에 따르면, 처음에는 쌀만 있었으나 영토가 커지면서 보리나 조 등 기존에 있던 곡물은 물론 고구마와 옥수수까지 중국에 들어오게 되자 백성들의 먹는 문제를 해결할 수 있게 되었다. 또 이전에는 소수의 귀족과 관리들만이 비단옷을 입을 수 있었으나, 명대 이후 면화 혁명이 발생해 입는 문제도 해결하게 되었다. 이렇게 하여 먹고 입는 문제가 해결되자 제국은 더 이상 확장하려는 욕망을 잃게 되었다는 것이다. 하지만 이러한 중국의 자기만족과 안주 그리고 폐쇄성은 결국 근대에 이르러 코앞에 닥친 서양의 견고한 함선과 맹렬한 대포에 속수무책으로 시달리는 상황을 초래했다.

용렬한 시대, 용렬한 황제

빈농 출신의 황제

빈농 출신의 주원장은 몸을 일으켜 몽골 이민족이 세운 원나라를 멸망시키고 명나라를 건국했다. 이어 몽골의 수도인 카라코룸을 불태우고 패주하는 몽골군을 추격해 당시까지 중국의 군대가 도달했던 최북단 야블로노이 산맥까지 이르렀다.

명나라 시대에는『삼국지』를 비롯해『서유기』와『홍루몽』등 유명한 소설이 창작된 시기로서 인구 4억 명에 세계 GDP의 28퍼센트를 점했다. 영락제 때 수도가 난징에서 베이징으로 천도했는데, 오늘날 볼 수 있는 베이징의 많은 성곽은 이때 인위적으로 건설된 것이다. 베이징은 20세기 현대에 이르러 국민당이 지배했던 21년을 제외하고는 모든 시기에 수도로서의 위상을 지켰다.

명나라는 승상제도도 폐지된 가운데 황제 독재의 시대였다. 송나라 시대 이전까지 황제와 대신은 의자에 마주 앉아 마주 보면서 정무를 보고했다. 송나라 때는 황제는 의자에 앉고 대신은 서서 보고했다. 하지만 명나라 시기에 이르러서는 황제는 앉고 대신들은 무릎을 꿇고 보고해야 했다.

그러나 그렇게 황제의 권위는 높아졌으나 정작 명나라 황제는 전체적으로 용렬했다. 명나라 건국 후 태조를 거쳐 무장武將 출신으로서 정력적으로 대외원정에 나섰던 영락제永樂帝[15]를 비롯해 고작 1년간 재위에 오른 홍희제, 선덕제로 이어지는 국운 상승기가 존재한 뒤 200여 년 동안 명군은 오직 효종 홍치제 한 명뿐이라는 말까지 있다. 그나마 홍치제의 재위 기간도 20년에 미치지 못했다. 황제독재 시대에 황제가 계속 무능했으니 명대 자체가 특출한 점이 없는 것은 너무나 당연했다.

특히 영종은 역사상 가장 무모하다고 평가되는 북방 오이라트 몽골족에 대한 친정에 직접 나섰다가 도리어 포로로 잡히는 어이없는 참사가 벌어졌다. 이른바 '토목土木의 변變'이다. 또 불로장생을 위해 제단을 쌓고 기원하던 가정제는 방사方士가 올린 단약丹藥을 마시고 목숨을 잃었다.

천계天啓 황제는 원래 문맹으로서 근본적으로 정사를 처리할 능력이 없었다. 그는 재위기간 내내 대패와 톱 그리고 끌을 항상 품에 지니고서 오로지 목공木工과 칠漆 작업에만 열중해 침대를 만들고 궁궐을 보수한 '목수 황제'였다. 이렇듯 어리석은 그가 죽은 지 10여 년 뒤에 명나라는 멸망하고 말았다.

황제가 직접 연 상점, 황점

명나라 태조 주원장은 관료를 대단히 혐오했다. 그리하여 명나라 시대에 황제의 비서로 간주된 관료는 그저 글이나 읽을 줄 알면 그것으로 충분하다고 생각했다. 관료선발제도인 과거제도도 이른바 '팔고문'이라 불리는 이미 주어진 형식만 줄줄 외우는 자들이 합격했다.

특히 이 시대에 관료들의 녹봉도 형편없었다. 조정 최고 관리인 정1품의 연봉이 고작 800석 정도였다. 좋게 보자면, 명대 관료제도가 청렴한 것으로 평가받을 수 있겠지만, 실제로는 부정부패와 뇌물이 일상화되던 시기였다. 이와 달리 송나라는 송 태조가 "관리의 봉록이 적으면 청렴하지 않다고 책망할 수 없다"면서 관리들의 봉록을 올려주었다. 그래서 송나라 관리의 녹봉은 다른 시대보다 높았다.

명대 중후기에 이르러 상품경제가 번영하면서 황실은 직접 가게를 열어 장사하기도 했다. 이른바 '황점'皇店이었다. 명나라 무종은 기존의 관에서 객상客商의 숙박과 물건의 비축 및 방출 업무를 경영했던 '관점'官店이 세금 징수로 커다란 이익을 얻자 이 '관점'을 '황점'으로 바꾸도록 했던 것이다. 이렇게 하여 국가의 영업기관은 황제의 개인재산으로 전락했다.

우리로서는 이렇듯 중국 역대 왕조 중에서도 대표적인 무능 왕조인 명나라를 이른바 숭명崇明 사상으로 그토록 신주 모시듯 했던 조선 지배층의 문제점을 다시금 지적하지 않을 수 없다. 결국 그러한 '우물 안 개구리' 식의 비현실적 사고방식과 오로지 자파의 이익만을 우선했던 무조건적 당파주의가 조선을 국난으로 몰아간 것이었다.

민간 경제의 발전

경덕진 도자기

이렇듯 명나라 시기에 정부 부문의 경제는 쇠퇴했지만, 민간 사영私營 경제는 여전히 발전하고 있었다. 제지를 비롯해 인쇄, 차, 조선, 도자기, 방직 등 수공업은 명나라 전기만 해도 매우 번성했지만, 중기에 접어들면서 급속하게 쇠락하고 대신 사영 수공업으로 대체되기 시작했다.

본래 중국의 청자는 한나라 시대 소흥지방 일대에서 만들어지기 시작했다. 이후 남북조 시대에 이르러 백자를 만들어내는 데 성공을 거두었고, 당나라 시대에 청색, 녹색 그리고 연황鉛黃색 세 가지 색깔로 채색되는 당삼채로 발전했다. 북송 진종 경덕景德 연간 1004~1007에 황실이 특별히 장시 성 창남진昌南鎭에서 자기를 제조하도록 해 도자기 아랫부분에 '경덕연제'景德年制라는 글자를 새겼는데, 이때 생산된 도자기는 그 섬세하고 미려함으로 황제에게 큰 칭찬을 받았다. 이때 창남진은 경덕진景德鎭으로 개명되어 오늘날까지 대표적인 자기 생산지로 자리 잡게 되었다. 특히 송나라 시대에 이르러 이미 중국의 도자기는 세계적으로 유명해졌는데, 이 무렵부터 중국의 도자기는 해상무역을 통해 에스파냐를 비롯해 이탈리아 등 해외에 지속적으로 팔려나갔다.

명나라 초기만 해도 도자기는 관 주도로 생산되었고, 경덕진은 대표적인 생산지였다. 그러나 명나라 중엽에 이르러 부패와 저효율 그리고 원가 부담으로 신속하게 민간 주도로 변화되었다. 명나라 후기에 민간 자기 생산지는 이미 300곳이었고 도자기를 굽는 장인만 해도 10만 명에 이르렀다. 청나라 건륭제 때 경덕진에는 도자기를 생산하는 요窯가 200~300곳이나 되었고 장인과 인부는 수십만 명이었으며 연간 6천만 개 이상의 자기가 생산되었다. 이렇게 하여 경덕진은 일 년 내내 밤낮으로 불꽃과 연기가 끊이지 않고 사람들이 잠을 잘 수 없을 정도로 천하의 도자기가 모두 만들어지면서 그 부富가 넘쳐났다.[16]

이 시기 서광계徐光啓가 쓴 『농정전서』農政全書는 중국 고대부터의 농학 이론을 기술해 원나라와 명나라 두 왕조 농민들의 생산 경험을 총정리하고 동시에 서방의 농전農田 수리기술을 자세하게 소개함으로써 중국 고대시대에서 가장 잘 정리된 농학 저술이었다. 또 송응성의 『천공개물』天工開物은 명말 청초의 생산 신기술을 기록해 국내외에서 공예 백과사전으로 칭해졌으며, 일본은 이 책을 중시해 천공학天工學이라는 학문 분야를 발전시키기도 했다.

이시진李時珍은 '본초'本草 계통의 최고봉으로 평가되는 『본초강목』本草綱目을 저술했다. 이 『본초강목』은 약 1천 종의 식물과 1천 종의 동물이 62편으로 분류되어 기술되었다. 이시진은 종류와 그 역사, 천연두의 접종 그리고 치료학적인 수은, 고령토 및 기타 물질의 사용에 대해서도 연구한 글을 남겼다.

타이완의 저명한 역사학자 황런위는 그의 저서 『만력 15년』萬曆十五年에서 이렇게 분석하고 있다.

"낙후한 농업 경제를 유지하고 상업 및 금융 발전을 거부했던 명나라의 이러한 방식이야말로 중국이 세계적 차원에서 선진적이었던 한·당 시대가 낙후한 명·청 시대로 전락해버린 주요한 원인이다. 자본주의는 일종의 조직이며 일종의 체계이다. 자본주의의 유통 방식은 상품이 화폐로 교환되고 화폐는 다시 상품으로 교환되는 것이다. 화폐는 일종의 공중公衆제도이지만, 그것은 원래 공중에 속하는 권력을 개인에게 부여한다. 개인 자본 축적이 많아질수록 그것이 공중 생활을 조종하는 권력은 더욱 커진다. 동시에 상업자본은 공업자본의 선구로서 상업이 충분히 발전해야만 비로소 공업의 발전이 동일하게 증진된다. 이것이 서구 자본주의 발전의 특징이다. 반면 중국의 전통 정치는 이러한 조직 능력이 부재했을 뿐만 아니라 왕조의 안전을 위해 개인의 재부가 통제될 수 없는 상황에 이르는 것을 결코 원하지 않았다."[17]

현대사에서 부富는
어떻게 만들어지는가

5

중국의 길

'중국'과 '중국의 미래'는 늘 세계인의 관심사이자 논란거리다. 최근에도 중국 경제의 미래에는 여러 의문 부호가 붙는다. 그러나 분명한 사실은 이제까지 항상 그랬듯 중국은 자신의 길을 계속 걸어갈 것이라는 점이다. 역사상 결코 유례를 찾아볼 수 없는 경로를 밟아온 바로 그 토대 위에—물론 가야 할 길은 지난荊棘할 것이지만—마치 스펀지 같은 놀라운 수용성을 발휘하면서 자신만의 노선을 견지해나갈 것이다. 그리고 그것은 다시 세계인들의 논란거리가 될 것이다.

1 중국 현대사의 두 거인, 마오쩌둥과 덩샤오핑

마오쩌둥과 주원장

부활한 황제

마오쩌둥은 농촌사회가 중국 혁명의 주요한 수혜자가 되어야 한다는 신념으로 도시의 관료사회에 대한 반감을 극도로 드러냈다. 그는 1957년 이른바 '백화제방百花齊放 운동'이 전개된 이후 불만에 찬 지식인들의 비판이 터져 나오자 그 기회를 노려 '반反우파 투쟁'에 나서 무려 50만 명 이상의 지식인들을 파면시키고 '우파', 즉 인민의 적이라는 낙인을 찍었다. 그는 지식인들이 단지 말만 할 줄 아는 자들이라고 경멸했으며, 가장 위대한 지적 성취는 상대적으로 교육을 덜 받은 젊은이에게서 나온다고 선언했다.

'부활한 황제' 이미지의 마오쩌둥과 명나라 주원장에게서 나타나는 유사점은 대단히 흥미롭다.[1] 마오쩌둥은 명나라를 건국한 홍무제 주원장과 비교된다. 마오쩌둥은 주원장과 똑같이 농민 출신으로서 농민 반란 또는 혁명을 통해 권력을 장악했다. 다만 양자

간의 차별성이 있다면, 마오쩌둥의 경우 당시의 사회 상황을 반영해 '농민에 기반을 둔' 사회주의의 기치를 내세운 점이 다르다고 할 수 있을 것이다.

주원장은 농촌이 피폐했다는 사실을 인식하고 있었다. 더구나 그는 상업을 멸시하고 기생적인 것으로 파악했다. 그래서 자급자족적인 농촌사회를 만들기 위해 노력했고 농민들은 스스로 치안을 유지했다.

주원장은 1380년 승상丞相의 음모가 적발되자 승상을 참수형에 처했으며, 그의 가족을 비롯해 연루된 관료 등 4만 명이 사형을 당하고 총 10만 명이 희생을 당했다. 그 결과 능력 있는 인물이 사라지고 폭력이 난무하면서 발전이 가로막혔다. 조정에서 신하들은 공공연하게 곤장을 얻어맞고 모욕을 당해야 했다. 희생자들은 엎드린 채 발가벗은 엉덩이에 매질을 당했다. 승상의 직책도 아예 없애고 모든 것을 자신의 손으로 처리하고자 했다.[2]

'대약진'이 아닌 '대약퇴'

주원장은 "송나라 신종은 왕안석을 기용해 이재를 중시함으로써 소인들이 날뛰게 되고 천하가 소란해졌다"고 비판하면서 중농억상정책으로 회귀해 완전한 소농경제 사회에서의 근검절약과 형평을 강조했다. 상인들은 비단옷을 입지 못하게 하고 백성들은 항해하지 못하도록 했으며 대부분의 부자를 몰락시켰다.

대외무역도 예부에서 관장하도록 했다. 이렇게 하여 사회 생산과 유통의 효율성을 제고시켜 사회재부를 증대시키는 대신 완전한 소농경제 시대로 되돌아간 것이었다. 그는 도덕윤리를 표방하면서 도덕이 법률을 대체하는 도덕입국道德立國의 사회를 건설하고자 했는데, 이는 사실상 융성했던 송나라 상업의 '대약퇴'大躍退를 의미한다.

'문화대혁명' 시기에 붉은 완장을 두른 어린 홍위병들은 거리를 휩쓸고 다니면서 조금이라도 외국풍이 나거나 '지성의 냄새'를 풍기는 사람은 무조건 심문해 모욕하고 두들겨 팼으며 책과 원고를 불사르고 심지어 죽이기까지 했다.

국가주석이었던 류사오치도 이 와중에 감금된 채 굶어 죽어야 했다. 이 문화대혁명 기간에 최소 50만 명 이상이 살해되거나 자살했으며, 자그마치 1억 명이 박해를 받았다. 류사오치의 직위였던 주석직도 그 자체를 아예 없앴다.

마오쩌둥은 철저하고 근대적인 공산주의 사회를 만드는 것을 목적으로 1958년부터 1960년까지 대약진운동을 전개했다. '생산성 이론'에 근거해 시행된 이 운동은 농촌의 현실을 무시한 무리한 집단 농장화나 농촌에서의 철강생산 등을 진행시킨 결과 2천만 명에서 5천만 명에 이르는 사상 최악의 아사자를 내고 크게 실패해 결국 '대약진'이 아니라 '대약퇴'로 귀결되었다.

또 류사오치와 덩샤오핑이 농민의 생산의욕과 경제활동을 고취한다는 목적으로 주장한 '삼자일포三自一包 정책'을 비판했다. 삼자일포란 자유지自留地, 손익을 스스로 책임진다는 뜻의 자부영휴自負盈虧, 자유시장自由市場의 3자自 그리고 생산책임제도인 포산도호의 1포包를 의미한다. 마오쩌둥은 류사오치와 덩샤오핑을 자본주의에 투항하는 주자파로 몰아붙이면서 문화대혁명을 통해 이들을 숙청했다.

마오쩌둥은 모든 과거와 철저히 단절해야 함을 역설하면서도 한편으로는 윤리 프로젝트로서의 국가와 중국식 관료체제로서의 왕조체제의 통치를 포함한 중국의 많은 전통적 방식에 의존했다. 그것은 그가 증오해 주기적으로 파괴했지만 최종적으로는 동일하게 주기적으로 다시 중건重建했다.[3]

실사구시, 개혁개방

농업 집단화의 막을 내리다

1978년 12월 중국공산당 제11기 제3차 중앙위원회 전체회의가 베이징 인민대회당에서 개막되었다. 이 회의에서 마오쩌둥의 후계자 화궈펑華國鋒에게서 덩샤오핑으로 지도력이 교체되었다. 그리고 마오쩌둥 사상의 절대화가 부정되었으며 계급투쟁 지상주의로부터 경제건설 중심으로의 전환이 시작되었다.

즉 지난 '문화대혁명'의 내란은 중국 국가 전체에 심대한 타격을 줌으로써 국민경제를 붕괴 위기로 내몰았으며, 이러한 총체적 난국에서 지도부는 실사구시의 노선과 사상 해방을 다시 확립하고 '계급투쟁 지상주의'의 잘못된 이론과 실천을 철저히 부정하고 당과 국가 업무의 중심을 경제건설에 두면서 개혁개방정책을 시행했던 것이다. 그리하여 "중국 특색의 사회주의 건설"이라는 시대적 구호를 주창하며 개혁개방이 시작되었다.

여기에서 개혁이란 경제체제 개혁, 즉 고도로 집중된 계획경제 체제의 사회주의 시장경제 체제로의 개혁을 비롯해 민주, 법치주의, 정부와 기업의 분리, 정부기구의 간소화, 민주적 감독제도의 정비, 안정과 단결의 유지를 포함하는 정치체제의 개혁을 의미한다. 또 개방이란 주로 대외개방을 가리키며, 광의의 의미에서는 국내적 개방을 아우르는 의미이다.

1982년 11월 제5기 전국인민대표대회 제5차 회의에서 채택된 신헌법은 인민공사의 행정기구로서의 역할을 부정하고 단순한 경제조직으로서의 지위로 제한시켰다. 1984년까지 전국 농가의 96퍼센트가 단독경영으로 이행함으로써 사실상 50년대 중반부터 진행되어오던 농업 집단화는 그 막을 내렸다.

점에서 선으로, 다시 면으로

경제근대화에 있어 가장 큰 문제는 자본의 결핍이었다. 1980년 초 중국은 세계은행과 국제통화기금에 가입해 차관을 요청했고, 대외개방의 단계로서 우선 광둥지역과 푸젠지역의 화난華南지역에 대해 재정과 대외무역에 관한 대폭적인 자주권을 부여했다. 그리고 다시 대외개방의 거점으로 선전, 주하이, 산터우, 샤먼을 경제특구로 지정해 외자와 기술도입의 창구, 수출기지, 대외개방의 창窓 그리고 국내 근대화의 모델로 삼고자 했다.

1984년에는 상하이를 비롯해 다롄, 톈진, 광저우, 원저우, 옌타이, 칭다오 등 연해지역 14개 도시가 개방되었으며, 85년 이후에는 장강長江 삼각주, 주강 삼각주와 푸젠 성지역 그리고 환環발해지역

이 경제개방구로 지정되었고, 이로써 연해沿海지역의 대외개방이
완성되었다. 이렇게 중국의 개방은 점點으로서의 경제특구, 선線으
로서의 연해 개방도시, 면面으로서의 연해 경제개방구의 순서로
확대되어간 것이었다.

1992년 1월부터 2월까지 당시 88세 고령이던 덩샤오핑은 선전
을 비롯해 주하이와 상하이를 시찰하고 '남순강화'南巡講話 발표
를 통해 유명한 중국의 사회주의 시장경제론을 주창했다. 이어서
1999년에는 이제까지 낙후되었던 서부지역에 눈을 돌려 서부대
개발 전략을 제기하고 추진했으며, 2003년에는 동북지역 구舊공
업기지 전략을 제기했다. 2007년에는 중국 최초로 사유재산권 보
호를 명문화한「물권법」을 제정했고, 중국공산당 제17차 3중전회
에서는 농촌의 농지와 부속 가옥에 대해서 사용권을 매매할 수 있
도록 허용할 것임을 밝힘으로써 제3차 토지개혁에 나섰다.

"전례 없는 기회, 전례 없는 위기"

중국 개혁개방은 개혁과 개방을 통해 세 가지 전환점을 실현시
켰다. 첫째, 고도로 집중된 계획경제 체제를 활력이 넘치는 '사회
주의 시장경제 체제'로 전환시켰고, 둘째, 폐쇄된 사회를 전방위적
으로 개방된 사회로 변화시켰으며, 셋째, 인민의 생활에 있어 기본
적인 생활을 영위할 수 있는 이른바 '소강'小康사회로 전환시켰다.

결론적으로 중국 개혁개방의 모든 경험은 근본적으로 사상 해
방이고 동시에 생산력 해방의 과정이라 할 것이며, 철두철미하게
공산당이 상부에서 주도하는 개혁과정으로서 중앙의 통제하에 점

진적 방식을 취하고 있는 것이 주요한 특색으로 지적될 수 있다.

1978년 중국 1인당 GDP는 고작 379달러였고, 대외무역총액은 206억 달러였다. 도시화비율은 10.6퍼센트에 지나지 않았고, 농촌에는 약 2억 5천만 명의 빈곤인구가 존재해 전형적으로 낙후된 농업국가에 불과했다.

하지만 30년에 걸친 개혁개방을 추진하면서 국민 1인당 GDP는 2,000달러를 넘어섰으며, 경제 총량은 1978년의 60배에 달하게 되었고 수출입무역총액은 1978년의 85.3배이며, 재정수입은 1978년의 34.2배로 증가되었다.

중국 개혁개방은 중국 국내뿐만 아니라 국제적으로도 지대한 영향을 미쳤다. 중국 경제의 대외의존도는 지난 1978년 9.6퍼센트의 자급자족형 경제에서 개혁개방 이후 지속적으로 상승해 60퍼센트까지 높아졌다. GDP 통계에서도 2010년 8월 16일 마침내 일본을 추월하면서 미국에 이어 세계 2위의 경제 대국으로 우뚝 서게 되었다. 구매력 평가에 있어서는 세계은행 발표에 따르면 중국은 미국에 이어 세계 2위로서 2010년 현재 세계 총구매력평가는 55조 달러인데 중국은 5조 달러로서 세계의 9퍼센트를 차지하고 있다. 또한 2011년 9월 현재 중국의 외환보유고는 3조 2천억 달러로서 세계 1위를 점하고 있다. 최소한 양적인 측면에서 개혁개방은 이미 충분히 성공했다고 할 수 있다.

덩샤오핑, 중국 개혁개방의 총설계자

합의와 타협 그리고 설득

중국 개혁개방과 결코 분리시켜 생각할 수 없는 인물은 바로 덩샤오핑이다. 덩샤오핑의 본명은 덩셴성鄧先聖으로서 1904년 쓰촨성에서 태어났다. 그는 1921년부터 1924년까지 프랑스에서 유학하던 중 공산주의 운동에 적극적으로 참가했으며, 그 후 소련 모스크바 중산 대학에서 유학하고 그해 말 귀국해 1927년 중국공산당 중앙비서장에 임명되었다. 1929년 말에는 광시廣西지역에 파견되어 많은 봉기를 조직하고 홍군을 건설했다.

덩샤오핑은 1934년 중국공산당 장정長征에 참여했고 다시 중국공산당 중앙비서장에 임명되었으며 1935년 준이遵義 회의에 참석했다. 항일 전쟁 시기에는 공산당의 팔로군八路軍에서 정치부 부주임과 정치위원 그리고 중앙위원을 담당했다. 공산당이 중국을 석권한 뒤에는 중앙 인민정부위원을 역임했으며, 이어 정무원 부총리, 국무원 부총리, 국방위원회 부주석에 임명되었다.

1950년대 중반부터 덩샤오핑은 대외정책과 국내정치에서 모두 중요한 정책결정자가 되었다. 특히 그는 류사오치 등 실용주의적 지도자들과 긴밀한 관련을 맺으며 활동했다. 이들 실용주의적인 지도자들은 중국의 경제 성장을 위해서 물질적인 보상제도를 채택하고 기술 및 경영 측면에서 숙련된 엘리트를 양성하자고 주장했는데, 이 때문에 마오쩌둥 세력과 점점 더 갈등을 빚게 되었다. 결국 그는 1960년대 후반 문화대혁명 과정에서 신랄한 비난을 받고 1967~69년 직책을 박탈당했다.

그러나 1973년 저우언라이周恩來 총리의 후원으로 복권되어 총리가 되었으며, 1975년에는 당 중앙위원회의 부주석과 정치국 위원 총참모장이 되었다. 저우언라이가 세상을 떠나기 몇 달 전부터 정부를 이끌어간 그는 1976년 1월 저우언라이가 죽자 이른바 4인방四人幇 때문에 다시 권좌에서 밀려났다.

1976년 마오쩌둥이 죽고 4인방이 숙청된 후 비로소 그해 9월 마오쩌둥의 후계자인 화궈펑의 동의를 얻어 복직되었다. 1977년 7월경 덩샤오핑은 이미 고위직을 회복했으며 당과 정부의 지배권을 둘러싸고 화궈펑과 권력투쟁을 벌였다.

그러나 화궈펑에 비해 노련한 정치력과 폭넓은 지지층을 확보하고 있었던 덩샤오핑은 결국 화궈펑을 축출하는 데 성공했다. 그는 "어떠한 민족과 국가도 모두 다른 민족, 다른 국가의 장점을 학습해야 하고, 다른 사람의 선진 과학기술을 학습해야 한다"고 주창하면서 합의와 타협 그리고 설득의 방법으로써 중국의 정치, 경제 등 모든 분야에 걸친 중대한 개혁과 개방정책을 추진시켰다.

그는 경제 운영에 있어서 지방분권적인 방향을 설정했다. 그리고 효과적이고 통제적인 경제 성장을 이룩하기 위해 합리적이고 융통성 있는 장기적인 계획을 세웠다. 농민들에게는 자신의 생산물과 이윤에 대해 개인적으로 관리하고 그에 대한 책임을 부담하도록 했는데, 그 결과 1981년 이 정책이 시행된 이래 몇 년이 채 지나지 않아 농업생산은 많이 증가했다.

"인민을 잘살게 하는 것이 가장 중요하다"

덩샤오핑은 경제정책을 결정할 때 개인의 책임에 비중을 두었고 근면과 창의력에 대한 물질적인 보상을 강조했다. 그리고 고등교육을 받아 중국 경제 성장의 선봉에 설 기술자와 경영자를 양성하는 데 주안점을 두었다. 또 많은 기업체를 중앙정부의 통제와 감독에서 벗어나게 했고, 기업가들에게는 생산량을 결정하고 이윤을 추구할 권한을 부여했다. 대외정책의 측면에서는 과감한 개방정책을 채택해 서구와의 무역 및 문화적 유대를 강화했고 중국 기업에 대한 외국의 투자를 허용했다.

덩샤오핑이 아프리카를 방문했을 때, 그곳에서 "사회주의란 무엇인가?"라는 질문을 받은 적이 있었다. 그는 "인민을 잘살게 해주는 것이라면, 그것이 어떤 체제든 중요하지 않다"고 대답했다.

정치적으로 그는 당과 정부 내에서의 최고위직을 최대한 사양했지만 강력한 정치국 상임위원회 위원 겸 중국공산당 중앙군사위원회 주석 지위는 유지하면서 군대에 대한 지배권을 장악하고 있었다. 결국 그는 1980년대를 관통해 일관되게 중국의 주요 정책 결정자였다. 1989년 이른바 '톈안먼 사태'의 발생으로 덩샤오핑은 중대한 시련에 직면했는데, 당시 그는 시위에 대한 무력진압을 지지했다.

그는 마지막으로 1992년 10월 12일에 개최된 제14회 전국대표대회 제1차 중앙위원회 전체회의에서 고위급 지도자들을 퇴진시키고, 개혁파 주룽지朱鎔基 부총리 등을 선출해 개혁개방정책을 이끌어 나갈 새로운 지도체제를 출범시켰다. 1994년 이후 공식석상에서 모습을 감춘 그는 1997년 2월 베이징에서 지병으로 사망했다. 오늘날 덩샤오핑은 절대 다수의 중국인에게 가장 존경하는 인물로 추앙받고 있으며, 중국 개혁개방과 현대화의 총설계사로 불리고 있다.

왜 러시아는 실패하고 중국은 성공했는가

명령식 VS 참여식

개혁개방 이래 중국 각지에 무려 2,000곳이 넘게 지정된 경제특구는 양호한 투자조건을 제공해 외국자본을 유치함으로써 중국 경제 성장의 엔진으로 역할했다. 개혁개방 이래 현재까지 중국의 1인당 GDP는 네 배로 증가되었으며, 이 기간에 중국의 평균 경제 성장률은 9.5~11퍼센트였다. 구체적으로 1979년부터 2008년까지 30년 동안 중국의 GDP 연평균증가율은 9.92퍼센트였다. 이렇게 장기간에 걸친 고도성장을 실현시킨 나라는 이제껏 지구상에 존재하지 않았다.

구舊소련은 위기에 직면하자 마르크스-레닌주의 정치체제가 갖는 자신의 특수성을 포기하고 서구의 정치제도와 시장경제를 일방적으로 수용했다. 이 과정에서 결국 붕괴되고 말았다. 하지만 덩샤오핑의 개혁개방은 정치체제의 변화 없이 '중국적 상업주의 전통에 기초해' 부분적인 자본주의 요소를 도입함으로써 성공적인 경제 성장을 이룰 수 있었다. 소련 고르바초프 방식의 상층 정치개혁을 시도했다면, 중국의 개혁개방은 성공하기 어려웠을 것이다.

마이클 부라보이Michael Burawoy는 구소련 해체 이후 러시아가 서구 정치체제와 시장경제를 받아들인 것을 중국과 비교하면서 "러시아의 체제는 변화transition는 했으나 개조transformation는 발생하지 않았지만, 중국의 경우에는 체제의 변화는 발생하지 않았지만 발전적 개조는 성취했다"[4]고 분석했다.

러시아는 1990년대 이후 선거, 언론 개방, 다당제를 단계적으로 시행했고, 선거제도가 공식적인 권력 획득의 수단으로 되었다. 하지만 러시아의 연방제도는 구소련의 정치적 틀을 그대로 계승한 것으로서 특히 '대통령부'의 소속 기구들은 이전 공산당 중앙위원회와 유사한 역할을 담당했고, 그 관리들은 기존 중앙위원회 간부들의 행태를 답습하고 있었다. 이러한 상황에서 정당들은 당연히 사회 각 세력의 이해를 대변하지 못하고 대의기능을 제대로 이행하지 못했다. 더구나 시민사회의 형성은 대부분 '위로부터의 주도' 또는 '외부의 지원'을 통해 의도적으로 이뤄졌다. 이러한 러시아의 '통제 민주주의'는 외면적으로 민주적 형식을 유지하지만 실질적으로는 집중된 권력을 지향하는 하나의 특수한 정치통치술의 유형으로 볼 수 있다.[5]

반면 중국은 사회주의 혁명 과정을 거치면서 독특한 사회동원 체제를 구축했다. 러시아 혁명이 레닌의 볼셰비키에 의한 이른바 '혁명 전위'의 하향식 혁명이었던 데 반해 중국은 농민 대중과 결합한 장기적 항쟁 과정에서 사회주의 혁명을 성취했다. 이러한 측면에서 러시아가 '명령식 동원' 체제인 데 반해 중국은 '참여식 동원' 체제의 혁명 전통을 지니고 있었다고 할 수 있다.[6] 문화대혁명과 대약진운동 역시 이러한 맥락에서 이해될 수 있다.

사실 중국의 경제 개혁은 대부분 엘리트가 아니라 대중의 주도로 이루어졌다. 개혁 초기 상장의 주요 원천은 농촌개혁, 즉 인민공사의 가족농으로의 전환이었다. 그리하여 개혁 시기에 결국 농민이 중국을 바꾸었는데 그것은 국가에 대항하는 시민사회를 통한 집단적·정치적 행동이 아니라, 당이 사후에 승인한 개별적인 경제적 발의였다.[7]

이렇게 하여 결국 중국의 개혁은 처음부터 이전 시기의 인민공사로부터 해방된 농민들을 혁명 과정에서처럼 강력한 지지 세력으로 확보할 수 있었고, 이는 개혁 성공의 커다란 토대로 기능했다. 이와 달리 고르바초프의 러시아에 있어서 그의 개혁은 믿을 만한 개혁 지지 세력을 만들어내지 못한 채 좌초하고 말았다.

변법자강 운동을 닮은 개혁개방

덩샤오핑의 개혁개방은 구소련의 개혁방식과 달랐다. 즉 정치체제의 전면적 변화를 꾀함으로써 결국 사회주의 체제 자체 붕괴를 결과했던 고르바초프 방식의 개혁과 달리 이른바 '중국적 특색을 지닌 사회주의'로서 사회주의적 정치체제를 유지하면서도 서구의 과학과 기술 그리고 부분적인 경제적 관행을 도입한 것이다.

이는 유교적 국가와 가치중체中體를 유지하면서도 서구의 기술과 경제적 방법서용西用을 받아들이고자 했던 19세기 후반의 변법자강變法自強 운동과도 유사하다고 볼 수 있으며, 이러한 점에서 동치중흥 운동과 닮았다.[8] 이렇듯 중국은 중국적 전통에 기초한 '자신들의 고유한' 발전방식과 시스템을 선택해가고 있는 것이다.[9]

마오쩌둥의 사상과 덩샤오핑의 이론에서 나타나는 가장 큰 특징은 중국의 특수성을 강조하는 한편 마르크스-레닌주의가 갖는 보편성도 부정하지 않는다는 점이다. 이는 마오쩌둥의 사상과 덩샤오핑의 이론이 중국의 특수성과 마르크스-레닌주의의 보편성을 각각 재구성하려는 특징을 가지고 있기 때문에 가능한 것이었다.[10]

그렇다면 왜 청나라 말기의 동치중흥 운동은 실패한 반면에 덩샤오핑의 개혁개방은 성공할 수 있었는가? 중국에서 역대 왕조 말기에 나타난 어떠한 개혁운동도 성공하지 못했다. 왜냐하면 이미 새로운 시대, 새로운 상황을 이끌어갈 지도력이 구체제에는 결여되어 있었기 때문이다. 이를 생산력과 생산관계로 설명할 수도 있다. 즉 새로운 생산력의 단계에서 새로운 생산관계가 필요했던 것이다. 이에 비해 덩샤오핑의 개혁개방은 아직 국가수립 초기의 높은 도덕성과 지도력 희생정신 등이 살아 있던 시기였고, 체제의 건강성이 약동하던 시기였다. 이를테면 당나라 2대 황제 태종이나 명나라 3대 황제인 영락제 시기처럼 건국 초기의 비약적 발전기로 볼 수 있다.

2 현대 중국의 거대한 갑부들

급속히 늘어나는 부자들

2011년 중국 최고의 부자는 기계제조업체인 산이三— 그룹의 CEO 량원건梁穩根인 것으로 나타났다. 이는 1999년부터 매년 중국의 '갑부 순위'를 조사해온 『후룬바이푸』가 2011년 발표한 '2011년 재부 보고서'에서 밝힌 것이다.

량원건은 2010년 조사에서는 4위였지만, 산이 그룹의 자회사 두 곳이 상장돼 재산이 89퍼센트나 불어난 700억 위안으로 1위로 올라섰다. 『후룬바이푸』는 투자자산만을 집계하는 미국의 『포브스』와 달리 투자자산 외에도 미상장 회사 주식, 거주 부동산과 소장 예술품 등을 포함해 집계한다.

2010년 1위였던 과자음료 그룹 와하하娃哈哈의 쭝칭허우宗慶後는 재산 680억 위안으로 2위로 밀렸다. 2010년 쭝칭허우의 재산은 800억 위안이었지만, 와하하의 2010년 순이익이 2퍼센트 감소해 순위가 떨어졌다. 3위는 중국 최대 인터넷 검색 포털 바이두 CEO인 리옌훙이 차지했는데, 그의 재산은 560억 위안으로 2010년보다 56퍼센트나 증가했다. 이와 관련해 『후룬바이푸』는 "2011년은 2010년에 비해 전반적으로 IT 산업이 상승세에 있는데, 리 회장이 이끄는 바이두의 성장이 가장 두드러진다"고 설명했다.

중국 부자들의 급속한 증가 요인으로는 2010년 중국 GDP가 10.3퍼센트 증가한 외에도 부동산가격의 급등, 특히 대도시 중요 지구 및 개발지구 부동산 폭등에 의한 것으로 분석되었다. 이를 반영해 2011년 『후룬바이푸』 랭킹에는 '부동산 갑부'가 다섯 명이나 10위 안에 들어 눈길을 끌었다.

부동산 갑부 중 음료 및 부동산기업인 화빈華彬 그룹의 옌빈嚴彬이 500억 위안으로 4위, 부동산 및 문화 기업인 헝다恒大 그룹의 쉬자인許家印이 460억 위안으로 5위에 이름을 올렸다. 부동산업체인 완다 그룹의 왕젠린은 450억 위안으로 6위, 룽후부동산龍湖地産의 우야쥔吳亞軍 및 그 가족이 420억 위안으로 7위, 역시 부동산기업인 비구이위안 그룹의 양후이옌이 360억 위안으로 10위에 자리매김했다.

『후룬바이푸』의 2011년 보고서에 따르면, 중국에서 천만 위안 이상의 재산을 보유한 부자는 총 96만 명으로서 2010년에 비해 9.7퍼센트 증가했고, 평균 연령은 39세였다. 남녀 비율은 7 대 3이었다. 이 중 억만 위안 이상의 재산을 보유한 부호는 6만 명으로서 평균 연령은 43세였다. 10억 위안 이상 재산의 부호는 약 4천 명이었고, 백억 위안 이상의 부호는 200명이었다.

이들 부호의 거주지역을 살펴보면, 베이징이 17만 명으로 1위였고, 광둥지역이 15만 7천 명 그리고 상하이가 13만 2천 명으로 각각 2위와 3위를 차지했다. 이들 베이징·광둥·상하이 세 도시는 중국 전체 부호의 절반을 점했다. 그리고 저장 성과 장쑤 성이 그 뒤를 이었다. 특기할 만한 사실은 충칭重慶의 부호들이 급증했다는 점이다. 충칭의 천만 위안 부호는 1만 1,500명으로 2010년에 비해 1,800명이 증가함으로써 매일 다섯 명의 부호가 탄생한 셈이다.

중국 부호들의 평균 나이는 39세이고 평균 3.3대의 자가용을 보유하고 있다. 1년에 평균 15일의 휴가를 즐기는데, 60퍼센트가 담배를 피우지 않았다. 이들은 자녀들의 대학유학 국가로 영국과 미국, 캐나다와 오스트레일리아를 선택했으며, 석사 교육을 위해서는 미국을 선호했다. 대도시 부호들과 중소도시 부호들 간에는 약간의 차이가 있었다. 대도시 부호들의 평균 연령은 40세, 중소도시 부자들의 평균 연령은 43세였다. 대도시 부호들은 일정한 월급과 투자를 통해 자산을 불려 나갔고 부동산업에 종사하는 사람이 많았다.

중국 부호의 유형은 크게 기업주, 부동산업자, 직업적 주식투자자 그리고 대기업 경영자 네 가지 부류로 구별된다. 그중 주식투자자들은 평균 2004년부터 주식 투자를 시작한 것으로 나타났고, 부동산업자들은 기본적으로 10년 전부터 부동산업을 시작했다. 다른 사람들보다 빨리 투자를 시작했다는 것이 이들의 치부 요인임을 알 수 있다.

이 밖에도 예술품 소장과 아울러 상하이의 근대 유럽식 건축물인 라오양팡老洋房과 베이징 부근의 전통 가옥인 쓰허위안四合院에 대한 투자도 재산을 증가시키는 중요한 방법으로 등장했다.

세계적 경제침체의 영향을 받지 않는다

전 세계적인 금융위기 상황에서도 중국 기업가들의 재산 증가는 여전히 대단히 빠른 속도를 보여주었다. 2011년『후룬바이푸』명단에 이름을 올린 1,000명 기업가의 평균 재산은 59억 위안으로서 2009년의 1,000명 평균 재산과 비교한다면 무려 51퍼센트나 증가한 수치다. 또 2011년의 부호 1,000명의 재산 최저선은 2010년의 15억 위안에서 20억 위안으로 올랐고 2009년에 비해서는 두 배로 증가했다. 이에 대해『후룬바이푸』의 창업자이자 수석 조사연구원인 후룬胡潤은 "전 세계 금융위기가 중국에는 영향을 끼치지 않은 것으로 보인다"고 말했다.

한편 중국에서 50위까지 재산가들의 평균 재산은 292억 위안으로서 2010년 50위까지의 평균 재산에 비해 12퍼센트 증가했고, 2009년에 비해서는 35퍼센트 증가했다. 2011년 50위까지의 재산가들의 최저선은 2010년 155억 위안에서 170억 위안으로 올랐다.

캡제미니Capgemini SA와 메릴린치Merrill Lynch Global Wealth Management가 발표한 세계 자산운용 보고서에 따르면, 2010년 전 세계 백만장자는 1,090만 명이고 그중 중국 백만장자는 53만 4,500명으로서 세계 4위였다. 이 보고서는 중국 백만장자들의 고급자동차, 요트, 비행기 등 호화사치품 보유가 눈에 띄게 증가하고 있다고 밝혔다. 특기할 만한 사실은 아시아태평양지역의 백만장자가 처음으로 유럽을 넘어섰다는 점이다. 이 지역의 백만장자는 330만 명으로서 총 10조 8천억 달러를 보유함으로써 백만장자 수와 재산 규모 모두 유럽을 넘어섰다.

이뿐만 아니라 거주하는 주택을 제외하고 100만 달러 또는 그 이상의 투자 자산을 보유한 아시아의 순수재산 부호를 조사한 스위스 은행의 2011년 보고서에 따르면, 중국은 2015년에 140만 명의 순수재산 부호가 총 8조 7,600만 달러를 보유함으로써 아시아의 10개 경제지역 부호 중 반수를 차지할 것으로 예측했다.

참고로 이 보고서에 따르면, 2010년 아시아는 모두 116만 천 명의 순수재산 부호가 총 5조 6천억 달러를 보유하고 있는데, 이들이 총인구 중 점하는 비율은 0.06퍼센트였다. 아시아에서 재산 집중도가 가장 극심한 나라는 인도로서 고작 0.02퍼센트에 불과했다.

중국의 신생대 갑부들

소장파 부호들

『후룬바이푸』는 '2011년 소장파 부호 랭킹'도 발표했다. 이 랭킹은 재산 규모 10억 위안과 40세를 기준으로 한 것이다. 여기에는 모두 56명이 이름을 올렸는데, 인터넷포털 텅쉰의 CEO인 39세의 마화텅이 수위를 차지했고, 30세의 양후이옌이 2위였다. 중국 소장파 부호의 절대다수는 자수성가형으로서 이들은 소장파 부호 중 78.5퍼센트를 점했다. 젊은 창업가군群이 소장파 부호의 주력군인 셈이다.

이들 소장파 부호들은 부동산업에 치중하는 기존 부호들과 달리 총 15명이 IT 산업과 오락업종에 종사해 그 비율이 가장 높았다. 그다음으로는 부동산업과 제조업이 차지했다. 지역별로 보면, 광둥 성이 11명으로 가장 많았고, 상하이가 8명으로 뒤를 이었다. 쓰촨 성은 단 한 명만이 명단에 올랐다.

또한 양후이옌은 중국의 '재벌 2세'인 이른바 '푸얼다이' 중 가장 재산이 많은 인물로 꼽혔다. 재벌 2세 중 2위는 푸젠 성 샤먼에 본사를 둔 산안三安 광전의 린즈창林志强이 차지했다. 광전자 분야에서 두각을 나타낸 바 있고, 산안 광전 창업주의 아들인 그의 재산은 150억 위안이었다. 이 밖에 하이신海鑫 철강 창업주의 2세인 리자오후이李兆會도 100억 위안으로 3위에 올랐다. 이들 '푸얼다이'의 60퍼센트는 상과 대학을 다녔으며 주로 정보통신업과 무역업 그리고 복장 및 방직업에 투자하는 것으로 알려졌다.

한편 2011년 중국 밖에서 온 외래外來 부호로는 타이완의 웨이잉자오魏應交와 차이옌밍蔡衍明이 각각 400억 위안과 380억 위안의 재산으로 1위와 2위를 차지했다. 두 명 모두 유명음료 경영자로서 전자는 유명한 라면업체인 캉스푸康師傅 그룹을, 후자는 과자업체 왕왕旺旺 그룹을 경영하고 있다. 홍콩의 주수하오朱樹豪는 260억 위안의 재산으로 외래 부호 3위에 올랐고, 82세의 린원징林文鏡은 동남아시아 출신의 외래 부호로서 5위에 이름을 올렸다. 상하이는 이들 외래 부호들이 중국에 본사를 설립할 때 가장 많이 선호하는 도시였고, 그다음으로 광둥 성과 저장 성이었다.

IT 업종의 두드러진 발달

2013년에는 부동산 갑부 왕젠린이 1,350억 위안의 재산을 보유해 처음으로 중국 부호 1위의 자리를 차지했다. IT 업종은 10위 내의 부호 중 세 명이 차지함으로써 강세를 보였고, 50위 내의 IT 업종 부호의 재부는 2년 연속 50퍼센트 증가했다.

샤오미의 레이쥔은 2013년 『후룬바이푸』에 랭크된 부호 중 재부의 증가가 가장 큰 기업가였다. 그는 2012년의 24억 위안에서 무려 567퍼센트 증가한 160억 위안의 재산을 보유한 것으로 나타났다. 2012년 샤오미 휴대전화의 매출은 126억 위안에 이르렀다.

1위인 왕젠린의 재산은 2012년에 비해 108퍼센트 증가했는데, 주요한 재부의 내원來源은 부동산으로서 80퍼센트를 차지했으며 오락업과 백화점 그리고 소장품 부분이 20퍼센트를 점했다.

완다 그룹의 2012년 총수입은 1,417억 위안이고 실제 이익은 200억 위안을 넘는데 그중 부동산업 수입은 1,097억 위안이었다. '완다 상업부동산'은 2013년 3월 홍콩증시에 상장했고, 6월에는 영국 선시커Sunseeker 요트회사를 3억 2천만 파운드에 사들였으며 또 7억 위안을 투자해 영국 런던 중심가에 5성급 호텔을 지었다. 완다 그룹은 2012년 9월에 26억 달러를 투자해 세계 2위의 극장 체인인 미국의 AMC를 인수한 바 있다.

2013년 재부의 성장이 가장 빨랐던 업종은 오락업종으로서 20위 내의 오락업종 부호의 재산은 2012년에 비해 64퍼센트 증가했다. 2013년 부호 중 5위 내에 세 명이 새로 진입했는데, IT 업종 텅쉰의 CEO인 42세의 마화텅은 3위, 49세의 자동차대왕 웨이젠쥔魏建軍이 4위를 점했다. 32세의 양후이옌은 5위로서 2013년 중국 여성 중 최고의 갑부가 되었다.

마화텅은 10위 내의 부호 중 가장 젊은 부호로서 2012년 텅쉰의 매출 수입은 439억 위안이고 순이익은 127억 위안이었다. 텅쉰의 2013년 현재 시가총액은 5,500억 위안으로서 상장기업 중 시가총액이 가장 높은 기업이다.

웨이젠쥔의 창청長城 자동차는 중국 최대 민간자동차 회사로서 전체 시가총액은 1,300억 위안이었다. 2013년 상반기 영업수입은 264억 위안이고 순이익은 15.5퍼센트에 이른다. 웨이젠쥔은 이 회사 지분의 35퍼센트를 보유하고 있다.

45세의 리옌훙은 2012년의 3위에서 6위로 밀려났다. 바이두는 2013년 현재 미국 나스닥에 시가총액 2,800억 위안으로 상장되어 나스닥에 상장된 중국 회사 중 시가총액이 가장 높은 회사였다. 리옌훙은 바이두 지분의 16퍼센트를 보유하고 있다.

한편 선전은 상하이를 넘어서 다시금 가장 많은 기업가가 거주하는 도시 중 2위를 차지했다. 1위는 여전히 베이징이었다. 『후룬바이푸』 이사장 겸 수석연구원 후룬은 "2013년 부호 랭킹에서 나타난 특징은 부동산업의 회복과 IT 업종의 신속한 발전이다"라고 분석했다.

중국 기업의 해외 진출

완다 그룹의 해외 기업 인수처럼 최근 들어 중국 기업들의 해외 기업 인수 및 대외 투자는 매우 활발하다. 2013년 3월에는 중국해양석유총공사가 151억 달러를 들여 캐나다의 넥센Nexen을 인수한 바 있었다. 2012년 한 해에만 중국 기업의 해외 기업 인수 금액은 총 572억 달러에 이르렀다.

이러한 현상을 중국에서 '저우추취'走出去라 부르는데, 대외 투자와 다국적 경영을 가리키는 용어다. 본래 '저우추취'는 해외 자본을 비롯해 기술과 인재 그리고 선진문명의 도입을 내용으로 하는 '인진라이'引進來와 함께 중국 개혁개방의 양대 축으로 역할을 해왔다.

중국이 이전에 보여준 '저우추취'가 주로 에너지 분야에 집중되어 있었지만 점점 다양화해 독일 기계제조공장이나 아르헨티나와 미국 은행 인수 등으로 그 분야가 확대되고 있다. 중국 기업 자체적으로 자본력이 막강할 뿐 아니라 더구나 중국이 투자하는 금융기관에서 융자도 받을 수 있기 때문에 자금력이 매우 풍부하다. 중국 기업들의 해외 기업 인수 및 대외 투자라는 이 '저우추취' 현상은 앞으로도 계속 확대될 전망이다.

쇠고랑을 찬 부호들

'문제 부호'

중국 부호 중 거듭 사회적 물의를 일으켜 오히려 불명예스러운 이름을 얻게 된 경우도 있다. 일찍이 2004년에 『후룬바이푸』가 발표한 중국 최고의 갑부로 꼽혔던 황광위黃光裕가 그 대표적인 경우이다.

이러한 '문제 부호'는 『후룬바이푸』가 1999년 처음으로 중국 부호 순위를 발표한 이래 2011년까지 12년 동안의 중국 부호 1,882명 중 24명에 이른다. 그 24명 중 감옥에 수감된 사람은 18명이고, 그중 두 명은 무기징역형을 받고 복역 중이다. 수감되어 있는 18명 중 재산이 가장 많은 인물은 바로 황광위이며, 2위는 우메이物美 그룹의 장원중張文中이다. 부호들의 이러한 불법 행위는 크게 뇌물수수와 자본시장 관련 문제 그리고 사기죄와 공금 유용이 그 주요한 요인으로 지적되고 있다.

'문제 부호' 중 가장 유명한 사람이 바로 황광위다. 그는 중국 최대 가전 판매기업인 궈메이國美의 창업자로서 2004년에 『후룬바이푸』가 발표한 중국 부호 1위에 오른 뒤 2005년부터 2008년까지 세 번에 걸쳐 중국 최고의 갑부 자리에 그 이름을 잇달아 올렸다.

그러던 그가 2008년 11월 19일 주가조작 혐의로 구속된 뒤 베이징 감옥에서 자살을 시도했는데 교도관에게 발견되어 목숨을 건졌다. 2009년 1심 판결에서 그는 불법경영죄, 뇌물공여죄, 불법내부거래죄 세 가지 죄목으로 징역 14년과 벌금 6억 위안의 형을 언도받았고, 2010년 2심에서도 1심 판결은 그대로 유지되었다.

1969년 광둥 성의 산터우에서 태어난 그는 1987년 베이징에 '궈메이'라는 가전 판매 가게를 냈다. 당시 다른 상인들이 가격을 올려 이득을 챙기는 데 급급했던 데 비해 그는 박리다매를 원칙으로 삼았다. 1991년 황광위는 『베이징완바오』北京晚報 신문에 "가전을 사려면, 궈메이에 오라!"는 광고를 싣기 시작했고 일주일마다 가전제품의 가격을 알렸다. 당시 국영상점들이 "물건이 영 팔리지 않을 때 비로소 광고한다"는 생각만 하고 있을 때, 황광위는 이미 한 번에 800위안의 매우 낮은 가격으로 신문 광고지면을 통째로 샀다. 그리고 그 광고는 수많은 고객을 창출해냈고, 물건이 없어서 못 파는 상황이 되었다.

2년이 채 되기 전에 그는 분점을 여섯 개 냈고, 작았던 그의 가게도 이미 대형 마켓으로 변모했다. 다시 2년이 지나자 그의 가게는 전국에 확대되어 전국 88개 도시에 330개 분점이 생겼다. 그리하여 그가 경영하는 '궈메이'는 중국의 체인점 모델이 되었다. 2004년 마침내 그는 『후룬바이푸』가 발표한 중국 부호 중 1위에 자기 이름을 올렸다.

승승장구하던 그가 2006년 은행불법대출 혐의로 조사를 받게된다. 그에게 공금 유용과 뇌물수수 등 은행뿐 아니라 고위 관리들과도 부적절한 연계를 맺고 적지 않은 위법 행위가 있었다고 전해졌다. 시련은 여기에서 멈추지 않았다. 2008년 '궈메이'의 주가는 크게 하락했고, 중국은행 산하기관인 중은국제中銀國際는 '궈메이'에 대한 신용평가 등급을 크게 강등시켰다.

그러자 '궈메이'의 주가는 4.5홍콩달러에서 순식간에 1.26홍콩달러까지 곤두박질쳤고 이후에도 계속 더 하락했다. 중은국제는 '궈메이'에 대한 평가 강등 외에도 "시장은 계속 궈메이의 CEO 황광위가 부동산시장에 대한 개인적 투자로 인해 엄중한 재무위기에 직면하고 있다고 예측했다"고 지적했다.

이렇게 균열이 가기 시작한 그의 운명은 마침내 2008년 주가조작 혐의로 체포되면서 급속히 무너졌다. 급기야 그다음 해에는 그가 창업했던 '궈메이'가 그를 고소하고 그를 상대로 회사에 끼친 손실을 배상하라고 요구하기에 이르렀다.

아직 감옥에서 수형 생활을 하고 있는 그는 2011년 7월 돌연 영국의 퇴역 항공모함 경매에 나서 주목을 받기도 했다. 그는 항공모함을 구입하려는 것은 첨단상품을 전시하기 위한 순수한 경영방침에서 나온 것이라고 밝혔다.

우메이 그룹의 장원중은 국유자산 불법 점유와 뇌물공여죄로 2008년에 징역 18년을 선고받고 복역 중이다. 한편 다렌스더大連實德 그룹의 쉬밍徐明은 일찍이 '2005년 중국 부호 랭킹' 5위에 뽑혔고 2005년『후룬바이푸』가 발표한 중국 부호 중 26위에 선정된 2012년 3월 15일 보시라이薄熙來 사건과 연루된 경제범죄 혐의로 '기관의 통제하'에 있다.

3 중국 경제의 오늘과 내일

상업도시 원저우의 명암

원저우 모델

원저우 상인溫商을 일러 '동양의 유대인'이라 칭한다. 원저우는 저장 성 남부에 있는 도시다. 인구밀도가 높고 도시 사방을 높은 산이 빙 둘러싼 이 척박한 도시는 매년 태풍 피해가 심한 곳으로서 명나라 시대 왜구의 침략에 끊임없이 시달렸고 역대로 전국 각지의 범죄자들을 유배 보냈던 불모지였다. 사람들은 이 척박한 곳을 탈출해 타이완이나 동남아로 도망쳤으며, 그 과정에서 수많은 사람이 배가 뒤집혀 바다에서 목숨을 잃어야 했다. 간신히 도망칠 수 있었던 사람들은 동남아시아에 건너가 부를 일구었다. 이러한 탈출 행렬은 최근세기 중국의 개혁개방 때까지 계속되었다.

하지만 개혁개방 이후 많은 것이 바뀌었다. 특히 원저우 상인들의 활약이 눈에 띄었다. '원저우 모델'이라는 말도 생겨났는데 이는 '소상품, 대시장大市場'을 의미한다. 규모가 큰 공장도 없고 변변

한 생산설비를 갖추지도 못했지만, 그 시장은 희한하게도 가장 커져서 전국적으로 그리고 전 세계로 팔려 나갔다. 중국에서 '창업創業에 가장 뛰어난' 것으로 정평이 나 있는 원저우 사람들은 자신의 가게 규모가 작은 것에 전혀 개의치 않는다. 그들은 어디서든 상품을 만들어 장사하고 그리하여 시장을 만들어낸다. 심지어 이런 유행어가 있을 정도다.

"시장이 있는 어느 곳이든 원저우 사람이 있고, 시장이 없는 곳이면 곧 원저우 사람이 나타난다."

'전국 최초' 원저우

1978년 안후이 성 샤오강 촌에서 목숨을 걸고 영웅적으로 실천한 '생산책임제'다바오간 또는 포산도호는 원저우에서 가장 먼저 실천된 것이었다. 일찍이 1956년 원저우 융자 현永嘉縣 농업합작사農業合作社인 랴오위안생산합작사燎原生産合作社는 토지와 노동력은 고도로 집중된 반면 생산도구는 원시적이고 관리체계는 경직된 채 생산량은 크게 퇴보하는 상황을 타개하기 위해 생산책임제를 실험적으로 추진했다.

이듬해 약 1,000여 개 농업합작사가 실천한 이 생산책임제로 농업생산은 전해에 비해 40퍼센트 증산하는 등 큰 성과를 거두었지만 도리어 당국의 비판을 받고 '교정'을 요구받았다. 사실 이러한 원저우의 실험은 이후 '원저우 모델'의 싹이었고 선구적 정신이었다. 이렇게 원저우 사람들은 문화대혁명 시기에도 '불법적으로'

농장에서 가축을 기르고 암시장에서 물건을 매매하거나 돈을 받고 일을 했다. 그리하여 개혁개방 이전 시기 정부의 관영 중앙 TV는 "원저우의 추악한 자본주의를 폭로한다!"는 제목의 다큐멘터리를 방영하기도 했다. 정부 당국은 이런 원저우 사람들을 '투기꾼' '모리배' '매점매석' 등등의 죄목을 붙여 무수히 체포하고 구속시켰다.

그러나 신기한 점은 이러한 폭풍이 불어와도 그 폭풍에 쓰러진 사람이 없었고, 오히려 계속 다음 사람들이 뒤를 이어 다시 '무성하게' 자라났다는 사실이었다. 예를 들어, 한 집이 헌 옷을 구매하면 옆집이 실을 풀고 그 옆집이 염색하고 그다음 집은 옷을 만들고 그 옆집이 옷을 팔았다. 이렇게 하여 분업이 자연적으로 이뤄졌다. 그런가 하면 옆 마을은 단추를 만들고, 그 옆 동네는 비닐봉지를 만들고 또 그 옆 마을은 포장지, 옆 마을은 수도관을 만들었다. 그리고 이 소상품들을 무수한 장사꾼이 전국적으로 판매했다.

원저우 사람들은 할아버지, 아버지, 손자 구분 없이 비록 몇 대代가 마루판에서 함께 새우잠을 잘지라도 남에게 고용되는 것보다 자기가 가게를 내고 '사장'을 하고자 한다. 그 많은 '사장'은 구두 수선공, 재봉사, 판매원 출신이다. 먼저 가게를 내고 나중에 공장을 세우는 것은 대부분 원저우 사람들의 창업에서 보이는 흔한 광경이었다. 그래서 원저우 사람들이 라이터, 안경, 구두, 의류, 나사, 밸브와 같은 '소상품' 생산에 집중하는 것은 필연적이다. 이렇게 하여 원저우 사람 네 명 중 세 명은 모두 사장라오반老板이었다.

원저우는 '전국 최초'의 기록을 무수하게 보유하고 있다. 전국 최초의 생산책임제 실시를 비롯해 전국 최초의 개인사업 영업허가증 발급, 전국 최초로 이윤 개혁을 시행한 농촌신용은행, 전국 최초의 주식회사 방식의 도시신용은행, 전국 최초의 개인 다국적 기업 설립, 전국 최초로 홍콩 기업과 합자한 기업 출현 등 이들 모두가 원저우에서 이루어졌다. 중국 정부는 아직 개혁개방을 하지 않았지만, 원저우의 소공장과 소상인들은 이미 '자본주의'를 전면적으로 실천시키고 있었던 것이다.

세계 라이터 왕, 저우다후

원저우는 중국 민영경제의 대명사가 되었다. 개혁개방 이후 원저우 경제는 급속하게 발전했다. 개혁개방이 시작된 1978년부터 2002년까지 원저우 경제는 연평균 15.4퍼센트의 고속성장을 구가했고, 원저우의 1인당 GDP는 전국 2위를 차지했다.

특히 보잘것없어 보이는 라이터 생산으로 전 세계 시장의 90퍼센트를 석권한 저우다후周大虎를 대표로 하는 원저우 상인은 '원저우 모델'을 만들어내며 중국 민영경제의 대명사로 자리매김했다. 원래 저우다후는 우체국 직원이었다. 그는 같이 들어간 직원 중 가장 빨리 간부로 선발된 유능한 직원이었다.

그러던 중 그의 아내가 실직하자 살림살이가 어려워지기 시작했다. 이러한 위기에 그는 아내의 퇴직금 5천 위안을 밑천으로 삼아 원가가 적게 드는 라이터를 만들기로 결심했다. 그는 살고 있던 집의 반을 잘라내 가내수공업 방식으로 라이터 생산을 시작했고, 몇 해 뒤 저우다후도 우체국을 퇴직했다. 그러고는 200제곱미터의 조그만 집을 빌려 100여 명 노동자를 고용해 정식으로 창업했다.

그는 품질관리에 힘써 창업 2년 만에 외국 상인들의 주문이 쏟아져 하루 5천 개의 라이터를 생산했다. 그다음 해부터 그는 적극적으로 해외 시장 개척에 나섰고, 그의 '호랑이표'虎牌 라이터는 불과 몇 년 만에 전 세계 라이터 시장의 90퍼센트를 차지하게 되었다.

2010년 현재 원저우에는 약 30만 개에 이르는 엄청난 수의 중소기업이 있고, 중국 각지에는 100만 명 이상의 원저우 출신 사람들이 3만 개의 기업과 37만 개의 가게를 창업했다. 여기에 40여만 개에 이르는 판매 네트워크를 갖춰 방대한 시장 시스템을 이루고 있다.

원저우 사람들의 최대 무기는 바로 단결력으로서 생산과 판매 그리고 자금 동원의 모든 측면에서 엄청난 위력을 발휘한다. 예를 들어, 원저우 사람은 그가 외지에 있든 외국에 나가 있든 좋은 아이디어가 떠오르면 바로 원저우의 친구에게 전화를 건다. 그러면 곧바로 특별하게 좋은 조건의 자금을 손에 넣을 수 있다.

이렇게 하여 원저우는 전국에서 가장 여유 자금이 많은 곳 중 하나로 되었다. 2010년 현재 원저우의 민간 여유 자금은 무려 8천억 위안으로 알려진 가운데, 최근 몇 년 동안 '원저우 부동산상인 집단'溫州炒房團들이 상하이를 비롯해 베이징 등 중국 전역을 휩쓸며 대규모적인 부동산 '투기'에 나서 사회적인 문제로 대두되었다.

극에 이르면 쇠락한다

원저우 상인들은 공장은 제쳐놓고 국내외 부동산과 광산 등 일확천금을 쥘 수 있는 곳으로 몰렸다. '원저우 부동산 투자단'은 전국 주요 도시를 돌아다니며 고급 아파트를 싹쓸이하다시피 했고, 두바이 등 해외 부동산에도 거액을 쏟아 부었다.

원저우의 한 기업가는 최근 중국 언론에 "1,000여 명의 노동자를 고용해 공장을 돌려 얻는 이윤이 1년에 100만 위안도 안 되는데, 아내가 상하이에 집 열 채를 샀더니 8년 만에 3천만 위안 넘게 벌었다"고 말했다.

주민들은 남는 자금을 고수익을 보장하는 사채업에 앞다퉈 투자해 '금융산업'도 키웠다. 원저우 주민의 60~70퍼센트는 사채업과 관련돼 있다는 보도가 나온다. 쉽게 번 돈이 넘쳐나면서 원저우 사람들은 벤츠나 아우디 등 최고급 자가용을 구입하고, 세계적인 명품 의류와 최고급 프랑스산 포도주를 즐겼다.

그러나 이러한 부귀영화는 오래가지 못했다. 거대한 한파가 몰아닥쳤다. 세계 경제의 쇠퇴로 수출주문이 급감하자 중국 정부도 긴축정책으로 나서 자금이 경색되고 부동산 거품이 붕괴되었다. 은행 대출이 막히자 원저우 사람들은 앞을 다퉈 이자율이 연 100~200퍼센트까지 치솟은 고리대금을 빌려 썼다. 이자를 갚지 못하게 되자 기업문을 닫고 도주하거나 자살했다. 당시 야반도주한 기업가가 수백 명에 이르렀다.

성장과 안정의 두 마리 토끼

가난한 국민과 엄청난 갑부가 공존하는 나라

최근 중국 부동산가격의 급속한 앙등으로 부동산업종은 중국 신생대新生代 부호의 주력군으로 자리 잡았다. 그러나 이렇듯 중국 10대 부호 중 부동산 기업가가 반수를 점하고 있는 것은 중국 경제의 급속한 성장을 설명하는 동시에 위험 요소도 수반하고 있다.

『포브스』의 2010년 미국 10대 부호 명단 중 단 한 명도 부동산업종 기업가가 포함되고 있지 않은 점은 중국과 대비되는 사실이다. 그들은 첨단기술 분야를 비롯해 에너지, 제조업, 서비스업종 등 다양한 분야에 포진된 기업가들이며, 바로 이러한 점이 현재 세계 제1의 경제국가와 제2의 경제국가에 존재하고 있는 커다란 차이점으로 나타나고 있다.

2011년 상반기에 중국 국민소득은 통화팽창 요인을 제외한다면 7.6퍼센트 성장했다. 반면『후룬바이푸』가 발표한 중국 1,000대 기업가들의 재산은 20퍼센트 증가함으로써 일반 국민에 비해 거의 세 배의 증가 속도를 보이고 있다. 부호들의 재산 증가는 급속한 반면 일반 국민은 주가 하락과 낮은 이자율 그리고 고물가로 인해 낮은 증가율을 보이고 있을 뿐이다.

이렇게 하여 이미 위험선을 넘은 지니계수를 다시 지적할 필요도 없이 계속 확대되어가는 빈부격차 문제는 중국 사회의 커다란 불안 요인으로 대두되고 있다. 2010년 중국은 마침내 전 세계 GDP 총량 2위에 올라섰다. 또한『포브스』의 전 세계 부호 랭킹에서도 중국 부호의 수는 전 세계 2위다.

하지만 2010년 중국의 1인당 GDP는 4,283달러로서 고작 세계 96위일 뿐이다. 2010년 중국은 빈곤기준선을 1,500위안으로 올려 놓았지만 여기에도 미치지 못하는 중국의 빈곤인구는 1억 명을 넘어서고 있는 현실이다.

내일의 중국, 장밋빛인가 잿빛인가

지난 30년 동안에 이뤄진 중국의 눈부셨던 경제적 성공은 저렴한 자본과 노동, 에너지 그리고 토지 덕분이었지만, 이제 그것은 엄청난 사회적 불균형과 비효율성 그리고 환경 악화 등 심각한 문제를 초래하고 있다.

더구나 이제 중국의 많은 지역에서 최저 임금이 연간 21퍼센트 넘게 상승하고 있고, 토지가격은 점점 상승하고 있다. 아울러 정부는 저렴한 신용 공급을 축소하고 있고, 에너지와 원자재 가격의 자유화를 단행하고 있다.

한편 그간 중국 경제 성장의 주요 동력으로 역할해온 신규 공장과 도로 그리고 공항과 주택에 대한 대규모 투자가 점차 불가능해지고 있다. 2008년 글로벌 금융위기가 발생했을 때, 중국의 수출이 급감하면서 전국적으로 수천 개의 공장이 문을 닫았고 2,300만 명이 넘는 노동자가 실직했다.

2008년 세계 경제의 침체에 대응하기 위해 중국 정부는 5,860억 달러에 이르는 경기 부양 자금을 집중적으로 시중에 풀었으며 정부 은행의 대출을 완화했다. 또 지방정부가 설립한 회사들은 대규모 대출을 시행했다. 사실 중국의 지방정부 문제는 상당히 심각하다. 중국에서 '계획은 중앙정부가 세우고, 실행은 지방정부가 하는' 이중적 구조가 관성화되어 있다.

미국의 누리엘 루비니Nouriel Roubini 뉴욕대학 교수는 2011년 11월에 발행된 『월스트리트저널』 기고문을 통해 "2010년 『포춘』에서 선정한 세계 500대 기업에 중국 기업이 42개가 포함되어 있지만 그중 민영기업은 세 곳에 불과하며, 중국의 100대 기업 네 곳중 세 곳은 국영기업이다. 이 경우 부가 민간부문으로 확산되기 어려워 부의 불균형이 심화될 수 있다"고 지적했다.

하지만 『문명화: 서구 국가들과 다른 국가들』Civilization: The West and the Rest의 저자인 퍼거슨Niall Ferguson 하버드대학 교수는 중국이 서구 국가들이 이룩해놓은 것과 비슷하거나 그 이상의 성공을 거두었다고 지적한다. 그는 "중국은 1995년 이래 특허 수가 29배 늘어났고 과학자 수는 10년 동안 두 배가 증가했으며, 연간 과학 논문 발표 수는 미국에 이은 세계 2위이다"라면서 중국의 미래에 대해 낙관적 견해를 보인다.

양날의 칼, 고속 경제 성장

2010년 중국의 GDP는 40조 위안에 이르러 일본을 제치고 드디어 세계 2위의 경제대국으로 올라섰다. 또 1인당 GDP는 약 4,400달러로서 중국은 이미 중등소득 국가의 대열에 진입했다.

하지만 지난 30여 년에 걸친 고속성장으로 '빈곤의 함정'을 벗어난 중국은 이제 '중진국 함정'이라는 새로운 도전에 직면해 있다. '중진국 함정'의 정확한 말은 원래 '중등소득 함정'middle income trap으로서 2006년에 IMF가 제기한 개념이다. 즉 한 경제체의 1인당 평균소득이 세계 중등 수준에 도달한 뒤 발전전략과 발전방식의 순조로운 전환에 실패하면서 성장 동력이 부족해지고 경제가 장기적으로 침체한다는 것이다. 아울러 고속성장 중 축적된 문제들이 집중적으로 폭발해 빈부격차가 가속화되고 산업구조의 선진화 및 도시화의 진전이 난관에 부딪히며 각종 사회모순이 분출된다.

남미국가들은 일찍이 중등소득 국가였지만 이후 계속 그 '함정'에 빠져 지금까지 고소득국가의 대열에 진입하지 못하고 있으며 일부 국가들은 중등소득 수준을 벗어나지 못한 채 40~50년이나 정체하고 있다.

사실 경제 성장이란 일종의 '양날의 칼'이다. 개혁개방 이후 중국은 주도적으로 국제산업의 분업에 참여하여 풍부한 노동력과 저임금 그리고 저렴한 에너지가격을 비교우위 삼아 적극적으로 외자를 유치하고 노동집약적 산업을 대대적으로 발전시킴으로써 저소득국가로부터 중등소득국가로의 전환을 신속하게 실현했다. 그러나 이러한 급속한 경제 성장은 동시에 저효율을 비롯하여 자원낭비와 불균형이라는 커다란 대가를 치러야 하는 것이기도 했다.

그간 중국이 놀라운 고속성장을 성취해낼 수 있었던 중요한 요인 중의 하나는 바로 저임금구조였다. 그러나 이제 중국에서도 노동력가격은 상승하고 있고, 인구대국으로서의 이점은 급속도로 약해지고 있다. 최근 들어 '노동자들을 구하기 어려운 이른바 '용

공황'用工荒 현상은 연해지방에서 중서부지역으로 확대되어가고 있으며, 이에 따라 노동력의 공급과 수요 관계는 전환점을 맞고 있다. 경제 성장에 대한 인구의 기여도는 현저하게 감소 추세를 보이고 있으며, 이는 결국 중국 수출의 국제경쟁력에 악영향을 미치고 있다.

한편 중국은 그간 30여 년 동안 외연적 성장 일변도의 길을 걸으면서 고속성장을 추구한 결과 자원 고갈의 문제를 위시해 과잉설비, 생태환경의 극심한 악화 등의 문제가 심각하게 드러나고 있다. 2010년 중국 GDP는 세계의 9.5퍼센트를 점했는데, 일회성 자원 소모율이 미국의 세 배, 일본의 다섯 배에 달하며, 전력과 강철 그리고 유색금속 등 8개 업종 단위상품 평균 에너지소모비율은 세계 선진 수준의 47퍼센트에 머물고 있는 실정이다.

해법 찾기

중국에서 나타나고 있는 이러한 현상들은 복합적인 위험요인의 교직 작용에 의한 결과다. 그리하여 중국 학계는 이에 대한 대책과 해법 찾기에 부심하고 있다. 중국의 저명한 경제학자인 칭화대학 국정연구센터 주임 후안강胡鞍鋼 교수는 중국이 적지 않은 난관에 봉착하고 있다는 점에는 동의한다. 그러면서도 중국은 남화국가 등과 달리 정치가 안정되어 있고 금융 시스템이 안정적이며 중국의 국제적 지위도 현저하게 제고됨에 따라 외부적인 충격에 견딜 수 있는 상당한 능력을 지니고 있다고 주장한다. 소득 분배의 격차가 큰 것은 사실이지만, 각 사회 집단의 소득 수준은 보편적으로 증대되고 있고, 그리하여 소비는 매년 17~18퍼센트의 속도로 성장해 GDP 증가속도를 넘어서고 있다는 것이다.

이어서 그는 산업구조 역시 신재료, 신에너지 등 전략적 신흥 산업의 전망이 밝고 현대적인 서비스업종도 그 공간을 크게 확대해 나가고 있으며, 특히 중국 기업들의 연구개발비R&D 투입 증가속도는 현저하게 높아지고 있다고 주장한다. 또한 중국의 도시화율 문제에 대해서도 매년 0.8퍼센트의 빠른 속도로 진행되고 있어 새로운 소비 수요를 창출하고 있으며, 매년 대학 졸업생은 유럽 중간 규모의 총인구에 해당하는 600만 명을 넘어서고 있다면서 이렇듯 우수한 노동력들은 노동력 감소라는 불리한 영향을 최소화하는 요인으로 작용할 수 있다고 말한다.

국무원 발전연구센터 부주임 류스진劉世錦은 향후 중국에서 중대한 좌절의 출현이나 반복이 발생하지 않는 한 중국이 남미 국가와 같은 중진국 함정에 빠질 확률은 대단히 낮다면서 다만 중국 경제 성장의 '자연적 감속' 내지 감속 이후 새로운 성장기로의 전환 과정에서 필연적으로 다양한 모순과 문제에 직면할 것이라고 전망했다.

중국사회과학원 인구노동경제연구소 소장 차이팡蔡昉은 이 문제와 관련해 "중국이 '함정'을 피하기 위해서는 내수 위주의 원칙을 견지하고 소비를 경제 성장의 엔진으로 삼아야 한다"라고 강조한다.

방향을 선회하는 중국 경제

중국은 기존의 성장 모델을 바꿔야만 하는 이유가 있다. 기존 모델은 극심한 자원 낭비와 함께 심각한 사회적 불평등과 인플레이션 상승 등을 초래하고 있으며, 중국 정부는 이러한 요인들이 사회적 불안정을 불러일으킬 것을 두려워하고 있다. 그리하여 국내 소비를 장려하고 대중적 불만을 잠재우기 위해 사회보장을 늘릴 필요가 있다는 데 동의한다. 실제 중국의 제12차 5개년 계획 역시 국내 소비를 확대하고 수출과 투자 의존도를 축소하는 방향으로 선회했다.

그러나 중국 정부가 방향을 전환하지 못하게 하는 장애물들이 존재한다. 그중 하나는 중국 정부가 여전히 민간 기업보다는 대규모의 정부 소유 사업들을 지원하고 있다는 사실이다. 이로 인해 자본분배에 있어 시장 비효율성이 초래되고 있다. 이 대규모 사업들은 정책 결정자들에게 막강한 영향력을 가지고 있다. 정부 소유의 은행들도 정부 지원을 받는 기간산업 건설 같은 자본 집약적인 프로젝트를 선호한다.

성省과 그 하부 행정 단위 간부들이 자본집약적인 대규모 프로젝트를 지원하는 이유 중 하나는 중앙정부가 지방정부의 간부들을 평가하는 방법과 관련이 있다. 여전히 지방정부의 실질 GDP 성장은 간부들을 평가하는 최우선적인 기준이다. 이 기준에 그들의 경력이 평가되고 자본집약적인 대규모 프로젝트들은 성장 수치를 단기간에 크게 올려주는 역할을 한다. 지방정부의 간부들이 이러한 프로젝트들을 장려하는 또 다른 이유는 부패다. 거대한 정부 투자 프로젝트로부터 뇌물을 받거나 공금을 횡령하는 것이 상대적으로 용이하다.

그런데도 부인할 수 없는 사실은 지금 중국의 경제가 점차 현대적인 모습으로 전환하고 있다는 점이다. 2010년 말 현재 중국 GDP에서 소비가 차지하는 비중은 40퍼센트에 이르고 그 비율은 계속 증가하고 있다. 또 공장 및 설비 투자가 차지하는 비중도 40퍼센트에 이른다. 즉 중국은 점차 자급자족할 수 있는 경제 형태로 발전하고 있는 것이다.

중국으로서 그나마 다행인 점은 중앙정부의 부채가 GDP 대비 20퍼센트 정도[11]에 불과하기 때문에 아직은 지방정부나 은행들에 대한 구제 금융을 제공할 여력이 있다는 사실이다. 은행들도 대부분 대규모 예금을 보유하고 있다. 은행 시스템 역시 정부의 강력한 통제 아래 있어 은행들이 신규 대출을 거부하는 것은 거의 불가능하다. 그리하여 다른 선진국들과 달리 중국은 만일의 경우 정부지출이나 신용조건 완화를 할 수 있는 여지가 많다. 물가 상승의 압박도 줄어들고 있어 중국 중앙은행은 좀더 다양한 경기부양 노력을 펼칠 수 있다.

중국에는 치유되기 어려운 만성적인 문제들이 있다. 하지만 그러한 문제들로 인해 중국이 조만간 심각한 위기에 놓이게 되는 그러한 상황은 발생하지 않을 것이다. 중국의 금융 통제와 정부 중심의 인센티브 제도 등은 서방의 금융전문가들에게 신랄하게 비난받는 점이기도 하지만, 역설적으로 향후 상당 기간 중국 정부로 하여금 금융시스템을 조절할 수 있도록 기능할 것이다.

사실 현재 미국이 처하고 있는 심각한 위기의 주요 요인은 금융 자본의 탐욕적 이윤 추구를 국가에서 조정하고 통제하는 데 완전히 실패한 데 있었다. 이러한 측면에서 금융시스템을 철저하게 통제하고 있는 중국의 경우가 미국식보다 우수한 위기관리 능력을 지닐 수 있다는 관점도 존재하고 있다.

'국강'에서 '민부'로

중국의 제12차 5개년 계획의 기본 방침은 '포용적 성장'inclusive growth이라는 개념으로 정의할 수 있다. 중국 경제는 지난 30여 년 동안 눈부시게 성장했다. 하지만 이 개혁개방 과정에서 심각한 빈부격차와 지역격차 그리고 그로 인한 지역별·계층별 갈등을 야기시켰다. 중국 경제는 이제 그로부터 초래된 사회 불안을 치유하면서 지속가능한 성장이 요구되고 있으며, 제12차 5개년 계획은 이러한 인식으로 그간 이뤄낸 성과를 전 국민에게 골고루 돌아가도록 주안점을 두었다고 설명되었다.

한마디로 '국강'國强을 추구했던 그간의 양적 성장의 모델로부터 전환해 이제 '민부'民富를 추구하는 질적 성장을 지향해 '지속적 성장'의 유지와 강화를 꾀한다는 것이었다. 실제로 중국 정부의 제12차 5개년 계획 발표문에는 양적 성장 개념인 '경제 성장'은 두 차례 언급된 반면, 질적 성장을 의미하는 '경제 발전'은 열세 차례 언급된다. 즉 중국이 투자 및 수출 주도의 발전에서 내수 확대를 통해 경제 성장의 지속가능성을 유지·강화한다는 전략을 채택한 것으로 볼 수 있다.

중국은 1953년부터 5년 단위로 국가의 단기 경제계획일오−五을 수립해 시행해왔다. 그리하여 2011년부터 2015년까지의 5년 기간의 경제계획은 '십이오 규획'十二五 規劃이라 칭해진다. 정식 명칭은 '중화인민공화국 국민경제 및 사회발전 제12차 5개년 규획 강요'中華人民共和國國民經濟和社會發展第十二五個五年規劃綱要다.

제12차 5개년 계획의 5대 정책기조는 내수시장 확대, 녹색경제, 고부가가치 경제구조로의 이행, 조화로운 사회 건설 그리고 개혁개방의 심화로 설명되었다. 이러한 중국의 제12차 5개년 계획은 크게 세 가지 내용을 담고 있다. 첫째, 내수 확대를 통한 발전 전략이다. 이 목표는 과거 제11차 5개년 계획에도 포함되어 있었지만, 중국 정부의 의지가 한층 강해졌다. 제11차 계획이 수립될 당시 50퍼센트를 넘었던 GDP 대비 민간소비 비중은 계속 감소해 2010년에 48퍼센트로 떨어졌다. 막대한 무역수지 흑자도 중국으로서는 적지 않게 부담스럽다. 미국과 EU의 통상 압력이 거세지고 있으며, 위안화에 대한 절상 압력도 대단히 크다.

둘째, 바로 민간 소득 증대다. 1995년 이후 중국 경제는 7배 이상 성장했지만, 세금을 제외하고 실제 사용할 수 있는 가처분 소득은 도시지역은 네 배, 농촌지역은 세 배 증가하는 데 그쳤다. 이러한 상황에서 "개혁개방의 최대 수혜자는 근로자가 아니라 정부"라는 비판이 잇달아 제기되었다. 이에 따라 중국 정부는 후진타오 주석이 천명한 '포용적 성장'의 원칙에 따라 근로자의 최저임금을 올리는 방식으로 경제 성장률에 뒤처진 소득 증가율의 제고를 꾀하고자 했다.

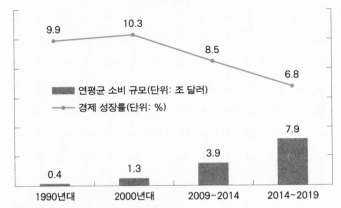

중국 경제성장률과 소비시장 규모

9.9　　　10.3

8.5

6.8

■ 연평균 소비 규모(단위: 조 달러)
● 경제 성장률(단위: %)

7.9

3.9

0.4　　　　1.3

| 1990년대 | 2000년대 | 2009~2014 | 2014~2019 |

*환율은 컨센서스 이코노믹스의 컨센서스 수치 적용.
2014~2019년 명목소비 증가율을 12%로 가정

자료: 통계청, 중국사회과학원, WIND

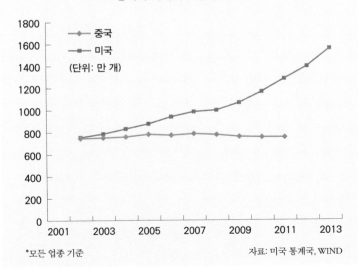

중국과 미국의 기업 수 추이

◆ 중국
■ 미국

(단위: 만 개)

*모든 업종 기준

자료: 미국 통계국, WIND

셋째, 에너지 절감이라는 목표다. 중국은 제11차 5개년 계획에서 GDP 단위 에너지 소모량을 5년 이내에 20퍼센트 줄이겠다고 천명했지만, 실제로는 목표의 절반도 채 달성하지 못했다. 이에 중국 정부는 제12차 5개년 계획에서 에너지 절약을 비롯해 신재생에너지와 신에너지 자동차 등을 7대 전략사업으로 선정해 집중적으로 육성할 계획을 밝혔다. 또 철강, 기계 등 에너지가 많이 소비되는 중공업 분야는 기업 간 인수·합병을 촉진해 시설을 현대화하고 에너지 효율성을 높이고자 했다.

중국이 해결해야 할 위기

환경과 빈부격차

현재 세계적 차원에서 위용을 자랑하는 중국도 몇 가지 위기에 직면하고 있다. 첫째 위기는 에너지를 포함한 물질자원의 부족이다. 현재 중국은 에너지와 자원 확보를 위해 아프리카와 오스트레일리아, 중앙아시아 그리고 미국의 턱밑인 베네수엘라까지 총력외교전을 펼치며 기업 인수와 자원 확보에 나서면서 마치 전 세계의 에너지와 자원을 모조리 손에 넣을 태세다. 이는 미국을 비롯해 서방 세계의 긴장을 유발시키고 있으며, 난사군도와 동중국해에서 아세안 국가와 일본 그리고 한국과 충돌하고 있다.

둘째 위기는 갈수록 심각해지는 생태환경의 악화이다. 중국은 단위당 생산에 있어 원자재의 소모 비율이 일본의 7배, 미국의 6배에 이른다. 세계 공장으로서의 중국이 이러한 자원소모가 극심한 방식의 경제 성장을 추진하는 과정에서 중국의 환경은 심각하게 파괴되었다. 그 결과 중국 토지의 3분의 1 지역에 산성비가 내리고 7대 하천 중 절반의 수자원이 심각하게 오염되어 사용할 수 없게 되었다.

2012년 현재 중국의 사막화 토지는 약 262만 제곱킬로미터로서 전 국토의 27.4퍼센트를 점하고 있으며, 세계 10대 환경오염도시 중 5개 도시가 중국의 도시이다. 공기오염과 수질오염으로 인한 GDP 손실은 8~15퍼센트로 추산되고 있으며, 향후 환경오염으로 인한 대가는 갈수록 더욱 확대될 것이다.

셋째 위기는 계층 간·지역 간 소득격차 등 경제사회 발전에 있어서의 불균형이다. 특히 중국 사회의 최하층을 구성하고 있는 농민공의 문제는 갈수록 심각해지고 있다. 농촌에서 도시로 이농한 이른바 농민공 또는 민공民工들은 현재 중국 산업노동자 중 최대 집단으로서 2010년 중국 국가통계국의 통계에 따르면, 2억 4,200만 명으로 추산되고 있다. 이들의 노동조건은 가장 열악하고 작업 환경도 가장 나쁘고 수입도 가장 낮다. 2011년 광저우 시의 인근 쩡청 시增城市에서 농민공들의 대규모 폭동이 발생한 것도 문제의 심각성을 여실히 보여준 바 있다.

일반적으로 소득분배 상황을 나타내주는 지니계수가 0.4를 넘게 되면 그 사회는 위험 수위에 처한 것으로 파악된다. 그런데 중국의 지니계수는 무려 0.47에 이르러 심각한 사회적 갈등 요인으로 부상하고 있다.[12] 실제로 2007년 중국 도시지역 거주자들과 농촌지역 거주자들의 소득 격차는 3.3배였으며, 도시에 거주하는 상

2010년 각 지역별 1인당 GDP

지역	1인당GDP (달러)	구매력평가GDP (달러)	인구 (천 명)
상하이	10,828	18,575	23,019
톈진	10,400	17,841	12,938
베이징	10,378	17,803	19,612
장쑤	7,682	13,178	78,660
저장	7,390	12,677	54,427
네이멍	6,969	11,955	24,706
광둥	6,440	11,048	104,303
랴오닝	6,172	10,589	43,746
산둥	6,078	10,428	95,793
푸젠	5,748	9,862	36,894
지린	4,614	7,915	27,462
허베이	4,152	7,123	71,854
후베이	4,079	6,998	57,238
충칭	4,043	6,935	28,846
산시	3,966	6,804	37,327
헤이룽장	3,946	6,770	38,312
닝샤	3,853	6,609	6,301
산시	3,853	6,449	35,712
신장	3,670	6,295	21,813
허난	3,605	6,184	94,024
후난	3,576	6,135	65,684
칭하이	3,545	6,082	5,627
장시	3,496	5,997	8,672
쓰촨	3,104	5,325	80,418
광시	3,050	5,232	46,027
안후이	3,045	5,223	59,501
시짱	2,497	4,284	3,002
간쑤	2,379	4,082	25,575
윈난	2,320	3,981	45,966
구이저우	1,953	3,351	34,746

출처: 중국국가통계국 2010년 통계, IMF통계, 2010년 인구조사

위 10퍼센트의 중국인들은 하위 10퍼센트에 비해 무려 23배를 벌고 있다.

한편 2010년 현재 상하이의 1인당 GDP는 1만 828달러이고, 톈진은 1만 400달러 그리고 베이징은 1만 378달러인 데 비해 빈곤 지역인 구이저우 성貴州省은 겨우 1,953달러에 지나지 않고 윈난 성雲南省은 2,320달러 그리고 간쑤 성甘肅省은 2,379달러에 그치고 있다. UN도 중국의 심각한 빈부격차가 지속적인 성장을 가로막는 장애 요인이 될 것이라고 경고하고 있다.

분규와 분쟁

넷째 위기는 바로 노동 분규의 확대 현상이다. 중국 자본주의 성장과 함께 나타나고 있는 노동쟁의의 확대 현상은 필연적이다. 홍콩의 한 조사에 따르면 2008년 중국 전역에서 발생한 노동쟁의의 전체적인 건수는 12만 7천 건으로 집계되었다. 이 같은 결과는 2005년의 8만 7천 건과 비교할 때 이는 중국 내에서 발생하고 있는 노동쟁의의 건수가 갈수록 급속도로 증가하고 있음을 알 수 있다.

이러한 양적인 증가와 아울러 노동쟁의 분규 사건의 내용도 날이 갈수록 복잡해지고 있고 또 집단소송의 형태로 변화되고 있다는 점도 특징으로 나타나고 있다. 이를테면 과거 노동쟁의 분규의 대부분은 산재 보상 및 급여 문제를 둘러싸고 발생했지만, 최근에는 사회보험 적용 요구나 무기한 노동계약 체약 등을 요구하거나 동일 노동에 대한 동일 임금 요구, 복지 요구 또는 퇴직무효결정 및 복직 요구 등 이전에 보이지 않았던 각종 새로운 상황이 나타나고 있다.

파업의 증가도 주목할 만하다. 홍콩에 본부를 둔 비정부기구
'중국노공통신勞工通信'에 따르면, 2014년 중국의 파업 건수는
1,300여 건으로서 전년 대비 세 배가 증가했고, 특히 2014년 4분
기에는 노동자를 비롯해 택시기사와 교사들이 전국적으로 처우
개선을 요구하고 나서기도 했다.

사실 노동쟁의의 확대는 세계적으로 발전도상 국가가 겪는 필
연적인 과정이다. 한국에서와 마찬가지로 노동운동의 대폭발로
인한 민주화의 가능성 역시 존재한다. 다만 역사적으로 뿌리 깊게
형성되어온 중국인들의 독특한 체제 순응성 및 중국 정부의 높은
통합력 때문에 중국 노동운동이 체제 내 개혁 범주를 넘어서기는
어려울 것으로 보인다.

다음으로 티베트와 신장지역 등에서의 '분열' 운동 역시 중국이
당면하는 위기다. 특히 이곳 지역은 종교문제와 맞물려 복잡하고
장기적인 성격을 띠고 있다. 2011년 민족 폭동 양상을 빚었던 내
몽골은 차치하고라도 심지어 만주족도 비록 지금은 흔적도 없이
사라진 것처럼 보이지만 이전에 몽골이 홀연히 그 모습을 드러내
며 세계적인 대제국으로 군림했고, 여진족이 오랜 침묵과 공백 상
태를 깨뜨리면서 금나라로 부활했듯이 언젠가 이들이 갑자기 부
활할 가능성은 충분하다.

다만 과거 역사 시기 조공 체제의 효과적인 운용에서 알 수 있
듯이, 중국은 주변 민족과 국가들에 대한 관리라는 분야에 있어 세
계에서 가장 오랜 정치 전통과 뛰어난 통치 수완을 발휘해온 나라

로 손꼽히고 있다. 향후 중국 정부가 이러한 난제들을 어떻게 해결해나갈 수 있는지는 세계인의 관심사가 아닐 수 없다.

중국 방식의 경제 방략

이우, 중국 상업전통의 현대적 집결지

중국 남부 저장 성에 있는 이우라는 시가 있다. 이우 시의 본래 명칭은 '오상'烏傷이었다. 전설에 이곳에 살던 까마귀烏가 어미가 죽자 부리로 흙을 날라 묘를 만들다가 끝내 그 부리가 상했다고 해 본래 오상으로 칭해졌다. 그 뒤 '오효'烏孝라고도 불리다가 당나라 때 '의로운義 까마귀烏'라는 뜻의 이우로 개명되었다.

이 이우 시야말로 중국의 상업 특성을 가장 잘 드러내는 도시임이 틀림없다. 이우는 세계 최대 소상품 도매시장으로 그 명성이 자자하다. 이우 시에는 '중국소상품성'中國小商品城이 자리 잡고 있다. 총면적 400만 제곱미터고 10여 개의 전문 시장과 30여 개의 전문 골목 상가가 서로 앞서거니 뒤서거니 자리하면서 무려 6만 6천여 개의 가게가 상업을 경영하고 있다. 종업원 수는 20여만 명이고 1일 고객은 20여만 명이다. 매일 전 세계에서 몰려든 5천여 명의 외상外商이 이우 시장에 나온 상품을 구매하고 200여 외국회사의 상주 직원들이 상품을 자국에 도매로 넘긴다. 또 세계 각지의 10만여 기업에서 보내온 6천여 유명상표 170만 개의 상품이 이곳에 상시적으로 전시된다.

장식품을 비롯해 완구, 공예품, 철물, 양말, 지퍼 등 비교우위가 있는 이곳의 상품은 중국 시장의 30퍼센트 이상 점유율을 점하며, 2013년 시장 총교역량은 683억 위안에 이르러 23년 연속 중국 공업제품 도매시장 수위를 달렸다. 그중 수출교역량이 60퍼센트 이상을 점하고 있으며, 215개 국가에 상품이 팔려나가고 만 명이 넘는 외국의 구매상들이 장기 거주하고 있다. 유엔 난민국과 중국 외교부 등의 기구들이 이우 시장에 구매센터를 설치하고 있다.

중국의 개혁개방이 개시된 1978년 이우의 두 진鎭에 거주하는 농민들이 자발적으로 부근에 있는 두 도로의 양편에 노점을 내기 시작했고, 시간이 흐르면서 점점 고정된 노점시장이 되었다. 그러다가 1982년에 이우의 현縣 정부가 소상품무역 발전에 대한 주민들의 강렬한 요구에 부응해 소상품시장 개방을 결정했다. 이에 따라 농민의 상업 경영 허용을 비롯해 장거리운송 종사 허용, 도시와 농촌城鄕 시장 개방 허용, 다양한 경쟁 허용 등 이른바 '네 개의 허용'을 발표하고 동시에 자금을 지원해 공식적으로 시장이 만들어졌다. 1992년에 국가공상국은 이우 시장을 정식으로 '중국소상품성'으로 명명했으며, 2005년에 이르러 국제상무성國際商貿城 2기 공정이 마무리되면서 2.5킬로미터에 걸쳐 6.6킬로미터의 둘레길이에 영업면적 170만 제곱미터의 세계 최대 규모의 현대화 상품 도매시장이 만들어졌다.

'신실크로드'와 '창신'의 방략

내일의 도약과 전진을 향하는 중국의 전략은 그 폭과 깊이가 자못 담대하며 동시에 중층적이다. 중국은 최근 '이다이이루'一帶一路

라는 슬로건을 내세우고 있다. 이른바 '신新실크로드'다. '이다이'는 중국과 중앙아시아 및 유럽을 연결하는 '육상 실크로드'를 의미하고, '이루'는 동남아시아에서 서남아시아를 거쳐 아프리카와 유럽을 연결하는 '해양 실크로드'를 일컫는다.

한마디로 육상 및 해상 교통망 연결로써 인프라 투자를 확대하고, 인접 신흥국가들에 대한 경제적 지원을 통해 중국 주도의 경제협력체를 만들어나간다는 야심찬 구상이다. 2015년 초 현재 동남아시아를 비롯해 중앙아시아와 중동 그리고 유럽 등 이미 50여 개 국가가 동참을 선언한 이 비전은 그간 30년 동안 중국의 수출 주도형 성장을 이끌었던 동부의 연해지역에 뒤이은 또 다른 성장 거점의 탄생을 알리고 있다. 여기에 더해 금융 플랫폼으로서의 아시아인프라투자은행AIIB 설립을 추진하고 있다. 이로써 성장률 둔화로출구가 마땅치 않은 중국 기업들에 새로운 일거리와 먹거리가 제공된다.

이와 동시에 '대중의 창업, 만인의 혁신'이 제창되고 있다. 그리하여 알리바바의 마윈, 샤오미의 레이쥔 같은 창업과 창조를 북돋는 전국적인 창업 열기가 국가적으로 정책적으로 지원된다. 혁신창업자를 뜻하는 이른바 '촹커'創客를 지원하기 위한 자금은 우리돈으로 약 7조억 원에 이른다. 또 이를 뒷받침하는 '인터넷 플러스' 행동계획이라는 혁신산업정책도 추진된다. '인터넷 플러스'란모바일을 비롯해 클라우드서비스와 빅데이터 그리고 사물인터넷을 제조업과 결합해 인터넷 비즈니스, 공업 인터넷 그리고 인터넷금융을 발전시켜 국제 시장을 선도하겠다는 정책이다.

이 모두 중국인의 전통적인 상업정신과 방략이 현대적 방식으로 전변된 상업국가 중국의 상업전략이다. 중국 경제의 내일을 가늠해보기 위해 우리는 먼저 거시적이고 역사적인 시각에서 중국 경제의 현재를 바라봐야 한다.

중국에 대한 주요한 접근법

• 맺음말

중국을 향한 이중적 시각

주변에서 많은 사람이 '중국'이라는 현상을 말하고 있다. 그런데 우리가 중국을 보는 시각에는 양면성 또는 이중성이 공존하고 있다. 하나의 시각은 '짝퉁' '불량 식품' '독재국가' 등의 시각으로 업신여기며 무시하는 경향과 결합되어 형성된다. 다른 하나의 시각은 엄청난 인구와 면적 그리고 최근 급속하게 부상하는 힘과 조건에 압도되어 나타나는 일종의 불안감과 두려움이다. 이 모순된 양 측면의 시각이 복합 착종되어 중국을 보는 우리의 눈을 혼돈의 늪에 빠뜨리고 있다.

한 가지 더 짚고 넘어가야 할 점이 있다. 우리나라 사람들은 십중팔구 중국을 자신이 매우 잘 알고 있다고 생각하고 있다는 사실이다. 하지만 중국의 구체적인 분야나 문제에 대해 조금이라도 깊이 있는 대답을 요구하면 바닥을 드러내고 만다. 어쩌면 중국의 어떠한 문제를 단 한 가지도 정확하게 알고 있지 못하다고 보는 편이 타당할 것이다. 상대방에 정확하게 대응하기 위해서는 무엇보다 도 먼저 상대에 대한 올바른 인식이 선결되어야만 한다.

종기종시, 견성관쇠

사마천이 『사기』를 저술한 원칙은 "고금의 변화를 꿰뚫다"는 '통고금지변'通古今之變이었다. 그리고 그 기본 방법은 '종기종시' 綜其終始: 역사의 전 과정을 종합적으로 관찰하다와 '견성관쇠'見盛觀衰: 성쇠전 변의 내재 관계를 파악하다였다. 여기에서 '종기종시'는 역사 사건의 요 인·경과·결과 등을 모두 나열해 전 과정에 대한 종합적인 평가를 하는 것이며, '견성관쇠'는 현상의 겉모습을 꿰뚫어 그것의 발전 추세를 파악하려는 것이다.

전통이란 마치 큰 나무와도 같아서 뿌리가 깊고 좀처럼 동요하 지 않는다. 어느 특정 시기의 사건과 현상 그리고 제도와 정책이라 는 한 역사의 '단면'斷面이란 내부적 역사 전통의 토대 위에서 형성 된 힘이 객관적인 내외적 조건과 조응해 만들어지게 된다.

이를테면 송나라 왕안석의 신법이라든가 당나라의 번성 그리 고 최근 중국 IT 산업의 신속한 부상이라는 각각의 '역사의 단면' 은 해당 역사 시기에 있어서의 '눈'과 '힘'으로 외부 세계의 '힘'과 조응해 만들어진 특정한 사건이자 문제인 것이다. 이 지점에서 특 히 중국은 수천 년에 걸친 역사의 흐름에서 주기적으로 닥쳐온 짧 은 분열기를 제외하고는 인류 역사상 그 유례를 찾기 어려운 엄청 난 규모의 통일 국가를 줄곧 운용해온 또는 지속적으로 그러한 통일 국가를 지향해온 나라라는 점을 잊어서는 안 된다.

이러한 '중화제국'을 내부로부터 지속적으로 유지시키고 재생산시켜온 주요한 자양분 중의 하나가 바로 중국의 상업주의 전통과 특성이었다. 우리가 알리바바와 샤오미의 부상을 지켜보면서 사마천의 경제사상과 덩샤오핑의 개혁개방 그리고 급속하게 증대되고 있는 중국의 부富를 연결시켜 살펴야 하는 까닭이 바로 이 지점에 존재한다.

과공비례, 합종연횡

최근에 나타나고 있는 중국의 급속한 부상에 대한 불안감도 대단히 많다. 역사상 지속적으로 중국의 크기와 힘에 압도당해온 심리적 피해의식이 그 배경으로 작동되고 있다. 그러나 우리나라는 지금 바야흐로 단군 이래 최고의 번성기를 구가하고 있는 상황이다. 더구나 현 국제정세를 살펴보면, 중국은 미국이나 일본과 힘겨운 각축을 전개하고 있는 상황이고 나아가 인도나 베트남과도 장기적인 갈등을 빚고 있기 때문에 역설적으로 오히려 우리가 그 세력 간에서 절호의 카드를 쥐고 있다고 할 수 있다.

예를 들어, 베트남은 비록 중국에 비해 작은 나라로 보이지만 중국과 직접 전쟁을 벌이면서 중국에 커다란 타격도 가한 바 있었고, 중국의 압박에 대응해 인도와 연합한다든지 심지어 이전의 적국이었던 미국까지 적극적으로 활용하면서 한 치도 물러서지 않는 전략을 구사하고 있다.

과공비례過恭非禮: 지나친 공손은 오히려 예의에 벗어난다, 만용을 부릴 필요도 없지만, 내가 가진 힘을 과소평가하는 반면 상대방에 대해서는 과대평가해 지나치게 불안감을 가지는 것은 오직 나 자신의 힘을 더욱 위축시킬 뿐이다.

우리가 자신감 있게 시의적절한 합종연횡 전략을 융통성 있게 구사해나간다면, 중국의 부상과 다원화되는 국제정세로 상징되는 현 상황이야말로 우리에게 가장 유리한 국면을 제공하는 공간과 조건일 수 있다는 점을 강조하고자 한다.

부자가 되는 일곱 가지 방법

• 부록

　고금을 막론하고 거부가 된 사람들은 평범한 사람들과 달리 반드시 그들만이 지닌 장점과 특징 그리고 노력이 있었다.

　일찍이 사마천은 부자가 되는 방법을 「화식열전」에 분석해 기술한 바 있다.

　「화식열전」에서 사마천이 '화식가'의 대표로서 선택해 기술한 인물은 다만 10여 명뿐이다. 「화식열전」의 대표로 선택되는 데는 엄격한 제한이 존재했기 때문이다. 「화식열전」에서 언급되고 있는 화식가는 당시의 수많은 화식가 중에서도 대단히 우수했던 군계일학의 상인이었다. 그들이 탁월할 수 있었던 것은 반드시 남보다 뛰어난 장점을 지니고 있었기 때문이다.

　사마천은 이들에 대해 자본과 실력 축적 과정에서 각자가 지니고 있는 갖가지 장점을 기술해 사실적으로 묘사하고 있다. 그리고 이들은 모두 '사람들이 생각하지 못한 방법으로 승리'기승, 奇勝를 거두었던 것이다.

사마천의 눈에, 사업 현장에서의 이들은 전쟁터에서 계책을 내고 천 리 밖의 승리를 결정하는 모사와 지자들에 비해 전혀 뒤지지 않았다.

(1) 시기를 포착하라

사업 경영에서 가장 중요한 것 중의 하나는 곧 시기 포착이다.

사마천은 「화식열전」에서 상업을 경영함에 있어 "때를 알고, 지시", "때 맡기며, 임시任時", "때를 잡아내는, 취시"가 반드시 준수해야 할 원칙이라는 점을 지적하고 있다.

이른바 '시'時는 주로 시장 상황의 변화를 가리킨다. 무릇 시장 상황이란 천변만화의 복잡다단한 과정으로서 오로지 그 복잡한 현상에서 변화의 추세와 규율성을 찾아낼 때 비로소 '여시축'與時 逐: 때맞춰 따라가다을 할 수 있게 된다.

그런데 '시'時에는 자연적 시기와 정치적 시기 그리고 시장에 있어 상품가격 등락의 시기가 있다. 저렴한 물건을 구매하고 값이 나가는 물건을 판매하는 최적의 시기를 포착하기 위해서는 반드시 시기에 대한 분석이 필요하게 되며, 이것이 현대에서 말하는 '상품 동향의 예측'이다.

그렇다면 과연 이러한 시기를 어떻게 포착할 수 있는 것인가?

이 문제에 있어서 핵심적인 관건은 무엇보다 시장에서의 상품의 가격 변화 규칙을 파악하는 것이다. 시장 상품의 가격 변화를 예측하고 시기를 포착해 시기가 도래했을 때 그것을 놓치지 않아야 하는 것은 전쟁과 동일한 이치다. 적이 생각하지 못한 곳에 모습을 드러내고, 상대가 준비되지 못한 곳을 공략함으로써 일거에 상품을 시장에 투입하는 것이다. 그리고 다른 상인들이 아직 미처 상황을 파악하지 못하고 있을 때, 다른 사람들이 생각하지 못한 상품을 수집하고 비축해 때를 기다리다가 정확한 시기에 시장에 내놓는다.

그런데 어느 상품의 가격이 극에 이르면, 생산자들은 더욱 생산에 박차를 가해 결국 시장이 포화상태가 되고 가격은 자연히 하락하게 된다. 가격이 바닥에 이르게 되면, 생산자들이 감소해 서서히 그 상품이 희귀해진다.

그리하여 계연은 "가뭄이 들 때 배를 준비하고, 홍수가 들 때 수레를 준비했고," 범여는 '여시축'했으며, 백규는 "때의 변화를 살피는 것을 즐겼다." 이 모두 시장 상황에 대한 정확한 파악을 강조하고 있으며, 시장 수요를 조사해 '시기에 맞춰 비축하고', 수요공급의 규율을 활용해 큰 이익을 얻는다는 점을 말하고 있는 것이다.

이 전략을 가장 효과적이고 성공적으로 구사한 사람은 바로 주나라의 백규와 선곡 임씨다.

백규는 '때'시기의 변화를 즐겨 관찰하고 "사람들이 버리면 나는 취하고, 사람들이 취하면 나는 준다"는 원칙을 따라 곡물이 익어가는 계절에 그는 양곡을 사들이고 비단과 칠漆을 팔았으며 누에고치가 생산될 때 비단과 솜을 사들이고 양곡을 내다 팔았다. 백규는 상품이 계절에 따라 시장에 나타나는 이러한 틈을 교묘하게 이용해 커다란 이익을 얻었다.

선곡 임씨가 구사한 치부의 방식은 백규와 그 방법은 달랐지만 효과는 동일했다. 임씨는 전쟁 상황에서 가장 필요한 것은 곧 식량이라는 점을 잘 알고 있었다. 그래서 진나라 말기 "호걸들이 모두 앞을 다투어 금과 옥을 차지할 때", 임씨는 반대로 땅굴을 파고 그곳에 식량을 저장했다. 과연 전쟁이 계속되자 "백성들이 농사를 짓지 못해 쌀값이 만금에 이르렀다." 이때 임씨는 저장된 식량으로 호걸들의 금은과 바꿔 큰 재산을 모았다.

그러나 다른 부자들은 모두 앞을 다투어 사치했으나, 임씨는 오히려 자신의 신분을 낮추고 겸손했으며 절약을 숭상하면서 스스로 힘써 농사와 목축업에 종사했다. 논밭과 가축도 다른 사람들은 앞을 다투어 모두 싼 값으로 매입했지만, 오직 임씨만은 비싸고 우량한 것을 매입했다. 그들 가문은 몇 대에 걸쳐 모두 대부호로 살았다.

「화식열전」은 계연에 대해 "한즉자주, 수즉자거, 물지리야"旱則資舟, 水則資車, 物之理也 라고 기술하고 있다.

여기에서 '이'理는 상업 활동 자체의 규율성을 가리킨다. 상인은 시기를 기민하게 포착해야 하고 예측력을 강화시킬 때만 비로소 그 '이'理에 적용할 수 있으며 상업이라는 전쟁에서 승리할 수 있는 것이다. 가뭄이 들 때 미리 선박 용품을 준비하고 비축해야만 수해가 발행했을 때 그것을 팔아 큰 이윤을 남길 수 있다. 홍수가 발생한 그때가 되어서야 뒤늦게 선박용품을 마련하려 한다면 이미 최적의 이윤획득 시기를 놓친 것이다.

이 밖에 범여와 교요 역시 사업의 시기를 포착하는 데 정확했다. 교요는 국가가 변경을 개척하는 기회를 이용해 목축업을 발전시키고 소와 말 그리고 양이 만 필이었고, 식량은 만 종으로 계산했다.

(2) 적재적소의 뛰어난 용인술

청나라 말엽의 거부 호설암은 사업 성공에 있어 인재의 중요성에 대해 이렇게 말했다.

"상인이 갖춰야 할 능력은 사람을 제대로 쓸 줄 아는 것이다. 나는 쓸 만한 구석이 있다면 다른 단점을 모두 덮어두고 기용했다. 내 성공의 비결은 남들이 감히 데려다 쓰지 못하는 인재를 과감히 받아들인 덕분이다."

『사기』「유경숙손통열전」에서 사마천은 속담을 인용해 이렇게 말한다.

"천금의 갖옷은 여우 한 마리의 겨드랑이 가죽만으로 만든 것이 아니고, 높은 누대의 서까래는 한 그루의 나무 가지만으로 만든 것이 아니듯이, 하, 은, 주 삼대의 태평성대는 한 사람의 지혜로써 이룬 것이 아니다."

무릇 천하의 모든 일은 많은 현재賢才를 필요로 하는 것이다.

고객을 만족시키기 위해서는 먼저 자기의 일꾼, 즉 직원을 만족시켜야 한다.

직원을 만족시키기 위해서는 반드시 적재적소, 적절한 직원을 적절한 자리에 배치해야 한다. 적절한 직원을 적절한 자리에 배치하는 것은 이른바 '인물을 알아보는 혜안'을 지녀야 한다. 즉 고객의 수요에 따라 직원의 장단점을 파악하고, 그런 연후에 장점을 키우고 단점을 극복할 수 있도록 적절하게 사람을 기용하고 일을 맡겨야 한다.

「화식열전」은 수미일관하게 사람을 잘 알아보고 기용함으로써 부를 쌓은 경우를 기술하고 있다.

사람을 잘 알아보고 적재적소에 쓸 수 있는가와 믿을 수 있는 조력자를 고르는 능력 역시 화식가의 능력을 가늠하는 중요한 기준이다. 범여는 '사람을 선택하는' 데 능했으며, 연로했을 때는 자손에게 맡겨 경영하도록 해 거만의 부호가 되었다.

도간의 경우는 더욱 극적이다. 제나라의 풍속은 노예를 하찮은 존재로서 비천하게 여겼지만, 오직 도간은 그들을 아끼고 중시했다. 원래 교활하고 총명한 노예는 주인들이 골치 아프게 여기는 대상이었다. 하지만 오직 도간만이 그들을 받아들여 자기를 위해 고기잡이나 제염을 하도록 멀리 '파견'하거나 상업에 종사하게 해 이익을 얻었다. 그러면서 노예들을 관리들과 교류하게 했고, 갈수록 그들에게 커다란 권한을 맡겼다.

그는 마침내 이러한 노예들의 힘으로 가문을 일으키고 커다란 부를 쌓아 재산이 수십만 금에 이르렀다.

그러므로 "관직을 받느니 차라리 도간의 노복이 되겠다"라는 속담까지 있게 되었던 것이다. 이는 도간이 노복 스스로의 부를 쌓게 하면서 동시에 자신을 위해 모든 힘을 다하도록 만들었다는 뜻을 가지고 있었다.

도간은 교활한 일부 노예들의 본성을 활용함으로써 노예들 스스로도 부자가 되었고 자신 역시 엄청난 거부가 되었다. 일부 성격이 좋지 못한 사람이라도 좋은 지도자가 이끄는 그러한 '상황'과 '교육'의 힘을 통해 자신에게도 이익이 있고 다른 사람에게도 이익을 주는 일을 해낼 수 있게 되는 것이다.

또 사사師史는 당시 "가난한 사람들이 부자들을 본떠서 항상 자기가 외지에서 장사를 더 오래 했다고 자랑하면서 많은 사람이 고향 마을을 여러 차례나 지나쳤지만 집에 가지 않는데, 그는 이러한 사람들을 고용해 각자 일을 맡겨 재산이 7천만 금에 이를 수 있었다."

사마천은 이러한 사례를 통해 상인들이 용인에 능하고 부하들이 자신을 신뢰하게 하며 그들이 지니고 있는 장점을 최대한 발휘하게 함으로써 마침내 재부를 획득할 수 있었음을 강조하고 있다.

호설암은 일찍이 18세기에 약업회사의 경영인을 공개 모집했다. 리카싱 역시 인재 등용에서 뛰어났고, 서양을 개척할 때 서양인들을 과감히 기용해 서양 시장을 개척하는 등 적재적소에 인재를 써서 성공을 거두었다.

(3) 다른 사람이 생각하지 못한 곳에 투자하라

상업 전략에는 반드시 장기적인 긴 안목이 필요하다. 결코 일시적인 이익에 매몰되어서는 안 된다.

성공한 화식가는 반드시 효과적인 전략을 지니고 있었다.

「화식열전」은 이에 대한 생동감 있는 이야기를 소개하고 있다.

촉군蜀郡 탁卓씨의 선조는 본래 조趙나라 사람으로 야금업을 통해 부호가 되었다. 진나라 군대가 조나라를 멸망시키고 탁씨를 강제로 이주시켰다. 탁씨는 포로로 잡히고 약탈을 당해 부부가 직접 수레를 끌며 새 이주지로 옮겨갔다. 그곳으로 이주한 다른 사람들은 앞을 다투어 인솔하는 진나라 관리에게 뇌물을 바치고 최대한 가까운 곳에 살고자 간청하면서 가맹현에 거처했다.

그러나 탁씨는 "이곳 토지는 협소하고 척박하다. 문산 아래에는 드넓은 비옥한 전야가 있고 땅속에는 토란이 자라나 능히 양식으로 할 수 있어서 무슨 일이 일어난다고 해도 죽을 때까지 전혀 굶지 않는다고 들었다. 그곳에 사는 많은 사람이 거리에서 일을 하고 있어 상업을 하기에 유리하다"고 판단해 일부러 먼 곳으로 이주할 것을 요청했다.

결국 탁씨는 임공 지역에 배치되었는데, 탁씨는 마음속으로 크게 기뻐했다. 그리고 곧 철이 생산되는 산에 가서 광물을 채굴해 풀무질하고 주조했으며, 인력과 재력을 기묘하게 운용하고 심혈을 기울여 경영했다.

결국 그는 큰 부자가 되어 전滇과 촉 지역의 사람들 모두 그에게 고용되었다. 그리하여 집의 노복이 천 명에 이르렀고, 자신의 집안 전원에서 사냥을 즐겨 이러한 향락이 능히 한 국가의 군주에 비견되었다.

탁씨가 이렇게 큰 부호가 된 것은 그가 장기적인 안목을 지녔기 때문이었다. 그리고 이러한 안목은 그들이 정보를 정확하게 파악하고 있던 데에서 가능했던 것이었다.

사마천이 기술한 '화식가'들은 모두 비범한 상업적 안목과 용기를 지니고 있었다.

범여는 교통의 편리라는 점이 상업 성공의 선결 조건이라는 사실을 인식하고 당시 천하의 교통 요지인 도陶라는 곳을 선택했다.

전쟁이 발생하여 정국이 매우 불안해지자 다른 부자들은 감히 열후 봉군封君에게 자금을 빌려주지 못했지만, 오직 무염無鹽 씨만은 천금을 풀어 돈을 빌려주었다. 그 이자는 평상시의 열 배가 넘었다. 석 달 뒤 오초칠국의 난이 평정되었다. 1년 만에 무염 씨가 손에 쥔 이익은 원금의 몇 십배에 달했고, 이로 인해 그의 재부는 관중에서 유명한 부호들과 어깨를 나란히 했다.

역발상의 지혜

제나라의 풍속은 노예를 낮고 비천하게 여겼지만, 오직 도간은 그들을 아끼고 중시했다. 교활하고 총명한 노예는 주인들을 골치 아프게 만드는 존재일 뿐이었지만 오직 도간만이 그들을 받아들이고 또 이용해 자기를 위하여 고기잡이나 제염을 하도록 했고 또는 상업에 종사하게 해 이익을 얻었다. 그러면서 노예들을 관리들과 교류하게 했고, 갈수록 그들에게 커다란 권한을 맡겼다. 마침내 그가 이러한 노예들의 힘을 통해 집을 일으키고 치부해 재산이 수십만 금에 이르렀다.

그러므로 "차라리 관직을 받느니 도간의 노복이 되겠다"라는 속담은 도간이 노복 스스로의 부를 쌓게 하면서 동시에 자신을 위해 모든 힘을 다하도록 만들었다는 뜻을 가지고 있다.

선곡宣曲 임任씨의 선조는 독도督道 지방에서 양식 창고를 관리하는 관리였다. 진나라가 멸망할 때 진나라에 반기를 들고 일어선 호걸들이 모두 금, 옥, 보물을 탈취했으나 임씨만은 땅굴을 이용해 곡식을 저장했다. 그 뒤 항우와 유방이 형양에서 오랫동안 대치하고 있었을 때 부근 백성들이 농사를 지을 수 없었기 때문에 쌀 1석石 가격이 1만 전으로 뛰자 호걸들의 금, 옥, 보물이 모두 임씨에게로 넘어왔다. 임씨는 이때 커다란 재산을 모았다.

다른 부자들은 모두 앞을 다투어 사치했으나 임씨는 오히려 자신의 신분을 낮추고 겸손했으며 절약을 숭상하면서 스스로 힘써 농사와 목축일을 했다. 논밭과 가축도 다른 사람들은 앞을 다투어 모두 싼 값으로 매입했지만 오직 임씨만은 비싸고 우량한 것을 매입했다. 그들 가문은 몇 대에 걸쳐 모두 커다란 부호로 살았다.

도간은 이른바 '역발상'의 투자를 실천했던 셈이다.

사람들이 생각하는 상식을 뛰어넘어 그 상식 뒤에 있는 본질을 꿰뚫어 보고 남이 도저히 생각할 수 없는 대상에 과감한 투자를 결행하는 비범함으로써 부를 획득할 수 있었던 것이다.

홍콩의 거부 리카싱은 '천안문 사태'가 발생한 뒤 모든 외국인 투자자가 중국을 외면하고 떠나갈 때 거꾸로 중국에 대규모로 투자를 했다. 여기에서 그의 역발상과 장기적 안목이 빛을 발했다.

(4) 시장을 예측하라

무릇 사업의 성공이란 시장에 대한 정확한 예측에서 비롯되는 법이다. 예로부터 사업에 크게 성공한 사람은 어김없이 이러한 시장 예측이 대단히 빠르고 특별히 정확했다.

중국 춘추시대 때 '억'億이라는 글자는 '예측'豫測의 의미로 사용되었다. 대유학자 주희는 이 '억'億에 대해 "의탁야"意度也라고 풀이했다.[*]

이른바 시장 예측이란 곧 시장의 공급과 수요 변화에 영향을 미치는 요인들에 대해 조사 분석하고 그 발전 추세를 예측함으로써 시장의 수요공급 변화를 파악하는 것이다.

자공, 계연, 백규 등의 상업 활동에 대한 「화식열전」의 구체적인 기술은 바로 이러한 시장예측 이론을 성공적으로 운용한 사례다.

자공은 "물건이 희귀해지면 비싸진다"는 원칙에 근거해 상품의 수요공급 관계로부터 시장의 정황과 변화를 예측했으며 항상 적

---

[*] 王兆祥, 「〈貨殖列傳〉的市場理論與理財觀念」, 『商場現代化』, 2007년 5월, 99쪽.

중했다. 그리고 이에 따라 정확하고 시기에 타당한 결정을 내렸다. 그는 시기를 정확한 시기를 포착해 가격이 저렴할 때 매입하고 가격이 등귀했을 때 판매해 상품과 화폐의 상호 전화轉化를 통해 재부의 증식을 거둠으로써 시장 운용을 성공적으로 진행한 전형적 사례를 제시했다.

또 계연은 천시의 변화와 농업생산의 수준에 근거해 자신의 경영 방식을 예측하고 이를 실행에 옮겼다. 그는 "농업생산은 6년에 한 번 풍년이 들고 6년에 한 번 가뭄이 들며 12년에 한 번 큰 기근이 있다"고 지적했다. 그는 농업의 풍작과 흉작을 미리 알고 식량 수요 공급의 추세를 예측해 풍작이 들 때 사들여서 비축하고 수해나 흉작, 가뭄이 들 때 판매했다.

백규는 당시 농업생산이 신속하게 발전하는 것을 목격하고 농부산품 무역이 장차 커다란 이윤을 창출하는 업종이 될 것이라는 점을 이미 예측하고 있었다. 농부산품 경영이 비록 이윤율은 비교적 낮지만 교역량이 커서 큰 이윤을 얻을 것이기 때문이었다.

(5) 신뢰는 부를 쌓는 근본이다

홍콩의 거부 리카싱은 오직 품질이 좋은 물건만을 취급하고 그것을 저렴한 가격으로 교역했다. 그러한 신뢰를 바탕으로 거래처들도 결코 속이지 않는 그가 제시한 가격 그대로 계약했고, 어떤 업체들은 미리 50퍼센트의 보증금을 지불하기도 했다.

백규는 이익을 많이 내고자 할 때는 낮은 등급의 곡물을 사들였고, 곡물의 비축을 늘리고자 할 때는 높은 등급의 종자를 사들였다. 당시 곡물은 시장에서 가장 근본이 되는 상품이었고, 소비자의 대부분은 평민들이었다. 그런데 평민들의 요구는 별로 높지 않았고 단지 굶주림만 면하면 그만이었다. 돈을 아끼기 위해 그들은 질이 약간 떨어지는 곡물을 샀다. 따라서 상인의 입장에서 비축해야 할 곡물은 하등 곡물이었다.

또한 소비자가 모두 평민이었기 때문에 백규는 언제나 박리다매의 경영 책략을 택해 가격을 높이지 않았다. 대신 상품 유통 속도와 판매 속도를 빨리하는 방법으로 더욱 많은 이익을 얻었다.

당시에도 많은 상인은 많은 이익을 손에 넣기 위해 매점매석해 일시에 가격을 높였다. 하지만 백규는 식량이 부족할 때 곡물가격을 올리는 것에 반대했다. 그는 박리다매가 장기적으로 부를 쌓는 방법이라는 기본원칙을 견지하면서 눈앞의 이익만 생각하는 상인은 결코 큰돈을 벌지 못할 것이라고 강조했다.

한편 백규는 농민의 생산을 중시하고 그것을 자신의 상품 조달의 원천으로 삼았다. 그는 농민에게 우량 품종을 공급하면서 '장석두, 취상종'의 주장을 제기했다. 이 말의 의미는 농민이 풍년을 바란다면 반드시 상등의 종자를 사들여야 한다는 것이다. 상등의 고급 종자를 사들여야만 곡물의 생산이 증가해 더 좋은 가격에 팔수 있는 것이다.

백규는 이렇게 장기적인 안목에서 신뢰를 바탕으로 상업 경영을 농업생산 발전의 토대 위에서 운용하고 상업을 통해 농업생산을 촉진하며 농업생산의 발전을 통해 상업경영을 추진했다.

한편 사마천은 선곡 임씨가 상품의 품질을 매우 중시했음을 기술하고 있다. "논밭과 가축도 다른 사람들은 앞을 다투어 모두 싼 값으로 매입했지만 오직 임씨만은 비싸고 우량한 것을 매입했다." 상품의 품질이 이렇게 중요하기 때문에, 그는 계연의 입을 빌어 "쉽게 부패하거나 부식되는 물자는 절대로 오래 비축하거나 희귀한 물건을 쌓아두고 이익을 노려서는 안 된다"고 경고하고 있다.

사마천은 상품의 품질에 주목해 '무완물'務完物을 강조한다.

모름지기 동서고금을 막론하고 사회적 수요를 만족시킬 수 있는 상품이라야 비로소 큰 이익을 낼 수 있다. 사마천은 "비축의 이치란 물건을 완전하게 하는 것"완물, 完物임을 강조한다. 여기에서 '완물'이란 우수한 상품을 지칭하는 용어로서 상품의 품질을 우수하게 만드는 것은 수량 증가로 연결된다. 우수한 상품은 비축에 용이하고 또 상업의 신뢰도도 높여 상품판매의 물질적 기초가 된다. 인간들은 상품을 구매할 때 항상 '좋은 품질의 물건'을 바라기 마련이다. 물건의 품질이 좋을 때물미, 物美 상품은 쉽게 판매할 수 있고, 상품의 유통 속도도 빠르게 되며, 경영자 역시 큰 이익을 얻게 된다.

그러나 빨리 변질하는 물건은 최대한 빨리 유통시켜서 결코 수중에 오래 두지 말아야 한다. 이러한 물건은 조금이라도 머뭇거리게 되면 곧 변질되어 그 가치가 상실되거나 파괴되어 경영자의 크나큰 손실로 이어진다.

결국 상품의 품질은 동일 상품의 경쟁에서 중요한 의미를 지닐

뿐만 아니라 상업자본의 운용 과정에서 반드시 고려해야 할 중요한 요인이다.

또 사마천은 "탐고삼지, 염고오지"貪賈三之, 廉賈五之라 해 "탐욕스러운 상인은 당장 이자를 높게 받아 본전의 십 분의 삼을 벌고, 깨끗한 상인은 공정하게 장사를 하지만 결국은 신용을 얻어 십 분의 오를 벌게 된다"라고 말하고 있다.

즉 정직한 상인은 소비자의 이익도 잘 고려해 신용을 지키면서 성실하게 좋은 품질의 상품으로써 승부함으로써 결국 커다란 이익을 얻게 되고 큰 부호가 될 수 있음을 역설한다.

(6) 근검절약하라

사마천은 근검절약이 화식에 있어서 불변의 정도라고 강조한다.

사마천은 「화식열전」에서 백규, 조 병씨, 사사, 선곡 임씨 등등 근검절약하는 수많은 거부를 열거하고 있다. 사마천이 '본부위상' 本富爲上이라고 기술하면서 농업을 가장 높은 위상에 위치시키는 중요한 한 원인은 전통의 영향 외에 농업에 종사하는 것이 가장 고된 노동이 필요하며, 따라서 농업에 의한 부의 축적이 가장 어렵다는 점이었다. 그러므로 사마천이 농업을 높이 평가하는 것은 근검절약이라는 미덕에 대한 그의 높은 평가에서 비롯되고 있다.

『사기』는 이러한 근검절약의 좋은 전통을 소개하고 있다.

『사기』「월왕구천세가」는 범여가 "구천과 20여 년 함께 일을 도모해 오나라를 멸하고 회계의 치욕을 갚았으며, 북쪽으로 출병해

회하를 건너 임치와 진晉에 이르러 중국을 호령하고 주 왕실을 존 귀하게 함으로써 구천은 패자가 되었고, 범여는 상장군이 되었다" 고 기술하고 있다. 이때 범여는 40여 세였다.

그는 월나라를 떠나 제나라에 들어가 "해변가에서 농사를 지었 는데 고생을 하며 온 힘을 다해 아들과 함께 생산에 노력했다. 오 래되지 않아서 곧 재산이 수십만 금金에 달하게 되었다. 제나라 사 람들이 그가 현명하다는 평판을 듣고서 그를 상국相國으로 삼았다. 범여는 그 인장을 돌려주고, 재산을 나누어 친구와 마을 사람들에 게 주고, 귀중한 보물만 챙겨서 몰래 빠져나갔다.

도陶 지방에 이르러 그는 스스로 '도주공'이라고 칭하고, 아들 과 함께 농사를 짓고 가축을 기르며, 물건을 사서 쌓아놓았다가 시 기를 기다려 되팔아 1할의 이윤을 남겼다."

도주공 범여의 부는 이처럼 피땀으로 이뤄진 것이었다.

백규는 "재산을 움켜줄 시기가 오면 마치 맹수와 맹금이 먹이에 달려드는 것처럼 민첩했지만", "음식을 탐하지 않았고 욕망의 향 수를 절제하며 기호를 억제하고 극히 소박한 옷만 입으면서 매년 그를 위해 일하는 노예들과 동고동락했다."

사사는 "백 대의 수송용 수레를 가지고 있었고, 천하의 각 군국 무역에 있어 그가 일찍이 가보지 않은 곳이 없었다."

조曹의 병邴씨는 "야금업으로 흥기해 수만금의 부호가 되었다. 그러나 그의 집은 부자형제가 규약을 제정해 엎드리면 줍고 하늘 을 쳐다보면 받아서 천하의 모든 곳에 고리대금업과 무역하지 않 는 곳이 없었다."

그들은 재산이 왕후와 비견될 정도였지만 오히려 검소한 생활을 유지했다.

선곡 임씨는 그 부가 몇 대에 이르렀지만 "자신의 신분을 낮추고 겸손했으며 절약을 숭상하면서 스스로 힘써 농사와 목축일을 했다. 그는 가훈을 정해 자신의 밭농사와 목축에서 생산된 것이 아니면 입지도 먹지도 아니하고 공적인 일이 완결되지 않으면 절대로 술을 마시거나 고기를 먹지 않도록 했다." 그리하여 그는 마을에서 본보기로 되었고, 부유해져 황제로부터도 존중받았던 것이다.

(7) 성실하게 노력하고 자신의 장점을 발휘하라

「화식열전」은 말한다.

"절약과 검소 그리고 노동은 재산을 늘리는 정확한 길로서 부자들은 기묘한 책략으로써 승리를 거두었다. 원래 농사는 가장 우둔한 업종이나 진양秦楊은 농사로써 그 지역에서 가장 큰 부를 모았다. 도굴盜掘은 본래 법을 어기는 일이지만 전숙田叔은 그것으로써 부를 일으켰다. 도박은 비열한 업종이지만 환발桓發은 도리어 이를 통해 부를 이루었다. 행상을 하며 물건을 파는 것은 대장부가 하기에는 천직이지만, 옹雍 지방의 상인 악성樂成은 오히려 그것에 의지해 부유해졌다. 동물 기름을 판매하는 것은 치욕을 느끼게 하는 일이지만, 옹백雍伯은 이 일로써 천금의 이익을 얻었다. 장醬을 파는 일은 아주 작은 장사에 지나지 않지만, 장씨張氏는 이로 인해 재산이 천만 금이 되었다.

칼을 가는 일은 보잘것없는 평범한 기술이지만, 질씨郅氏는 대귀족처럼 진수성찬을 먹을 정도의 생활을 누렸다.

이들은 모두 하나의 일에 전심전력해 비로소 부를 모을 수 있었던 것이다此皆誠壹所致.

이러한 까닭으로 재물이 없는 빈민은 오로지 힘써서 일할 수밖에 없고, 재물이 있으나 많지 않을 경우에는 곧 지략으로써 조그만 재산을 취하며, 부유한 사람은 기회를 노려 투기를 함으로써 큰 재산을 모으게 된다. 이것이 재산을 얻는 통상적인 방법이다!是以無財作力, 少有鬭智, 旣饒爭時, 此其大經也."

여기에서 '역'力은 '역작'力作, 즉 "힘써 노동하다"는 뜻으로서 사람마다 모두 지니고 있다. 따라서 '힘써서 노동하고 검약하는 것'은 치생의 정도다. '지'智는 '계모'計謀로서 자본을 필요로 한다. '시'時는 커다란 '시운'時運으로서 대자본과 큰 지혜를 필요로 한다.

물론 '역작'만으로 커다란 부를 이룰 수는 없다. 다만 '성실하게 노력해'성일, 誠壹 힘써서 일한다면 반드시 재산을 모을 수 있다. 또 지혜를 활용하고 시장에 투입한다면, 이는 곧 '무재작력'無財作力에서 '소유투지'少有鬭智를 성취해낼 수 있게 할 것이다. 마지막으로 재력이 풍요로운 상황에 이른 경우라면, 이제 '기묘한 계책'을 내어 큰 기회를 창조해내는데, 이것이 바로 '기요쟁시'旣饒爭時다.

결국 '역작'과 '성일'은 치생의 보편적 원칙이며, '투지'鬭智와 '쟁시'爭時는 부를 획득하는 데 필수불가결한 조건을 창조한다.

그리하여 사마천은 어느 한 사람이 '성실하게 노력만 한다면', 어떠한 직업에 종사하든 그곳에서 지혜와 계책을 활용함으로써 반드시 부유해질 수 있다고 강조한다. 그는 '사람들에게 천대를 받는' 일련의 직업 사례를 열거하면서 이를 증명한다.

따라서 "직업에 귀천이 없다"는 명제는 일찍이 사마천이 이미 천명했던 바였다.

주

제1장

1 중국 정부가 타오바오의 이른바 짝퉁 문제를 비롯해 뇌물 수수 등을 공식
적으로 제기한 것은 건전한 시장 발전의 필요성을 강조한 측면과 함께 급
속한 성장으로 자칫 정부의 '통치' 범주를 넘어설 가능성이 존재하는 알
리바바 그룹에 대한 경고의 측면이 동시에 존재한다고 할 수 있다.

제2장

1 童書業, 『中國手工業商業發展史』, 北京: 中華書局 2005, pp.299~300.

2 한편 2010년 현재 중국의 외국인직접투자액은 1,000억 달러를 넘어섰다.

3 이재유·허흥호, 『화교기업과 중국 경제』, 한국학술정보, 2008, 44쪽.

4 朱宗宙, 「商道中 '勢'的認知, '述'的運用和 '責'的歸宿」, 『揚州大學學報』,
2008년 11월, p.30.

5 진나라의 유명한 법 사상가였던 상앙은 원래 이름이 공손앙이었는데 바
로 상 지방을 영지로 받으면서 상앙이라고 불렸다.

6 曹繼植, 『戴拳師除霸護商賈』.

7 付志宇·繆德剛, 「從 '貨殖列傳'看司馬遷的理財思想」, 『貴州社會科學』,
2009년 제12기, p.123.

8 흥미롭게도 이 평양 현은 명나라를 세운 주원장의 출생지이기도 하다.

9 '공산주의'共産主義라는 개념은 'communism'의 번역어다. 사실
'commune'은 '공동체'community라는 의미이므로 'communism'의 정
확한 번역어는 '공동체주의'다. '공동체주의'라는 개념 및 이미지와 '공
산주의'의 개념 및 이미지는 전혀 다르다. 샤오강 촌에서 전개된 농민

들의 목숨을 건 이 '분전도호' 운동은 사실 '공동체주의'의 정신이라는 측면에서 본다면 오히려 너무도 정확하게 '공동체주의' 정신에 부합한다. 그러나 '함께 공동으로 생산한다'는 의미로 각인된 '인민공사'나 '공산주의'와는 정면으로 배치되어 심각한 위법 행위가 되고, 심지어 엄중한 반혁명 행위로 격하된다. 그러므로 '공산주의'라는 용어는 잘못된 용어라고 할 수 있다. '사회주의'라는 용어도 라틴어에서 비롯되었다. 즉 'socialism'은 '동반의'나 '동료의'라는 뜻을 가진 라틴어 'socialis' 또는 '사교를 좋아하는'이라는 의미를 지니는 'socius'에서 유래된 용어로서 '사회적' '공동적' 또는 '집단생활'의 의미를 지니고 있다. 모두 '공동의'라는 의미를 지니고 있음을 알 수 있다.

10 Henry Alfred Kissinger, *On China*, New York: The Penguin Press, 2011, p.91.

11 다른 측면에서 보자면, 중국은 통일과 분열이 거듭된 오랜 역사과정을 거치면서 분열 시기에서의 끊임없는 전란과 그로 인한 엄청난 참화를 지속적으로 경험해왔으며, 이는 모두 민중에게 철저히 전가되었다. 이러한 역사적 요인 때문에 중국인들에게는 통일적 지도력 및 구심력 형성에 자발적으로 동의하고 그것을 받아들이는 심리적 경향이 뿌리 깊게 존재한다고 볼 수 있다.

12 몇 년 전 중국에서 열차 여행을 하는데, 열차 안에서 어찌나 담배를 피워대는지 '앞으로 이것을 어떻게 참아내며 열차를 타야 하나!' 탄식했던 기억이 난다. 그런데 불과 그 몇 년 뒤 열차 내에서 흡연을 금지한다는 정부 방침이 내려지자 열차 내 흡연은 거짓말처럼 사라졌다. 참으로 상명하달이 철저하고 정부의 시책이 대단히 잘 수용되는 국가다.

13 趙河淸,「中國古代統一王朝三百年週期論」,『遵義師範學院學報』, 2004년 제6권 제1기, pp.10~11.

14 John King Fairbank and Merle Goldman, 김형종 · 신성곤 옮김, 『신중국사』*China: A New History*, 도서출판 까치, 50쪽.

15 John King Fairbank and Edwin O. Reischauer, 전해종 · 민두기 옮김, 『동양문화사』*East Asia The Modern Transformation*, 을유문화사, 92쪽.

16 『좌전』左傳의 "우, 탕죄기, 기흥야발언: 걸, 주죄인, 기망야홀언"禹, 湯罪己,

其興也浡焉: 桀, 紂罪人, 其亡也忽焉에서 비롯된 말이다. 하나라 우왕과 상나라 탕왕은 정치의 잘못이 있을 때 자신을 책망했고 그러므로 국가는 매우 힘차게 흥성했지만, 하나라 걸왕과 상나라 주왕은 잘못이 있을 때마다 다른 사람을 책망했기 때문에 국가가 순식간에 멸망했다는 의미다.

17 그런데 청나라 건륭제 시기 영국 매카트니 경이 청나라 건륭제에게 무역을 제안했을 때 건륭제가 "우리에게 없는 물건이 없다"고 회신한 사건을 중국의 지극히 우매한 '우물 안 개구리'의 대표적 사례로 배웠다. 하지만 사실 당시 청나라의 제조업 총생산량은 모든 유럽 국가의 제조업 총생산량보다 5퍼센트가 많았고, 영국보다는 여덟 배가 많았다. 당시 청나라의 GDP는 세계 총 GDP의 3분의 1을 점하는 것이었다. 이는 오늘날 미국이 차지하는 비중보다 오히려 높은 수치다. 즉 당시까지도 중국은 세계의 중심은 아니었지만 지배적 국가였던 것이다.

18 고산앙지, 경항행지高山仰止, 景行行止.

19 王漢卿, 『中國法律思想史』, 北京: 大學出版社, 1993, p.42.

20 Joseph Needham, 이석호 외 옮김, 『중국의 과학과 문명 Ⅲ』Science and Civilisation in China, 을유문화사, 1988, 249~250쪽 참조.

21 송영배, 『중국사회사상사』, 사회평론, 1998, 123쪽.

22 한나라 환관桓寬이 한나라 소제 시기에 염철회의가 개최되었던 상황을 추정해 정리한 책.

23 李埏, 「孔子 '富不可求' 語解」, 『思想戰線』, 2002년 제1기, p.69.

24 중국과 타이완이 해안을 서로 마주 보고 있다는 의미인 '양안'兩岸이라는 말은 오늘날 중국과 타이완의 두 지역을 완곡하게 표현하는 용어로 널리 사용되고 있다.

25 목성이 열두 별자리의 운행방향과 반대로 돌아 불편하기 때문에 열두 별자리와 같은 방향으로 도는 별을 가상으로 정하게 되었는데 이를 태수라 했다.

26 키신저는 『손자병법』을 극찬한다. 그는 손자의 이 텍스트가 중국에서 일종의 직접성과 통찰을 담은 것으로 읽혀 그를 세계에서 가장 탁월한 전략사상가의 반열에 올려놓았다고 평가한다. 그는 손자가 말하는 '세'勢의 개념에 매료되었는데 서양에는 이에 상응하는 용어가 부재하다고 설명했

다. 그러면서 세勢란 군사적 맥락에서 전략적 추세를 함의하기도 하고, 이루어지는 어떤 상황의 '잠재적 에너지'를 의미하기도 하며, "요소들이 배치되는 어떤 국면에 내재되어 있는 파워 그리고 그 발전 경향"을 가리키기도 한다고 분석한다. 키신저는 미국이 아시아 지역에서의 전쟁에서 좌절했던 주요한 이유가 바로 손자의 행동 수칙을 무시했다는 논쟁도 가능할 것이라고 주장한다.

"서방의 전략가들이 결정적인 시기에 우세한 역량을 어떻게 결집시키느냐에 심사숙고하는 데 반해, 손자는 정치 심리적 우세로써 충돌의 결과를 개시되기 전에 이미 충분히 알 수 있도록 할 것을 강조한다. 서방 전략가들이 전쟁의 승리로 그들의 원칙을 시험하는 데 반해 손자는 전쟁을 필요 없도록 만드는 데서 승리를 시험한다. 모 아니면 도라는 식의 충돌에 운명을 걸었던 중국 지도자는 거의 존재하지 않았다. 장기간에 걸친 전략의 운용이 그들의 방식에 어울렸다. 승부를 가름하는 결정적 승기를 잡은 영웅주의의 공적을 강조한 서방의 전통과 달리, 중국의 사상은 드러나지 않고 간접적이며 인내력 있게 상대적 우세를 축적하는 측면을 강조해왔다."

Henry Alfred Kissinger, 앞의 책, pp.23~26.

27 呂慶華, 「論貨殖家商爭思想的孫子兵法淵源」, 『生産力硏究』, 2001년 7월, pp.54~55.

제3장

1 치이자피란 소가죽으로 만든 술자루로 겉보기에는 촌스럽지만 실제로는 신축자재해 사용하기도 편리하고 그 안으로 많은 양이 들어갈 수도 있다. 범려는 자신의 이름 대신 치이자피라는 별칭을 사용함으로써 타지에서 사업을 개척하면서 다른 사람들과 쉽게 교류하고 접근할 수 있도록 고려했던 것이다. 아울러 치이자피는 그 자체로서 상표의 의미도 지니고 있었다.

2 천금지자, 불사어시千金之子, 不死於市.

3 1일鎰은 금 20냥에 해당.

4 월나라에서 제나라로, 다시 제나라에서 도나라로 옮긴 것을 말한다.

5 기화奇貨란 진귀한 상품, 즉 뜻하지 않게 찾아낸 물건을 의미한다. 그리하여 기화가거奇貨可居란 보존했다가 비싸지기를 기다려 팔 수 있는 진귀한

물건이라는 뜻이다. 보통 사람은 그다지 중시하지 않지만 전문가의 눈에는 매우 가치 있는 것이 있다. 그것은 비록 지금은 값어치가 없어 보이지만 시간이 지나면 높은 가치를 지니게 된다. 실로 여불위는 자초를 점찍고 키워냄으로써 권력을 장악할 수 있었으며, 천하통일을 이룬 진시황도 여불위가 없었다면 역사상의 인물로 기록되지 못했을 것이다.

6 여불위가 처음에 자초를 기화로 판단한 것도 이러한 인맥 관계를 잘 활용하면 승산이 있다고 여긴 때문이었다.

7 원문은 色衰而愛弛.

8 상하이 부근에 자리 잡은 유명한 관광지인 저우좡은 지금도 심만삼을 기념하는 여러 흔적이 남아 있다.

9 화폐 단위로서 냥이 원元으로 바뀐 것은 최근세사인 1933년이었다.

10 사실상 측천을 모시는 남성 '비빈' 妃嬪들이었던 장역지와 장창종은 모두 영준한 용모에 건장한 체격을 지니고 있었다. 이들 '남총'의 수는 매우 많았고, 이들을 관리하는 특별기관 '공학감' 控鶴監도 설치되었다.

11 어느 날 노나라의 권신인 계씨가 노나라의 신하국인 전유顓臾를 공격하고자 했다. 그러자 계씨의 가신으로 있던 염유가 공자에게 이 사실을 알렸다.

"계씨가 전유에서 일을 벌이려고 합니다."

공자가 대답했다.

"구求: 염유야, 너희를 꾸짖어야 할 것 같구나! 저 전유는 우리 노나라 땅에 있으니 이는 우리의 사직지신인 셈이다. 그러니 어찌 이를 정벌할 수 있겠느냐?"

"계씨가 하고자 하는 것이지 신하인 저희가 하려는 것이 아닙니다."

다시 공자가 말했다.

"구야, 옛날 사관史官 주임周任이 말하길, '재능을 보여준 자는 능히 그 자리에 오르고, 만약 그렇지 못하다면 그만두어야 한다'라고 했다. 눈먼 사람이 넘어지려 해도 잡아주지 아니하고, 위태로운데도 부축하지 아니한다면 부축하는 사람이 무슨 필요가 있겠느냐? 또 네 말은 잘못되었다. 호랑이와 들소가 우리에서 뛰쳐나오고 보물이 궤 속에서 망가지면 이는 누구의 잘못이겠느냐?"

"지금 전유를 취하지 않으면 훗날 반드시 후손들의 우환거리가 될 것입니다."

공자가 힐난했다.

"구야, 군자는 자신이 하고자 하는 일을 말하지 않으면서 굳이 다른 핑계를 대는 것을 가장 싫어한다."

제4장

1 王婧·李雁蓉,「從‘貨殖列傳’中的商人形象看司馬遷的經濟思想」,『安徽文學』, 2009년 제9기, p.27.

2 같은 책, p.28.

3 같은 곳.

4 付志宇·繆德剛,「從‘貨殖列傳’看司馬遷的理財思想」,『貴州社會科學』, 2009년 제12기, p.124.

5 이 점과 관련해 중국사회과학원 연구원 쑨샤오孫簘는 진나라와 한나라 제도의 중요한 차별점은 바로 인민자치권의 허용 여부에 있다고 주장한다. 즉 한나라 초기에 시행된 휴양생식 정책의 본질은 인민의 일정한 자치권 인정으로서 이러한 향촌 자치권에 대한 인정은 기존 혈연관계를 이용해 전후 혼란된 사회질서의 안돈에 유효했으며 사회경제의 회복과 발전에 유리한 조건을 만들어냈다는 것이다. 孫簘,『兩漢經學與社會』, 北京: 中國社會科學出版社, 2006, pp.68~69.

6 唐力行,『商人與中國近世社會』, 北京: 商務印書館, 2006, p.9.

7 李埏,「太史公論庶人之富」,『思想戰線』, 2002년 제1기, p.67.

8 몽테스키외 지음, 박광순 옮김,『로마인의 흥망성쇠 원인론』, 종합출판범우, 2007, pp.17~21 참조.

9 남북조 시대는 130여 년에 불과하지만, 220년 한나라가 위·오·촉 3국으로 나뉘면서 분열한 이래 동진이 잠시 통일했지만 곧바로 분열되어 전란에 빠졌기 때문에 실제로 분열된 기간은 300여 년에 이른다.

10 孟憲實,「强盛的隋朝何以速亡」,『文史天地』, 2013년 제2기, p.5.

11 李志娟,「唐玄宗如何從‘開元盛世’到‘天寶危機’」,『史敎資料』, 2011년 2월, p.104.

12 중국의 4대 미인은 춘추전국시대의 서시西施, 한나라의 왕소군王昭君, 삼
    국지에 나오는 초선貂蟬 그리고 양귀비楊貴妃다. 중국에서는 예로부터 이
    4대 미녀를 가리켜 "침어낙안沉魚落雁의 얼굴, 폐월수화閉月羞花의 자태"
    로 표현했다. 즉 서시가 목욕할 때 고기들도 그 아름다운 자태를 보기 위
    해 움직이지 않고 있다가 바닥에 가라앉았다고 해 '침어'沉魚라 했고, 왕
    소군이 흉노 땅으로 볼모로 갈 때 수레에 타고 거문고로 슬픈 노래를 연
    주하자 남쪽으로 날던 큰 기러기가 그 모습을 보기 위해 날지 않고 떨어
    졌다고 해 '낙안'落雁이라 했다. 그리하여 '침어낙안'은 미인을 형용하는
    말이 되었다. 한편 초선은 그 모습이 매우 아름다워 달과 비견되지만 달
    이 스스로 뒤진다 생각하고 구름 뒤로 숨었다 해 '폐월'閉月이라 했고, 양
    귀비는 꽃을 좋아했는데 꽃들도 그녀의 아름다움에 눌려 부끄러워했다고
    해 '수화'羞花라 했다. '폐월수화'도 미인을 형용하는 표현이다.

13 이림보李林甫, 683~752는 당 현종 때의 유명한 간신이다. 그는 환관들이
    나 비빈들을 매수하고 긴밀한 교류를 맺어 황제의 일거수일투족을 가장
    먼저 알았고, 황제의 뜻에 맞추어 총애를 받았다. 겉으로는 온갖 듣기 좋
    은 말로 치장했지만, 뒤로는 항상 무서운 음모와 모해를 꾸몄다. 당시 사
    람들은 그를 가리켜 "입에는 꿀이 있지만, 뱃속엔 칼이 있다"구밀복검. 口
    蜜腹劍고 했다. 그의 이른바 '말먹이론'은 유명하다. 그는 "신하된 자로서
    말을 많이 해서는 안 된다. 의장마를 보지 못했는가? 소리 한번 내지 않지
    만 오히려 3품의 말먹이를 받게 되는데, 반대로 소리 한번 내면 곧바로 폐
    기처분되니, 그때 가서 후회해도 아무 소용이 없도다"라고 했다. 이 위협
    을 들은 사람들은 모두 온순해져 말을 잘 듣게 되었고, 역사서는 "이로부
    터 간쟁의 길이 막혔다"고 기록하고 있다. 그리고 이 '말먹이론'은 대대로
    '관가官家의 잠언箴言'으로 되었다.

14 한편 이와 관련해 조공제도朝貢制度, Tributary State System란 "조배朝拜와
    진공進貢"의 약칭으로서 양국 또는 두 정부 간에 일종의 존비尊卑 지위
    를 인정하는 예절적禮節的 관계를 지칭한다. 즉 조공이라는 방식을 통해
    약소국의 정치적 지위에 대한 강대국의 승인을 교환하는 것을 말한다.
    조공제도가 전형적으로 발전했던 시기는 명나라 시대에 이르러서였다.
    1368년 명나라가 건국되고 난 뒤 명 태조 주원장朱元璋은 명확하게 안남

베트남, 고려, 유구琉球, 오키나와 제국 등의 국가를 '정복하지 않은 국가'로 규정함으로써 실제적으로 중국의 실제 통제 범위를 확립했다. 또한 그는 "후왕박래"厚往薄來: 후하게 주고 적게 받는의 조공제도를 정립함으로써 조공체제는 고대 동아시아 세계에서 운용되는 국제관계 체제로 되었다. 그리고 이러한 국제관계 체제에서 중국의 중원 정권은 일원적一元的 중심으로 되었고, 각 조공국은 이러한 중국의 중심 지위를 인정하면서 중앙 정권의 외번外藩을 구성했다. 이러한 조공제도는 고대 시기 동아시아에서 약소국이 강대국과의 평화적 공존을 추구하면서 모색되고 실행된 국제관계의 절묘한 타협적 형태로 볼 수 있다. 즉 군사적 점령이나 정복의 형태가 아니라 중국은 명분을 얻고 약소국은 실리를 얻는 일종의 '타협적 공존 관계'였던 것이다.

15 영락제는 당 태종처럼 태조를 도와 전공을 많이 세웠고 정변을 통해 황제에 즉위했다. 많은 나라로부터 종주권을 인정받고 싶어 했던 그는 북쪽 몽골족을 정벌하기 위해 다섯 차례에 걸쳐 친정에 나섰으며 고분고분하지 않은 베트남을 정복했다. 특히 정화鄭和의 해상원정은 특기할 만한 업적으로서 20여 년에 걸쳐 총 일곱 차례 원정에 나서 아프리카 동부와 홍해 그리고 메카 등지의 30여 개국을 경유했다. 1423년 제6차 원정 후 돌아오는 배에는 16개국의 1,200여 명의 사신과 그 가족들이 승선하고 있었다. 이렇게 하여 영락제 말년에 명나라에 조공하는 나라는 60여 개국에 이르렀다. 영락제는 기본적으로 명 태조의 정책을 이어받아 황제 권한을 강화했고, 조선 출신 궁녀가 관련된 궁녀들의 내분 및 황제 암살 계획설에 격분해 두 차례에 걸쳐 모두 3천여 명의 궁녀를 처형하기도 했다.

16 張九洲,『中國經濟史概論』, 開封: 河南大學出版社, 2007, p.219.

17 黃仁宇,『萬曆十五年』, 北京: 中華書局, 2008, pp.2~3.

제5장

1 "외교정책 어젠다의 추구과정에서 마오쩌둥이 거둔 성과는 레닌보다 손자에게 그 공이 돌아가야 한다. 그는 그가 공개적으로 멸시한다고 언급했던 바로 중국의 고전과 전통에서 영감을 얻었다. 그가 외교정책을 주창할 때 그가 항상 인용한 것은 마르크스주의가 아니라 유교경전을 비

롯해 '24사史' 『자치통감』 『손자병법』 그리고 『삼국지』 『수호지』 『홍루몽』 등 전통적인 중국 고전이었다. 그는 자신의 시와 철학을 붓으로 쓰기 좋아했는데, 그는 자신이 쓰는 초서楚書에 커다란 자부심을 느끼고 있었다. 1959년 그가 32년 만에 다시 찾아간 고향에서 쓴 시는 마르크스주의나 유물론이 아니라 낭만주의 정서로 충만한 시구詩句였다." Henry Alfred Kissinger, 앞의 책, p.102.

2 중국 황제 제도와 우리나라의 왕조체제는 그 권력의 수준에 있어 상당한 차이가 있다. 중국 역대 황제의 권한은 절대적이었다. 황제 앞에서 거행되는 조회는 언제나 "우리 황제 만세!"를 삼창하고 '삼고구배'三叩九拜의 엄숙한 예식을 행한 다음 일어서라는 황제의 명에 따라 비로소 일어나 두 손을 맞잡고 공손하게 서 있어야 했다. 이에 비해 조선의 왕권은 상상 이상으로 크지 않았다. 예를 들어, 숙종 때 김만중을 잡아들여 문초하기 위해 승정원에게 전지를 쓰라고 명했으나 승정원은 이를 거부했고, 승지에게 재차 명하자 승지는 붓이 없어서 쓸 수 없다고 버텼다. 이에 숙종이 사관에게 붓을 주라고 명했으나 사관까지 사필을 줄 수 없다며 거부했을 정도였다. 조선에서는 왕과 사림士林이 권력을 공유한다는 사고방식이 깔렸었고, 종합적으로 살펴볼 때 신권臣權이 결코 왕권의 하위에 있지 않았다고 할 수 있다. 조선의 왕이 공부하던 책도 중국 황제와는 달랐다. 조선 중기 이후 제왕학 교과서였던 『성학집요』는 왕을 사대부의 일원으로 위치지어 사대부 논리의 실현자로서 설정했다. 제왕 중심의 관점이 아니라, 군주와 사대부가 권력을 공유한다는 시각이 그 배경으로 작동하고 있었다. 현재 중국과 한국에서 나타나는 정치제도에서의 상이함이 이러한 양국의 전통에서 비롯되고 있는 측면을 결코 가볍게 볼 수 없다.

3 Henry Alfred Kissinger, 앞의 책, p.95.

4 Michael Burawoy, "The State and Economic Involution: Russia Through a China Lens," *World Development*, Vol. 24, 1996, pp.1105~1117.

5 장윤미, 「중국식 민주로 구축되는 신국가권위주의 체제」, 『세계지역연구논총』27집 1호, 2009, 171~172쪽.

6 같은 책, 162쪽.

7 Daniel Kelliher, *Peasant power in China: The era of rural reform,
   1979~1989*, New Haven: Yale University Press, 2007.

8 이 부분에 대해서는 John King Fairbank and Merle Goldman, 김형종·
   신성곤 옮김, 『신중국사』*China: A New History*, 도서출판 까치, 483~484쪽.

9 양계초 역시 중국 역대 왕조체제와 서구제도를 비교해보면 중국은 일가
   一家가 국가를 소유하고 나머지 인민은 모두 노예인 반면 서구 제국은 군
   민君民이 국가를 공유한다면서 중국 왕조체제를 통렬하게 비판하면서도
   그의 '신민론'新民論을 통해 중국적 전통의 토대 위에 서구 문물을 수용하
   는 통합의 입장을 견지한다.

10 신봉수, 「서양정치사상 중심의 정치발전론에 관한 비판적 고찰」, 『국제정
   치논총』, 2008, 305쪽.

11 중국은행 통계에 따르면, 2010년 말 현재 중국 국채가 GDP 중 점하는 비
   율은 19.07퍼센트 수준으로 알려져 있다.

12 2010년 현재 0.50이라는 일부 주장도 존재한다.

참고문헌

몽테스키외 지음, 박광순 옮김, 『로마인의 흥망성쇠 원인론』, 종합출판범우, 2007.

송영배, 「중국사회사상사」, 사회평론, 1998.

신봉수, 「서양정치사상 중심의 정치발전론에 관한 비판적 고찰」, 『국제정치논총』, 2008.

이재유 · 허홍호, 『화교기업과 중국 경제』, 한국학술정보, 2008.

장윤미, 「중국식 민주로 구축되는 신국가권위주의 체제」, 『세계지역연구논총』 27집 1호, 2009.

John King Fairbank and Edwin O. Reischauer, 전해종 · 민두기 옮김, 『동양문화사』A History of East Asian Civilization, 을유문화사, 1991.

John King Fairbank and Merle Goldman, 김형종 · 신성곤 옮김, 『신중국사』China: A New History, 도서출판 까치, 2005.

Joseph Needham, 이석호 외 옮김, 『중국의 과학과 문명』III, 을유문화사, 1988.

Daniel Kelliher, Peasant power in China: The era of rural reform, 1979~1989, New Haven: Yale University Press, 2007.

Henry Alfred Kissinger, On China, New York: The Penguin Press, 2011.

Michael Burawoy, "The State and Economic Involution: Russia Through a China Lens," World Development, Vol. 24, 1996.

唐力行, 『商人與中國近世社會』, 北京: 商務印書館, 2006.

童書業, 『中國手工業商業發展史』, 北京: 中華書局, 2005.

孟憲實,「强盛的隋朝何以速亡」,『文史天地』, 2013년 제2기.

呂慶華,「論貨殖家商爭思想的孫子兵法淵源」,『生産力研究』, 2001년 7월.

王婧, 李雁蓉,「從'貨殖列傳'中的商人形象看司馬遷的經濟思想」,『安徽文學』,
　　2009년 제9기.

王漢卿,『中國法律思想史』, 北京: 大學出版社, 1993.

李埏,「孔子'富不可求'語解」,『思想戰線』, 2002년 제1기.

李志娟,「唐玄宗如何從'開元盛世'到'天寶危機'」,『史敎資料』, 2011년 2월.

張九洲,『中國經濟史槪論』, 開封: 河南大學出版社, 2007.

趙河淸,「中國古代統一王朝三百年週期論」,『遵義師範學院學報』, 2004년 제
　　6권 제1기.

朱宗宙,「商道中'勢'的認知, '述'的運用和'責'的歸宿」,『揚州大學學報』,
　　2008년 11월.

付志宇・繆德剛,「從'貨殖列傳'看司馬遷的理財思想」,『貴州社會科學』,
　　2009년 제12기.

黃仁宇,『萬曆十五年』, 北京: 中華書局, 2008.